河野純一

不思議なウィーン

街を読み解く100のこと

WUNDERSAMES WIEN

平凡社

目次

STADTBILD

街

WIENER LEBEN

人と生活

MUSIK

音楽

KLEIDUNG

衣

ESSEN UND TRINKEN

食

WOHNEN

住

GEBÄUDE

建築

NATUR UND JAHRESZEITEN

季節と自然

VERKEHR UND TELEFON-KOMMUNIKATION

交通と通信

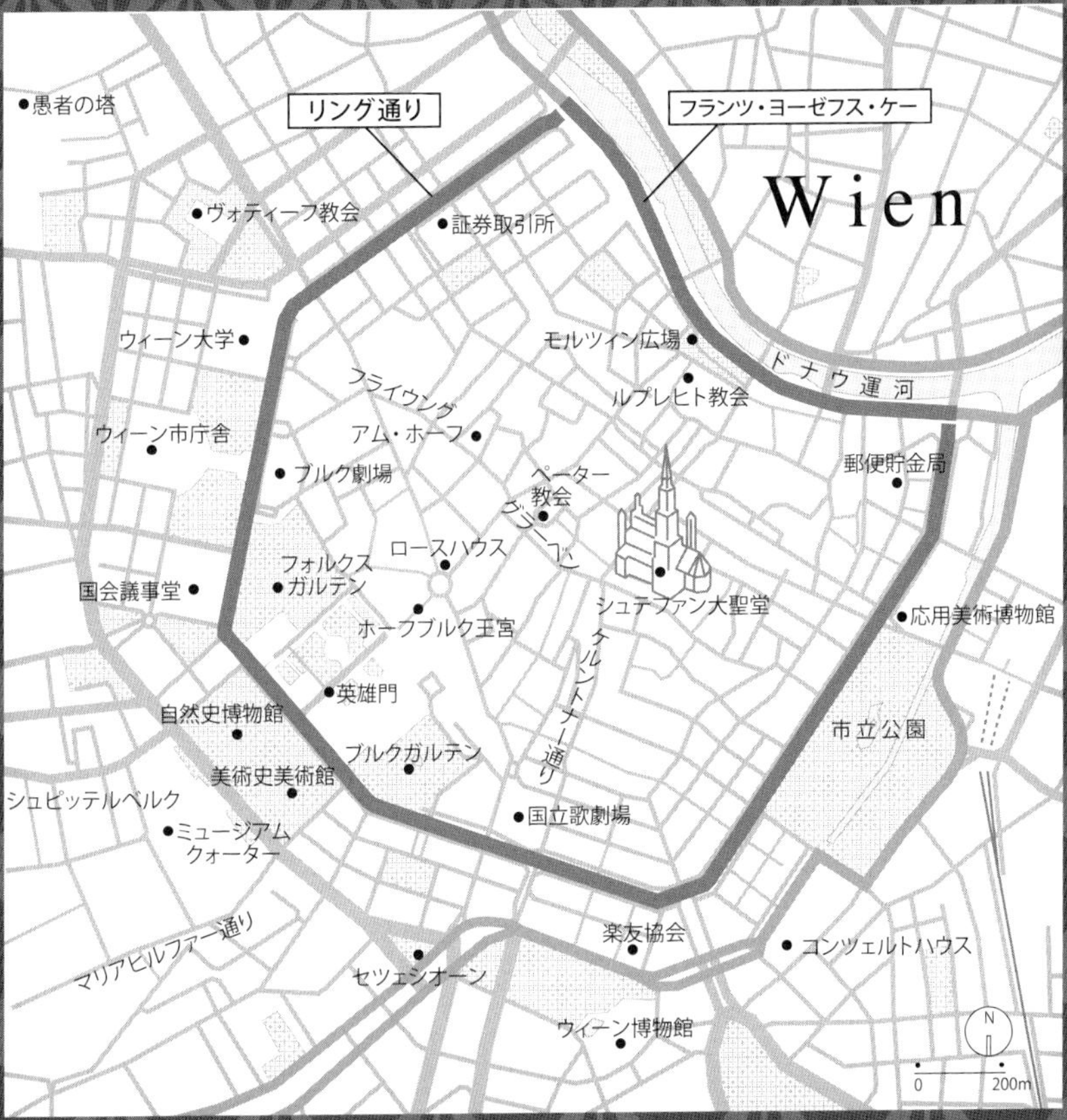
Wien
リング通り
フランツ・ヨーゼフス・ケー
愚者の塔
ヴォティーフ教会
証券取引所
ウィーン大学
モルツィン広場
ドナウ運河
ルプレヒト教会
フライウング
アム・ホーフ
ウィーン市庁舎
ブルク劇場
ペーター教会
郵便貯金局
グラーベン
ロースハウス
フォルクスガルテン
国会議事堂
シュテファン大聖堂
応用美術博物館
ホーフブルク王宮
ケルントナー通り
英雄門
自然史博物館
市立公園
ブルクガルテン
美術史美術館
シュピッテルベルク
国立歌劇場
ミュージアムクォーター
マリアヒルファー通り
楽友協会
コンツェルトハウス
セツェシオーン
ウィーン博物館
N
0
200m

STADTBILD

街

国旗

　オーストリアでは、よく「赤・白・赤の心」といった表現を聞くことがある。赤・白・赤とは、もちろんオーストリア国旗の色だ。赤と白を国旗に使っている国は、日本の日の丸も含めて、かなりたくさんある。インドネシアは上半分が赤、下が白となっているが、日本と同じように、赤は太陽をあらわすのだといわれ、白は月なのだという。ポーランドは上が白、下半分が赤で、夕焼けの空と白鷲とされている。また赤は国をつくるために流された血であり、白は喜びをあらわすのだともいわれる。

　オーストリア国旗が、なぜ赤・白・赤になったのかについては、古くからの有名な伝説がある。十字軍遠征のとき、オーストリアの大公、レーオポルト五世は純白の軍服を着ていたが、一一九一年エルサレムの北のアコンの戦いで、敵の返り血を浴びて服は真っ赤に染まってしまった。戦いの後、服の上に巻いていたベルトを外すと、その部分だけが白く残っていたというものだ。

　この事実を証明する服は現存していない。ただ、レーオポルトの赤・白・赤の軍服は、四百年ほどは残っていたという言い伝えもある。その場所は、マリア・エンツァースドルフの教会だった。一五二九年のトルコ軍の来襲の時ペルヒトルツドルフに移されたが、一六八三年のトルコ軍再来の時からは行方がわからないとされている。「赤・白・赤」の旗の持つ色の意味合いについて、十六世紀の学者で、皇帝の侍医《じい》だったヨハネス・クスピニアヌスはその著書『オーストリア』の中で、次のような解釈を述べている。彼によれば赤は肥沃な大地を、そして白はそこを横切って流れるドナウ河をシンボライズしているのだという。また別の説では、赤・白・赤は、古いゲルマン語のRuoth-Wit-Ruoth（正義・法・正義）にさかのぼりうるのだともいう。

由来はともかく、赤・白・赤の旗は、オーストリアをあらわすものとして、次第に使われるようになっていく。十七世紀の終わり頃にはオーストリアの船にも掲げられていた。そして正式に船の旗として一七八六年三月二十日、ヨーゼフ二世によって認められた。だが法律に明確に「赤・白・赤」の国旗についての定めが登場するのは第一次世界大戦後の一九一九年になってからで、「共和国旗は三つの、幅の等しい水平の帯によって作られる。中央部は白、上部と下部は赤である」と記されている。

もちろん、第二次世界大戦のヒトラーのドイツとの併合の時代には、赤・白・赤の旗は掲げられることはなかったが、戦争末期になると抵抗運動の中で赤・白・赤の旗が登場する。

「一九四四年十一月二十四日、スロヴェニア南部の村トリブーツェ近くの草原にオーストリアの赤・白・赤の旗が、簡単な棹に付

単頭の鷲の国章が描かれた赤・白・赤のオーストリア国旗

けられ高く掲げられた。それはユーゴスラヴィアのパルチザンの第一オーストリア自由大隊の設立式の中心であった」と書かれた文もある。

ウィーンに赤・白・赤の旗が再び掲揚されたのは四五年四月九日だった。イギリス生まれの歴史家ゴードン・シェパードは次のように書いている。「一九四五年四月八日の午後だった。既にトルブーチンの軍は、防御されていない西側から、抵抗運動05の指導者に導かれ、市の中心部に進攻した。その翌日の午後、抵抗運動のグループに属していた親衛隊のひとりの男の手によってシュテファン大聖堂の塔に赤・白・赤の旗が掲げられた。——それは七年と二十九日ぶりのことだった」。

後にウィーン市長となり、さらにオーストリア大統領となるテオドーア・ケルナーも、一九四五年四月十二日のことを回想している。「市庁舎の中で大急ぎで、赤・白・赤の旗が探され、縫い合わされた。そして塔に高々と掲げられた。この瞬間オーストリアは復活したのだ。その首都であるウィーンは重い傷を負っているものの、自由な人々の町として戦争と困窮から抜け出し、新たに生まれたのだ」。

また、ウィーンは四月二十九日に正式にナチスの支配から解放されるが、その日、後に大統領となるアドルフ・シェルフは、第一次世界大戦後オーストリア共産党の設立で主要な役割を担ったウィーン市副市長のカール・シュタインハルトに向かって、「君は、感激して目に涙を浮べているではないか。ロシアの兵士たちが、赤・白・赤の旗を高く掲げているからだ。一九一八年十一月には、君はあの旗を銃撃させ、旗の白い部分を引きちぎらせたものだ。時代は変わったな」と言っている。だが、この言葉の中の「旗の白い部分を引きちぎる」とは、一体どういうことだったのだろうか。

オーストリア・ハンガリー帝国が第一次世界大戦での敗北で崩壊した後、オーストリアは共和国となるがその出発は多難だった。一九一八年十一月十二日には銃撃で二名の死者も出た。この日議事堂には赤・白・赤の旗が掲げられるはずだった。ところが、十一月一日に結成された革命的な「紅衛兵士団《こうえいへいしだん》」が現れ、カール・シュタインハルトは、労働者の政府が実現されないことへの抗議として「議事堂前に赤い旗を掲げる」のだと演説した。議事堂の職員によって赤・白・赤の旗が掲げられようとした時、紅衛兵士団は旗を奪い取って中央の白い部分を引きちぎり、残った部分を結び合わせて赤い旗を掲げようとしたのだった。だから第二次世界大戦後、アドルフ・シェルフは、あのようにシュタインハルトに語りかけたのだった。

その時代ごとの、さまざまに移り変わる歴史を見つめながら、いまも赤・白・赤の旗はオーストリア人の心を映しながらひるがえっている。

国章

オーストリア帝国をあらわす双頭の鷲の紋章は、第一次世界大戦による帝国の崩壊とともに、用いられなくなったはずだが、かつての帝国の遺産にあふれたウィーンでは、現在でも、たとえば王宮ホーフブルク上には、赤・白・赤の国旗の下に双頭の鷲の彫像があったりするように、あちらこちらで目にする。

しかし、第一次世界大戦後のオーストリア共和国では、もちろん双頭の鷲を国章にすることはできなかった。当時の宰相カール・レンナーは、みずから新たな国の紋章を提案した。それは、中央上部に二つの赤いハンマーが交差し、その下に黒い市の塔があり、それらを金色の麦の穂が丸く囲んでいるものだった。

ハンマーは労働者、麦の穂は農民、そして市の塔は市民を、それぞれあらわしているものだった。ところが伝統的な紋章とは異なる、この案は賛成を得られなかった。昔から親しんでいた鷲への執着が、多くの人々にはあったからだということだ。

そこで、鷲がやはり登場することになる。だが今度は、双頭ではなく、頭がひとつの鷲だった。最終案ができあがる前には、麦の穂を足でつかんでいるものもあったが、結局、麦の代わりに鎌を持つことになった。

一九一九年につくられた国章に関する法律では、次のように書かれている。国章は「翼を広げた、単頭で、金色のくちばしと赤い舌の黒色の鷲であり、その胸部には銀色の横帯の入った赤い盾が付けられる。鷲は、頭部には三つの鋸壁《きょへき》を持つ金色の市壁の冠をいただき、右足には内側に向けられた金色の鎌、左足には金色のハンマーを持つ」。

さらに、この法には、次のような文言も補足されている。「鷲が帝国のしるしであるということは、ひとつの先入観である」。「それは、国家の自主独立を具現化しているのである」。

このように、頭が二つではなく、ひとつしかない鷲が、オーストリアの第一共和制の国章として用いられていくことになったわけだが、しばしばハンマーや鎌がボルシェヴィズムのシンボルではないかとの批判もされるようになる。オーストリアファシズムが勢力を得、職能身分的なシュテンデ国家が目指された時、皮肉にも、市民、労働者、農民という身分を象徴する国章も変えられる運命になった。

第一次世界大戦までのオーストリア帝国時代の双頭の鷲

そこで一九三四年には、再び双頭の鷲が復活することになる。古きよきオーストリアの伝統と美徳をあらわすべく、再び登場した双頭の鷲は、胸に赤・白・赤の盾型の紋章が描かれているが、ハンマーも鎌も持っていない。二つの頭それぞれに光輪が付けられている。光輪はキリスト教的な伝統の具象化でもあったという。

当時の首相ドルフスは、鷲の胸に撞木型十字《しゅもくがた》を描いたらどうかとも考えていたといわれる。しかし結局、胸には、赤・白・赤の紋章が付けられた。その時の公式の解説には次のように書かれている。「この双頭の鷲は、数世紀にわたってオーストリアの紋章の動物であった、かつての帝国の鷲である」。

ハプスブルク時代の双頭の鷲は、今でもよく目にすることがあるものの、シュテンデ国家の紋章は、その後のナチスの時代には取り去られたためか、今ではほとんどといってよいほど姿を見ることがない。そして一九三八年からは、オーストリアでも、ハーケンクロイツ(Hakenkreuz)や、その上に乗ったナチスの鷲の紋章一色に埋め尽くされることになるのだった。

そして、ナチスからの解放の直後、早くも一九四五年五月一日、再びカール・レンナーを首班とする臨時政府によって、紋章に関する法令が出されている。五月一日ということは、ドイツの降伏よりも早いということだ。

一九一九年五月八日の法によって制定された国章を再び用いると記されたあと、「この紋章は、一九四五年オーストリアが自立を再び勝ち得た国家再建を記念するために、鷲の両足に引きちぎられた鉄の鎖を巻きつけることによって補完されるものである」と書かれている。

オーストリアの国章の鷲に、引きちぎられた鎖が付けられていることには、ナチス支配の束縛からの解放であるといった、いかにも象徴的な意味を持たせているのだ。

しかしその後、両大戦間にあったような議論が、何回か起こっている。つまり、ハンマーと鎌は共産主義的なシンボルであるので取り去ったらどうかとか、引きちぎられた鎖は反ファシズムの好まれざる残滓《ざんし》なのでやめたらどうかといった意見が、保守的な政党や右翼的な政党から出された。

そこでオーストリア通信社や世論調査機関が、アンケート調査を行ったことがある。それらによると、九十九パーセントの人々が鷲を用いることに賛成し、八十七パーセントの人々がハンマーと鎌を取り去ることに反対し、九十二パーセントの人々が市壁の冠と鎖を残すことに賛成であるという結果だった。

このように、オーストリアの鷲は、双頭になったり単頭になったり、そして足に持つものの、頭に戴くものは変えつつも、この国のシンボルとして生きながらえている。

シュテファン大聖堂の鐘

シュテファン大聖堂の最大の鐘「プンメリン」(Pummerin) の音とともに、ウィーンでは新年がやってくる。テレビなどでも、わざわざプンメリンの映像と音を流していたりする。ふだんは、さほど気にとめない教会の鐘の音が、身近に感じられる時でもある。

もともと、教会などの鐘は、中世以来、さまざまなことを市民に知らせる役割をもっていた。もちろん宗教的な行事であるミサや、祝祭の開始、あるいは葬儀を告げたりもしたが、その他にも、時刻を知らせたり、敵の来襲、火事や洪水の発生などの時にも打ち鳴らされた。

プンメリンは、ごく限られた時にしか鳴らされないが、シュテファン大聖堂には他にもたくさんの鐘がある。

現在、南塔には十一の鐘がある。それぞれ名前が付いていて、聖シュテファヌス、聖レーオポルト、聖クリストフェレス、聖レオンハルト、聖ヨーゼフ、聖ペトルス・カニジウス、聖ピウス十世、諸聖人、聖クレメンス・マリア・ホーフバウアー、聖ミヒャエル、聖タルツィジウスという。

このうち、十の鐘は日曜や祭日に鳴らされるが、聖シュテファヌスの鐘が加わるのは、特別のミサの時だけだ。だがこれら十一の鐘はどれも、第二次世界大戦後、一九六〇年に新しくつくられたものだ。

シュテファン大聖堂に、初めて付けられた鐘として記録に残っているのは、一二七九年にミュンヘンのコンラートによって鋳造された「フュルステングロッケ」(Fürsten-glocke)という約二トンの重さの鐘だった。六世紀以上にもわたってウィーンの町に鳴り響いていた鐘だ。その鐘には「我、この鐘は、ただむなしく鳴り響くことはない。我は、戦い、祝祭、火災、あるいは名誉ある葬儀を告げ知らせる」と刻まれていたが、一九四五年四月のウィーン空襲の時に焼け落ちてしまった。

しかしコンラートは、当時もうひとつ、シュテファン教会のために、「クライネ」と呼ばれた少し小さめの鐘をつくっていて、こちらのほうは、第二次世界大戦の戦禍を免れたので、それがシュテファン大聖堂で現存する鐘としては、最も古いものということになる。

他にも中世以来の鐘としては、十四世紀にはあったという、直径六十センチ、百七十キロの「プリムグレックラインン」は、一七七一年に再鋳造され、十五分毎《ごと》に打ち鳴らされるが、もともとは、プリム(Prim)という名からもわかるように、朝の祈禱を告げ知らせていたもので、後には夕方のランタンの点灯の知らせにも使われていた。

また一四四九年にヤーコプ・シュトライフィングとペーター・オプレヒトによってつくられた、時刻を知らせる「時の鐘」というものもあったし、一四五三年鋳造の「フォイアーグロッケ」という鐘もあった。

一五六一年につくられた鐘は、かつてのプンメリンができるまでは、シュテファン大聖堂で最大の鐘だった。そこで「ハルププンメリン」(Halbpummerin)とも呼ばれたことがあるが、やはり一九四五年四月の空襲で焼け落ちた。一七四六年製造の「シュパイスグロッケ」と、一八三〇年製造の「ツューゲングロッケ」は、亡くなった人が出た時に鳴らされたのだという。

人生のさまざまな節目、あるいは毎年、そして毎日の決まった時刻に聞かれる鐘の音だが、シュテファン大聖堂の「ビアグロッケ」(Bierglocke)というのも、ウィーンの人々の毎日の生活に欠かせないものだった。

この鐘は、ビールやワインを飲ませる店の閉店時刻を知らせていたのだった。十四世紀頃からこうした役割の鐘は用いられていたといわれるが、十六世紀に新しいビアグロッケがつくられ、さらに一七七二年には、「フェーリングリン」と「シュトゥルメリン」と呼ばれていた鐘とを溶かし合わせて、新たなビアグロッケがつくられた。

ワイン酒場などの閉店時刻は、町の安全のために厳しく守られねばならない規則だった。街灯などもまったくない当時のことを考えれば、当然だったかもしれない。一五六一年一月二十三日に、皇帝フェルディナント一世が出した告示にも、ビアグロッケが鳴ったあとは、灯火なしで外出してはならないとされている。また同じ告示には、ビアグロッケ以降は、雪の上を橇《そり》で滑ることも禁止するとある。さらに昼夜を問わず仮装して歩くことも禁じられ、こうしたことに違反したものに対しては容赦ない刑罰に処するとしている。

ビアグロッケが鳴らされる時刻は、夜暗くなる時間によって決められていたので、夏と冬とでは違っていた。十七世紀末頃の記録によれば、冬には夜八時頃、夏には夜九時頃だったが、後には夜十時頃に鳴らされていた。

このように外出禁止を告げ知らせるビアグロッケは、他にも、外敵が襲ってくるおそれのある時などには打ち鳴らされ、家から出ないようにと市民に知らせたのだという。シュテファン大聖堂で鳴らされたこの鐘の音は、当時の市内一帯に聞こえたのだった。

つまり現在のリング通りのあたりまで聞こえていたわけだ。今と比べれば、交通などの騒音がなかった時代の話だ。

サイレンやラジオなどの発達により、教会の鐘の音は、その権威にもとづく、市民へのさまざまな情報提供の役割から、人々の心に響くべき、むしろ本来の音に変わっていったわけだ。

シャニガルテン

夏になると、戸外や中庭などにテーブルや椅子を並べ、コーヒーやワインを飲ませたり、あるいは食事なども取れるようにしたシャニガルテン(Schanigarten)を設けるカフェやレストランがウィーンには多い。むしろ彼らは、冷房の中よりも、戸外の空の下のほうが、飲み物や食べ物をおいしく感じるらしい。

今でも、中庭の広い店はあるが、十九世紀には、約九百クラフターもある、シャニガルテンと呼ぶにはちょっと大きすぎるようなところもあったのだという。九百クラフターは、だいたい三千三百平方メートルなので、約千坪の中庭ということになる。そこは、ノイリングの店と呼ばれたところだった。

そんなレストランがあったのは、市の中心部から遠く離れたところではなかった。現在のウィーン・ミッテの駅から数百メートルのウンガルガッセにあった。開店は一八一七年だから、時代はちょうどビーダーマイヤーの頃だ。

ただの中庭というより、むしろ庭園といったほうがよいところだった。四十五本のマロニエや百本にも及ぶアカシアの木があり、噴水が二つと、十八の石像も立ち並んでいた。

この場所に店を開いたのは、ライン河のコブレンツに近いノイヴィードからウィーンにやってきたブルーノ・ノイリングだった。もともとは宝石商だったが、当時は、グラースガッセと呼ばれていたここにビールの醸造所を建てた。既に七十三歳だったというが、仕事に打ち込んでいた。

後を継いだのは息子のヴィンツェンツ・ノイリングだった。ビール工場の隣に、既にレストランが営まれていたところを含め三区画分の土地を手に入れて、きわめて大きな庭園レストランがつくられたのだった。

この息子のヴィンツェンツは、かなりの道楽者だったとも伝えられているが、レストランの経営には成功し、さらに一八二〇年には室内劇場までつくってしまったのだということだ。そこに歌手として登場したのが、カウニッツ侯爵の愛人だったマグダレーナ・ニーダーズュースだった。一八一五年、フェスティクス伯爵と結婚したが、伯爵はすぐに亡くなり、その後、一八二四年ヴィンツェンツのところにやってきて、レストラン経営の切盛りもしていたのだという。

レストランで大儲けをしたヴィンツェンツ・ノイリングは、仲間を引き連れ四頭立ての馬車に乗ってパリまで出かけるといった大盤振る舞いもしていたのだと、ウィーン市長カエータン・フェルダーは回想を述べている。

その一方で、一八三〇年のドナウ河の大洪水の時には、水に浸かって孤立し家を失ってしまったレーオポルト地区の人々のために、パンや肉といった食料や飲料水を届けるといったこともしている。

彼のレストランのビールは高いという批判はあったが、大きな中庭で開かれる音楽の催しのために入場料を取るということはなかった。この中庭では、当時人気のあったファールバッハやヨーゼフ・ランナー、そしてヨハン・シュトラウス（父）といった音楽家の率いるオーケストラが演奏を繰り広げていたのだった。

ノイリングの店は、その頃のウィーンの音楽生活のひとつの中心となっていたのだった。一晩で、七百人から八百人のウィーンの人々が、ここでワルツやポルカなどの音楽を楽しんでいた。夏には花火も打ち上げられたし、冬には大きなサロンで仮面舞踏会も開かれていた。

多くのウィーンの名士と呼ばれる人々も、しばしば訪れた。その一人にシューベルトもいたのだった。シューベルトは友人たちとノイリングの店にしばしば姿を現していた。

シューベルトの友人のフランツ・ハルトマンの日記によれば、シューベルトが亡くなる年の夏、つまり一八二八年七月二十三日にも、彼は友人たちと「本当に楽しそうに」ノイリングの店の客として座っていたということだ。

一八四六年、ノイリングが亡くなった後、店はマグダレーナに受け継がれ、その後、さらにアウグスト・ヴェーデルという人物が経営をするようになる。この頃から、ウィーナーリートで有名な、ヨハン・バプティスト・モーザーなども出演している。

さらにハーフナーという人の所有になった一八八〇年代には、曜日ごとに出演の歌手が決まっているというシステムがとられたのだった。

例えば、月曜はレオポルディーネ・クツェル、火曜はルイーゼ・モンタークとエドモンド・グシェルバウアー、水曜はサイドルとヴィースベルク、木曜はヨゼフィーネ・リントナー、金曜はエディとビーダーマンといった具合だ。どの人も、ウィーナーリートについての伝説の音楽家ばかりだ。

その後も、舞踏会の会場としても用いられたし、またウィーン男性合唱団のコンサートも行われ、エドゥアルト・シュトラウスなども演奏した。

この店は、庶民のウィーン音楽の伝統を、そのまま受け継いでいるようなところとなっていったのだったが、第二次世界大戦後になってからも、二十世紀の女性のウィーナーリート歌手として、忘れることのできないマリー・ナーグルが、夫の作曲家フリッツ・ヴォルフェルとともに出演し歌っていたことでも知られている。

一九七七年に亡くなったマリー・ナーグルは、ラジオなどにも、しばしば出演し、その歌がよく放送されていたこともあり、今でも、年配のオーストリア人には、彼女の歌声が耳に残っているのだという。

道路説明板

ウィーンの道路、広場などには、有名な人たちの名前が数多く付けられている。そして、毎年、新たに通りや広場、石段などに名前が付けられていく。例えば二〇〇六年の二月には、亡くなったオーストリア大統領、トーマス・クレスティルの名を付けた広場が三区に誕生したように通りの名の数は、次第に増えていく。

政治家などだけでなく、オーストリアやウィーンにゆかりの有名な人の名前も付けられる。たとえば、五区マルガレーテンのファルコシュティーゲ（Falcostiege）も、二〇〇三年九月に名付けられた階段で、ハンブルガー・シュトラーセが始まるところから地下鉄四号線のケッテンブリュッケンガッセ駅への石段だ。

ファルコシュティーゲと青地に白で書かれた表示板とともに、その由来について記された、やはり青色の説明板が付けられている。

「ファルコ」ハンス・ヘルツル（一九五七－一九九八）ポップシンガー、一九八六年『ロック・ミー・アマデウス』で国際的なヒットを記録

ファルコはウィーンの音楽家だが、クラシックの音楽家ではないので、日本のウィーン好きの人々には、あまり知られていない。むしろロックミュージックに詳しい人のほうがよく知っている。

『ロック・ミー・アマデウス』はオーストリアやヨーロッパをはじめアメリカでも大ヒットになり、一九八六年には全米ヒットチャートでも第一位になったほどだ。『ロック・ミー・アマデウス』の出だしは、次のようだ。

あいつはパンクだった
大きな都会に住んでいた
それはウィーン、ヴィエンナだ
そこで何でもした
でも借金だらけ、飲んだからだ
だが、女たちは誰でも好きだった
みんなが叫んだ
カム・アンド・ロック・ミー・アマデウス

ファルコは、ケッテンブリュッケンガッセの駅からそう遠くない、ツィーゲルオーフェンガッセの七〇平方メートルほどのアパートに一九五七年に生まれた。本名はハンス・ヘルツェルという。三つ子だったというが、育ったのは彼一人だった。大ヒットで、世界的に有名になったが、一九九六年ドミニカ共和国に移住し、九八年、ドミニカのサント・ドミンゴで自動車事故によって亡くなっている。

ところで、通りの名にその由来の説明板が付けられているのは、あまり見かけないような気がするのだが、ウィーン全体では、四百もの説明板が付けられているのだそうだ。

説明板を付けようということが決められたのは、第一次世界大戦以前だったのだが、第一次大戦と戦後の財政状況の悪化で実現せず、ようやく一九九三年になってから徐々に付けられていくようになったものだ。

しかし、そもそも、通りの名の表示法はどのように決まっていったのだろうか。通りの名の表示板は、青地に白い文字というのが決まっているのだと思っていると、時折、白地にフラクトゥア（Fraktur）という古い字体、いわゆる亀の子文字の地名板も見ることがある。昔のものがそのまま残されているのも、ないことはないが、そうではなく、新しそうなものにもかかわらず、古い文字で書かれているのもある。

例えば、一区のシュールホーフ、三区のサレジアーナー・ガッセ、七区のシュランクガッセなどには、古めかしい亀の子文字の地名板が付けられている。古い町の雰囲気を出すために、わざわざ十九世紀頃の決まりに従った書き方をして、一九八〇年代から設置されているものだ。

では、そもそも昔の道路名表示の規則というのはどのようなものだったのだろう。

十九世紀半ば過ぎのウィーンの都市改造にともなって、新たな地番表示が行われるようになったが、同時に、地名表示方法も決められた。一八六二年の規則は次のようだ。

ウィーンの中心であるシュテファン大聖堂からみて、放射状に延びる通りと、環状的に取り巻く通りとが区別され、放射状の道には長方形、環状的な道には楕円形の道路名板を用いることに決められた。ただし、現在の一区にあたる旧市街には、もっぱら長方形が使われた。

文字は黒だが、板の縁取りの色は、区によって違っていた。赤い枠で囲まれているのが一区だ。二区は紫色、三区は緑色、四区は淡紅色、五区は黒色、六区は黄色、七区は青色、八区は灰色、九区は茶色というようになっていた。十九世紀末にウィーンに編入された各区は一区と同じ色とされた。

しかし一九二〇年になると、すべての区で赤い枠に黒い文字とされる。そして一九二三年には亀の子文字の代わりに普通のラテン文字で書かれることになる。ナチス時代には亀の子文字に戻すことが論じられたが、第二次世界大戦に突入したため実現せず、現在見られるような形のものが使われていくことになったのだった。

ブルートガッセ

シュテファン大聖堂のすぐ東側のドームガッセには、モーツァルトが住んだ家もある。そこをさらに曲がると、ブルートガッセ（Blutgasse）という細い路地がのびている。石畳の道を歩いていくと、頭上に道路を跨《また》ぐようにして、大きなアーチ状の梁《はり》が付けられている。道路をはさんだ建物同士を支えるためらしい。

現代ではあまり見ることがなくなったが、古い町並みが残っているところ、例えば、ドイツのレーゲンスブルクの古い通りなどで、似たような梁を見たことがある。飛梁《とびばり》(Schwibbogen)というのが建築工法上での名前だ。ただ一般的には、飛梁(フライングバットレス)というと、ゴシック様式の教会などで窓の面積を大きくとるため、重い本体や屋根部分を建物の外側から斜めに支える湾曲した梁を指す。

ブルートガッセの飛梁は、斜めに付けられているわけではなく、道路の上に真横に付けられ、建物と建物を支えている。そんな梁を見ても、ここが古い通りだという様子がわかる。ウィーンの中でも昔からの路地の雰囲気がとくに残されているところだ。

ブルートガッセのブルートは「血」という意味なのだが、なぜここがそのような名前になったのかは、はっきりとしていない。いろいろな伝説があるが、中でも有名なのは、テンプル騎士団にまつわるものだ。

騎士団とか騎士修道会というのは、十字軍を機に各地で作られたもので、修道士であると同時に彼らは武器を持つ戦士でもあった。またエルサレムへ巡礼に向かう人々を保護する役割も持っていた。しかし、フランス王フィリップ四世の陰謀と、教皇クレメンス五世の命令により騎士団は禁止され、壊滅させられたのだった。一三一二年、テンプル騎士団に対する殺戮が行われ、ここにあった騎士団の修道士たちは殺され、その血が道に流れ出したためだというものだ。

だが歴史的には、この伝説から、ブルートガッセの名前の由来がわかったとは言えない。というのも、ブルートガッセの名の、もとのかたちである Plutgasse という名前が初めて登場するのは、一五四七年になってからだからだ。

一見、古い家並みがよく残っているものだと思うが、しかし、現在のブルートガッセは、実は、第二次世界大戦後に、修復・保存されて残されたところなのだ。

この付近は、他のウィーン中心部と同じように、第二次世界大戦末期のウィーン空襲で大きな被害を受けている。一九四五年三月一二日と四月八日の空爆で、爆弾が落とされたところだが、建物全体が焼け落ちてしまったわけではなかったので、戦後も瓦礫などを片付けて、住居などとして使われていた。

大戦終結から一九五〇年代は、ウィーンの町は再建の時期だった。焼け落ちたシュテファン大聖堂の屋根がつくり直され、国立歌劇場も再び開場し、破壊された建物が、次々と建て直され姿を現していく。

六〇年代に入ると、破壊された町の再興ということから、次第に、古くからある町並みが、いまだに荒れ果てた状態になっていることにも関心が向けられるようになる。ブルートガッセのある地区は、戦争の傷跡が残ったままの部分も多く、また建物も二百年も経っているため老朽化が著しかった。

そこで、ブルートガッセを中心に、グリューンアンガーガッセ、ドームガッセ、ジンガーシュトラーセで囲まれた一帯の建物の大規模な修復が検討されることになる。

そして、町並みの外観は変えずに保存していくべきだとされた。しかしその一方で、満足な水道設備やトイレもない住居は大改造が必要だった。戦後の町並み保存・再生の第一号となったところだ。

次のように報告には書かれている。

「壁面部分と構造部分だけが残された。天井、窓、戸等々はすべて新しいものに入れ替えられた」。

トイレなどといった衛生設備や、暖房もすっかり新しいものになったが、そのための費用をどうするかは大きな問題だった。そこで、新しい方式が導入された。改築費用の五十パーセントはすぐに支払うが、残りの五十パーセントは毎月の家賃として払っていくというやり方をとったのだった。

ただ、建て込んだ地域での、基本的な構造やファサードなどを維持した状態で建物の改造を行っていったわけだから、いろいろな制約もあった。採光面や部屋の天井高は、不満が残る点でもあった。だから次のような言い方もされたことがある。

「古い建物がまた現れたことは、何とすばらしいことかと喜んだのだが、しかししばらくして、高級なゲットーが出現したに他ならないとの非難も聞かれた」。

それでも、古い町並みを保存していくということでは、大いに興味を惹いたものであったし、歴史的な重みを、いかに保持したまま町並みの保存と再生を行うかということに関して、その後続くことになる、例えばシュピッテルベルクの再生などを考えれば、ブルートガッセ地区は、歴史的記念物保護にそった保存・修復についてのプロトタイプと見なされている。

窓から覗く人

窓も国によって開き方が異なっているが、窓から何を見るかも違っているようだ。それぞれの人々の関心の相違もあらわれてくる。オランダのアムステルダムのアパートで見て不思議に思ったのは、窓の外側に付けられたミラーだった。歩いている人や、外の様子を、窓枠の外にあるバックミラーのような小さな鏡で見ようというものだ。でも何となく外を窺《うかが》っているという感じがして、あまり好感は持てなかった。

ウィーンあたりだと、こうしたミラーはほとんど見たことがない。門のところのインターホンで済ませて、目で見て確認しようとはしないらしい。表通りを何することもなくじっと見ているおばあさんはよくいるが、ミラーに映してまで外の様子を窺おうとはしない。むしろ内開きの窓を大きく内側に開けて、のんびり外を見ていることが多い。

内開きの窓は、新しい時代のものだとずっと思っていた。ところが、有名なシュテファン大聖堂のピルグラムの説教壇下の人物の彫像も、内開きの窓から覗いているのだ、と指摘してくれたウィーンの友人がいた。アントン・ピルグラムは、一五〇〇年頃の教会建築家のマイスターとして知られている。

そこで、もう一度確かめに、シュテファン大聖堂に出かけていったことがある。説教壇には、教会の父とされるアウグスティヌス、グレゴール、ヒエロニムス、アンブロジウスの像が刻まれている。手摺にはカエル、トカゲ、ワニ、ヘビがいるが、善と悪との戦いを表しているのだそうだ。説教壇の入口には犬が悪を寄せ付けないようにと見張っている。階段は十四段あるが、その下の目立たないところに、右手にコンパスを持つ像がある。窓を左手で内側に開け教会の中をじっと見つめているピルグラムだ。

しかし最近の研究では、この人物はピルグラムではないという。十五世紀末頃にかけて、ニクラス・ファン・ライデンによってつくられたということだ。しかし一般には、説教壇下の「フェンスターグッカー(Fenstergucker)」(窓から覗く人)として、今でも、解説書には、ピルグラムの姿だと書かれていることが多い。

シュテファン大聖堂にはもうひとつピルグラムだといわれている像がある。説教壇近くのカタコンベ入口左上のオルガンの下部にある、半身の人物像だ。右手にコンパスを、左手に曲尺《かねじやく》を持っている。下には大きくM.A.P.と書いてある。Meister Anton Pilgramの略だ。オルガンの台座から下に重みがピルグラムの頭にかかっていくようなデザインになっている。オルガンの台座ができあがった時、それが落ちそうだと思った人が多かったので、その人々に向かって「台座が重さを支えきれなければ、私が支えるのだ」と言ったという言い伝えもある。

ケルントナー門にあった「窓から覗く人」のオリジナル像（Wien Museum 所蔵）

ところが、この像もピルグラムではないのだという研究がある。シュテファンの建設で有名なマイスターのハンス・プックスバウムではないかということだ。ただ、これもほとんどの解説ではピルグラムの像だということになっている。

ウィーンの一般の人に聞けば、きっと誰でも、どちらもアントン・ピルグラムだと言うに違いない。

しかしいずれにしても、シュテファン大聖堂の建築にかかわった人が自らの姿をその一部にとどめているのは確かだし、ゴシックの壮大な教会建築に携わる気概と、たゆまぬ意志とが感じられる像だ。

同じように、建造物に自らの姿を刻み込んだことでは、ケルントナー門の「フェンスターグッカー」が知られている。第一次トルコ来襲後の十六世紀半ば、ケルントナー門が新しい市門としてつくられた。その像は市壁建設のマイスターだったボニファッツ・ヴォルムエトのものだとされている。彼が自らの姿をそこに残そうとしたのは、シュテファン大聖堂の「ピルグラムの像」を真似たためと言われている。

もともとは、ケルントナー門のフェンスターグッカーは王宮の方を見ていたのだという。ウィーンの都市改造で一八五八年から五九年にかけて市壁や市門が取り払われたのにともない、この像も外された。その現物は、ウィーン市立博物館にあるが、複製が一八八六年ケルントナーシュトラーセとヴァルフィッシュガッセの角の建物に付けられた。

この建物には有名なコーヒー店主のシャイドル経営の典型的なウィーン風のカフェができたが、像にちなんでカフェ・フェンスターグッカーという名前にされた。戦前『Wiener G'schichten（ウィーン物語）』という映画があり、一九〇五年頃のカフェ・フェンスターグッカーを舞台に、ハンス・モーザーとパウル・ヘルビガーが登場するものだった。

その後一九一一年には経営者が代わり、一九二〇年代には銀行となるが、一九三二年には再びカフェとなった。第二次世界大戦末期、空襲で破壊され、後に紳士服店となったが、さらにエール・フランスのオフィスの時代が長かった。

ところが二〇〇一年末、ここは再び喫茶店となった。だがそれがスターバックスだったので、ウィーンではかなり話題になった。でも一階の外観は、十九世紀末に撮られた写真と比べてみるとわかるが、かつてのカフェ・フェンスターグッカーに近くなるように改装されている。しかし、カフェ・フェンスターグッカーと書かれていたちょうどそのあたりにスターバックスコーヒーと英語の文字になってしまったのは致し方ないが残念だ。変化が少ないといわれるウィーンも時代の波の中で、少しずつ変わっていく。

ただ、通りのちょうど角の一階と二階の間のところには、カフェ・フェンスターグッカーがあった頃とまったく同じように、この町を守るという意志をはっきりと表した石像のマイスターは、いまでもじっと通りを見つめている。

無名戦士像

十月二十六日はオーストリアの建国記念日で、王宮前の英雄広場でさまざまな催しがされているが、英雄門とも呼ばれる、リング通り沿いのブルク門にも、朝、大統領などが訪れ、花を捧げる記念行事が行われるのが例年のならわしだ。

現在のブルク門の外観は、一八二四年から変わっていない。しかし、一九六五年には、戦後二十年にあたって「オーストリアの自由をめぐる戦いにおける犠牲者のための記念室」が門の南部分につくられている。

リング通り沿いにある現在のブルク門の付近は、もともと市壁で囲まれた市の中心部に入るための古いブルク門が、一六六〇年頃にはつくられていた。このあたりは一六八三年のトルコ軍のウィーン侵攻では激しい戦闘が行われた場所で、市壁は防衛の役割を果した。しかし一八〇九年にナポレオン軍がウィーンを占領した際には、以前より強力な大砲などの出現で、市壁は役に立たなかったし、ブルク門などもすっかり破壊されてしまったのだった。

その後、王宮から市の外へ出るための、新たな「外ブルク門」の建設が計画された。ルイジ・カニョーラの設計で、ペーター・ノビレが建設にあたることになった。一八二一年、皇帝フランツ一世の臨席のもとで定礎式が行われ、一八二四年十月に完成している。

ドーリア風の列柱が四列並んでいるので、五つある通路のどこを通っても通り抜けられる。ただし、中央通路は皇帝のためのもので、他の人々はそこを抜けていくことは許されなかったのだそうだ。

建設時には、まだ外側にはグラシーと呼ばれた空間地が広がっていたが、十九世紀後半の都市改造によってリング通りに面することになったわけだ。

門の外側上部には、ラテン語で「オーストリア皇帝フランツ一世。一八二四年」と書かれ、反対の王宮側の面には「公正は統治の礎なり」と記されている。この言葉はフランツ一世のモットーだった。

しかし、リング通りに面した入口には、一八二四年という年号の下に、もうひとつ、「一九一六年」と別の年号が書かれている。そしてラテン語で「それに値する兵士に月桂樹の枝を」と記され、中央に金色の月桂樹の枝が付けられている。

第一次世界大戦で戦死した兵士の妻や子のために募金活動が行われ、その一環として記念の月桂樹や文字が付けられたものだ。

一八二四年のブルク門の完成式が、十月十六日という日にされたのも、一八一三年、ナポレオン軍に勝利したライプツィヒの戦いから十一周年だったからだ。そのことからしても、ブルク門は、祖国のために戦った兵士たちのためという面を持っていた。

そしてブルク門は、一九三三年から三四年にかけて、第一次世界大戦の戦死者たちのための記念建造物として改築されることになった。ただし、門の外観に変更を加えてはならないというのが条件だった。

改築計画には百七十三人もの応募があったが、選ばれたのはルドルフ・ヴォンドラチェクで、クリプタと呼ばれる戦死者慰霊室に加えて、屋根のないアトリウムをつくった。それはちょうど道路の上にあたる部分だった。

改築にあたっては、クリプタもつくられ、ヴィルヘルム・フラス制作の「死せる戦士像」が置かれた。赤みを帯びた大理石でできている二・七メートルもある大きな兵士だ。鉄兜をかぶり、右手を銃に添え左手を胸にあてて、目を閉じ静かに横たわっている。

大戦で亡くなった兵士を悼む像なのだが、一九三四年といえば、ナチスが次第に強大な力を持ちつつある頃だった。その一方、オーストリアは、オーストリアファシズムの時代でもあり、きわめて複雑な歴史の中にあった。

制作者のフラスは、実は一九三三年以来、ナチ党員だったということが、後になって分かっている。ヒトラーのドイツへの併合を望んでいた彼は、ヒトラー自身が、オーストリア併合の年、一九三八年三月ウィーンに入り、英雄門の兵士像を訪れた時のことを次のように記している。

「そしてこの日、三月十五日、総統が初めて花輪を英雄記念碑の像の前に置いた時、私の望みは満たされたのだった」。

オーストリアのきわめて複雑な過去の歴史の中に「無名の兵士」は今も横たわっている。

カカーニエン国

「宮廷御用達」(Hoflieferant) という、いわば栄誉に浴することは、ハプスブルク帝国時代には、店の信用といった点でも重要だったし、かつてその称号を名乗ることが許された店には、現在も双頭の鷲の紋章が掲げられていたりする。

さらにそれだけではなく、まるで、長いことにこそ意味があるかのように、k.u.k.(帝国にして王国の)とかk.k.(帝国王国の)とかいった文字を付けるのを忘れない。

オーストリアの国民的習性を見抜いて、ローベルト・ムージルは『特性のない男』の中で、「カカーニエン」(Kakanien)という章を設け書いているので、少し引用してみよう。

「ともかく、この滅亡したカカーニエン国については何と多くの奇妙なことが語られたことだろうか。例えば『帝国王国の』(kaiserlich königlich)とか、あるいは『帝国にして王国の』(kaiserlich und königlich)といったものがある。k.k.またはk.u.kのどちらかの記号が、どんな物や人にも付けられている。だが、どういったものや人々が、k.k.あるいはk.u.kと呼ばれるべきか、それらをはっきりと区別することができるためには、神秘的な学問が必要だった。カカーニエン国は、文書上はオーストリア・ハンガリー帝国と記されたが、言葉で言うときにはオーストリアと呼ばれた」。

ムージルは、kとkとを重ねて、この架空の国を「カカーニエン」と名付けたのだった。

ムージルが言うように、k.k. または k.u.k のどちらの記号が付くかは、分かりにくい。

k.k. という言い方は、既に十八世紀に用いられていたが、その一方で、k.u.k は一八六七年のハンガリーとの和協（アウスグライヒ）以後にしか使われない。

ハンガリーとの境付近に、あまり有名ではない川だが、ライタ川という川が流れている。ライタ川を基準にして、オーストリア側から見て内側を「ツィスライタニエン」(Cisleithanien) と呼び、東のハンガリー側は外側であるということで、「トランスライタニエン」(Transleithanien) と通称で呼ばれることがあった。ただ、ライタ川のこちら側、あちら側という言い方は正確なものではない。特にドナウの北や北東のボヘミア、モラヴィア、シュレージエン、ガリツィアなどや、ダルマチアなどの南部は、ライタ川が基準というわけではなく、ツィスライタニエンやトランスライタニエンというのは、あくまでも便宜的な言い方だった。

ツィスライタニエンとトランスライタニエン両方を指す時、つまりオーストリア帝冠領と、聖イシュトヴァーンの王冠に象徴されるハンガリー王冠領をともに表す時には、「帝国にして王国の」(kaiserlich und königlich = k.u.k) が付けられた。

一方、ツィスライタニエンのみを指す時には、「帝国王国の」(kaiserlich königlich = k.k.) となる。この場合、「王国」はボヘミア王国のことを言っているのだという。つまりオーストリア皇帝は、ルドルフの帝冠 (Rudolfskrone) とボヘミア王の王冠である聖ヴァーツラフの王冠 (Wenzelskrone) を戴いていたからだ。

もちろん、ムージルはそうしたことを知りながら、「カカーニエン国」とだけ言い、オーストリアという呼び名も「おごそかな国家宣言によって破棄された」と書いている。さらにカカーニエン国では「憲法上は自由主義だったが、カトリックにより統治されていた。だが、カトリックによって統治されているものの、人々は自由思想によって暮らしていた」とシニカルに書いている。

カカーニエン国のものは、何にでも、k.k. または k.u.k のどちらかの記号が付いているように、ウィーンでも、古くからある有名な店の多くが、「帝国王国宮廷御用達」(k.u.k. Hoflieferant) といった看板を掲げている。

十九世紀末から二十世紀初めの頃には、ウィーンだけで約五〇〇の店の主が、「帝国王国宮廷御用達」を名乗ることが許されていた。この称号は、ウィーンだけにとどまらず、プラハやブダペストといった大都会の店、さらにバート・イシュルやカールスバートなどの保養地の店主にも与えられ、帝国全体で二五〇〇以上にもなっていた。

こうしたおびただしいといえるほどの数の「帝国王国宮廷御用達」があったのは、「宮廷御用達」といっても、宮廷に仕える人々のための日用品や食べ物なども当然必要だったので、そうした品々を納入する業者の数も多かったということだ。さらに、宮廷側からすると、「宮廷御用達」と名誉ある称号を与えることで、多くの業者から特別な納付金を受け取ることができるという利点もあったのだ。

「帝国王国宮廷御用達」という称号を受けても、個人に与えられるもので、代が変われば、また新たに称号を受けなおす必要があった。さらに「帝国王国宮廷御用達」という称号より格上の称号もあった。それは「帝室王室御用達」(k. und k. Kammerlieferant) と呼ばれるものだった。

Kammer (室) という言葉は、ここでは皇帝や皇妃などの個人の居室を表している。つまり、皇帝や皇妃の部屋にまで入って行くのも許される、ということも意味しているわけだ。そこで、「帝室王室御用達」の人々は、「帝国王国宮廷御用達」よりずっと厳密に選ばれた。宮廷長官の推挙にもとづいて、直々に皇帝や皇妃が選んだのだった。

一八九九年には、二五〇〇人もの「帝国王国宮廷御用達」の人々がいたが、「帝室王室御用達」(k. und k. Kammerlieferant) の称号が与えられたのは、わずかに十九人だけであった。そして、その人の店には、双頭の鷲の紋章だけでなく、皇帝や皇妃自身を表す紋章を掲げることが許されたのだった。

エリーザベト像

ウィーンの町の中心部を歩いていると、皇妃エリーザベトが写った絵葉書や、肖像をあしらった土産物などがたくさん並んでいる。今でもとても人気のある皇妃だ。しかし、エリーザベトにちなんだ記念碑は、王宮を除くと、屋外にあるものはそれほど多くない。

まっさきに挙げなければならないのは、フォルクスガルテンの中にあるエリーザベト像だ。ただ、リング通りから直接ではなく、ヘルデンプラッツ側などから大きく回って行くことになるので、見つけにくいと言う観光客が多いが、すぐ後ろにはブルク劇場があり、背後の奥には市庁舎も見える静かな場所に、エリーザベトは座っている。

エリーザベト像の建設は、一八九八年九月、皇妃がジュネーブのレマン湖畔で、イタリア人アナーキスト、ルイジ・ルケーニによって殺害されたその年のうちに、建築家フリードリヒ・オーマンによって提唱されている。

エリーザベトが亡くなった約三年後の一九〇一年七月十五日には、ザルツブルクにエリーザベト像が先行して完成したため、ウィーンでも像を建設しようと、宮廷御用達宝石師のヨーゼフ・マイヤーを中心に建設委員会が組織され、八月一日、実行委員会が正式にスタートした。建設基金の募金の呼びかけは十一月十九日の聖エリーザベトの記念日にあわせて開始された。

ハプスブルクの皇妃のために、皇室が自ら記念像を建てるのではなく、一般市民がイニシャティヴをとって募金によって建設するという点で、初めてのことであり画期的なことであった。

像の背後には「忘れがたきエリーザベト皇后陛下のために、変わることのない愛情と忠節をもってオーストリアの国民が、この記念碑を建てたものである」と書かれている。

当初、建設場所として考えられたのは、カールスプラッツのところにあったエリーザベト橋の近くだった。しかし、橋の架かっていたウィーン川は、暗渠《あんきょ》化されることになり、エリーザベト橋そのものが橋としての役割を終えていた。長い議論の末、最終的に今のフォルクスガルテンの中の場所に決めたのは、フランツ・ヨーゼフ皇帝自身であった。

一九〇二年、エリーザベト像のプランについてのコンペティションが行われた。六十七件の応募があり、現在のウィーン応用美術博物館で展示されたが、審査委員会は一位を与えるべき作品はないとした。一位なしの二位となったのは、彫刻家ハンス・ビッターリヒの階段の上に立つエリーザベト像だった。

しかし、ウィーン川治水暗渠化や王宮の建築芸術監督の立場にあった建築家のフリードリヒ・オーマンは、皇妃が立っているのではなく椅子に座り、半円形の生け垣に囲まれているスケッチを審査委員会に出してきた。彼は、コンペティションに参加していたのではなかったが、結局、オーマンの案をもとにした第二次コンテストが行われることになり、第一次審査で二位だったハンス・ビッターリヒを含む三人の彫刻家に、あらためてプランを出すように求めた。そして一九〇三年十二月二十八日の審査会で、ハンス・ビッターリヒの、エリーザベトの座像が採用されることになった。

その結果を、三十一日付の『イルストリールテス・ウィーナー・エクストラブラット』新聞は、一面にエリーザベト像の大きなイラストを掲載し、「手は膝の上にそっと置かれている。右手で本を持ち、その上に左手を乗せている」と書いている。たしかに第一面の挿絵を見るとそうなっているが、現在、フォルクスガルテンにある彫刻では、右手が左手の上にそっと乗せられ、本はベンチの上の傍《かたわ》らに開かれているので、ビッターリヒは、最終段階で部分的に変更を加えて仕上げたのだろう。

エリーザベトの座るベンチは、バラの花で飾られている。一八五三年、若き皇帝フランツ・ヨーゼフが、夏、バート・イシュルでエリーザベトに初めて会ったのだが、その冬、再びエリーザベトを訪ねた時、バラの花束と冠を持っていったということだ。エリーザベトは、しばしばバラに例えられ、詩人ヨハン・ネポムク・フォーグルも「バイエルンのバラ」(Rose von Baierland) とうたっている。

バイエルンのバラ
今まさに花開く
そしてドナウの岸辺で
薫り、赤く輝く

二・五メートルの高さで八トンもあるエリーザベト像の完成式典は、一九〇七年六月四日、皇帝の臨席のもとに行われている。皇帝は「この記念像は後代の人々にとって高貴なる皇妃にして王妃を記憶にとどめ、古くからの君主王家と人々との緊密なる、そして心のこもった結びつきと忠誠とをあらわすも

エリザベートの乗馬姿（オーストリア国立図書館所蔵）

のである」と述べた。

ハンス・ビッターリヒは、二十五体もの試作をしていたのだということだが、完成したのは、少し頭を傾け、物思いにふける、自らも詩を書いたことで知られるエリーザベトらしい像だ。

だが、彫刻家ハンス・ビッターリヒは、皇妃を実際には目にしたことがなかったのだそうだ。ハンス・ビッターリヒは、皇妃に間近で接した人の話を聞いたり、あるいは宮廷の女官に、エリーザベトが身に着けていた服を着せてみて、できるだけありのままの効果が出るような工夫もした。

エリーザベトの顔については、写真を見たりもしたが、それだけでは不十分で、ゲオルク・マルティン・イグナーツ・ラープの描いた、三十歳の頃のエリーザベトの肖像画を利用することを考えた。その絵は皇帝フランツ・ヨーゼフお気に入りの絵だったからだ。外務大臣アゲノル・ゴウホフスキーに仲介を依頼し、一九〇五年、エリーザベト像の制作のために、ブダペストからウィーンにわざわざ、この絵を運ばせたのだった。

エリーザベト・ルーエとエリーザベト・ヘーエ

皇妃エリーザベトのファンは多く、ウィーンに来ると、エリーザベトやシシーと名の付いたチョコレートや菓子を土産に買ったり、記念像を写真に収めるのに余念がない。しかしウィーン中心部だけでなく周辺部にも、あまり知られていないエリーザベト関連の記念碑や像がある。

ウィーンの森の中に、エリーザベトの全身像ではないが、横顔のレリーフがあることを知る人は意外に少ない。それは、レンガ造りの塔として遠くからも目立つシュテファニーヴァルテの近くにある。

シュテファニーは、エリーザベトの息子の皇太子ルドルフの妃の名だ。彼女はベルギー王家から嫁いできた。シュテファニーヴァルテというのは、かつてあったカーレンベク登山鉄道の終点近くに、ウィーンの町がよく見えるようにと、鉄道会社が一八八七年に建設した塔だ。

塔がレンガ造りになっている理由は、ドナウ河の岸辺からカーレンベルクの東のレーオポルツベルクまで登れるようにと、一八七二年に建造されたケーブルカーが、一八七六年営業を終了したので、その建物に使われていたレンガを再利用したためだ。

皇太子ルドルフは、一八八一年シュテファニーと結婚したものの、八九年には男爵令嬢マリー・ヴェツェラとマイヤーリングで心中してしまう。シュテファニーヴァルテができたのは八七年だから、まだ皇太子が存命の時だった。

その皇太子の母であるエリーザベトは、ウィーンの森のカーレンベルクなどに出かけるときには、このエリーザベト・ルーエ（Elisabeth-Ruhe）と呼ばれるあたりで一休みするのが常だったという。

森の中に、半円形のベンチ型になった石の中央に、ブロンズ製のエリーザベトの顔が台座の上でひっそりと横を向いている。

レリーフの作者はルドルフ・バッハマンという。画家としても活躍したとされるが、ウィーン軍事史博物館にある、皇帝フランツ・ヨーゼフのレリーフも彼の作品だ。ウィーンの森の、このバッハマン作のレリーフはあまり知られていないが、森にハイキングに行くことがあるなら、エリーザベト・ルーエという名のように、ちょっと寄って休憩をとってみるのもいいかもしれない。

エリーザベトのレリーフ目当てに、ここにやってくる人は多くはないだろうが、さらに訪れる人が少ないと思われるのは、ドナウ河の対岸ビザンベルクの上にある記念碑だ。ビザンベルクはウィーンの中心から五キロほど北にある。ウィーンに隣接するニーダーエスタライヒ州のコーアノイブルクにある村で、ハイキングなどに適した所だ。

その小高い丘の上にエリーザベトの記念碑が建っている。エリーザベト・ヘーエ（Elisabeth-Höhe）と名付けられているが、その名も、このエリーザベトの記念碑があるためだということだ。コーアノイブルクの婦人会の人々が一八九八年に亡くなった皇妃エリーザベトを悼んで、翌九九年に建設した。

　上に十字架が付いた大きな記念柱だ。肖像があるわけではないので、それと知らなければエリーザベトに関連した記念碑と気づかないかもしれない。コーアノイブルク役場も設計した建築家マクシミリアン・クロップの設計で建てられたものだ。

　エリーザベトが一八五四年、皇帝フランツ・ヨーゼフとの婚儀のため、船でドナウ河を下ってウィーンに近づいたとき、急角度で河が右に曲がるところで、ビザンベルクの丘の素晴らしい景色を見て、登ってみたいと言ったことが、ビザンベルクの小高い丘とエリーザベトとのかかわりの最初だった。

　その後、翌々年の五六年、夫の皇帝フランツ・ヨーゼフが付近で軍の演習に参加した時にも、彼女はここを訪れたし、五七年には宮中の女官とともに再び登り、ドナウ河や対岸のクロスターノイブルクやレーオポルツベルクを眺めたということだ。

　今では、木々がかなり生い茂っているが、二十世紀初め頃の珍しい写真を見ると、ドナウ河が大きく湾曲するあたりもはっきりと見えたことがわかる。

　第二次世界大戦の時には、ビザンベルクには高射砲が置かれていたため、空襲を受け、エリーザベトの記念碑も大きな被害にあった。戦後、一九六三年になってようやく再建されたのが、今あるものだ。ビザンベルクのあたりは、ウィーン中心部からもそれほど遠くないことから、一九六〇年代には宅地開発などが行われそうになったが、反対運動も起こり、自然が保たれたのだった。

豊かな自然の中にあり、のびやかなドナウへの風景の中に、エリーザベトの記念柱が建っている。正面の上の板には、エリーザベトが詩作を行った「アヴェ・マリア」の一部も刻まれている。

おお、わが祖国に祝福あれ
周りには嵐が吹き荒ぼうとも
御加護は祖国にとって堅き絆
あふれる恩寵で護り給え

エリーザベトの「アヴェ・マリア」は、皇帝フランツ・ヨーゼフと初めて会ったバート・イシュル近くのイシュル川を少し行った、ヤインツェンの谷沿いにある、お御堂《みどう》のマリア像にインスピレーションを受けて作った詩だとされている。

このエリーザベトの「アヴェ・マリア」には曲も付けられている。作曲家のルドルフ・ヴァインヴルムによって曲を付けられ出版もされた。出版は、エリーザベトがレマン湖畔で暗殺される前だったが、しかし初演されたのは、エリーザベトの死を悼むミサにおいてであったということだ。

ゼッセルフラウ

リング通りを路面電車に乗って走っていると、ウィーンは市の中心部に近いところでも、緑の多い町だということがわかる。とくに市立公園（シュタットパルク Stadtpark）のあたりは通りに面した並木だけでなく、公園の奥にまで緑が広がっている。

一八五七年十二月二十五日の『ウィーナー・ツァイトゥング新聞』に、皇帝フランツ・ヨーゼフの、ウィーンの都市改造に取りかかることとする旨の詔勅《しょうちょく》が載り、翌年から市壁（Stadtmauer）やグラシー（Glacis）と呼ばれた斜堤《しゃてい》の撤去、そしてリング通り等の建設が開始されていくことになった。

リング通りに沿って建てられていく多くの建築物は、十九世紀後半のウィーンを代表する建物となっていく。リング通りは一八六五年に開通しているが、しかし周辺の建物はすぐに建築され完成されたわけではなかった。最も早かったのは宮廷歌劇場（現在の国立歌劇場）だったが、その完成は皇帝の詔勅から十年以上経った一八六九年のことだった。

その後、ウィーン市庁舎、国会議事堂は八三年、ウィーン大学は八四年になって完成し、ブルク劇場は八八年、自然史博物館は八九年、美術史美術館は九一年になってからようやく完成している。

そうしてみると、一八六二年の夏にもう市立公園が開園したというのは、かなり早いことだったということがわかる。それは、ウィーンで初めての公立公園であり、市民に対して憩いの場を提供するということのあらわれでもあったのだろう。

公園の中に建てられたクアサロンも、二階建てということもあり、他の大規模な建物とは異なり、建築期間約二年で一八六七年完成と、比較的早く建築されている。ここは、ヨハン・シュトラウスなども演奏したことで知られるが、現在は、観光客用の音楽会が開かれたりしている。

市立公園の建設にあたっては、ウィーン川沿いに作られた公園で、かつてのカロリーネ門の前のヴァッサーグラシー（Wasserglacis）のところだったという特徴も生かされ、池などが配置されている。池に水を注ぎ込む様子を、八月二十一日付の『ディ・プレッセ新聞』は次のように報じている。

「公園のサロンの開場、並びに完成したシュタットパルクの北側部分の開園も、明日行われる。池への注水は昨日午後に始められた。五本の管によって流し込まれた。本日午前には、池は三分の一まで満たされた。明日昼にはすべての注入が完了するであろう」。

自然な形をした池、植栽や道など、シュタットパルクは自然を生かしたイギリス風庭園となっている。造園に携わったのは風景画家のヨーゼフ・セレニーと造園技術者のルドルフ・ジーベックだった。建設当時のウィーン市長だったアンドレアス・ツェリンカの記念碑が、少し奥まったところにある。

そこに続く道も自然な曲線を描いている。そうした道のかたわらに並べられたベンチなども、縁が柔らかな曲線を描いているものが使われている。これは「アルトシュタット型」というのだそうだ。鋳鉄の色も自然の緑に溶け込むように配慮がされている。モミの木の小枝の葉の緑色に塗られるのだと決められていて、色彩番号ＲＡＬ６００９に塗装する、と厳密な規定がある。

ベンチの他にも、一人掛けの鉄製の椅子が置かれていることもある。そうした椅子をウィーンでは、ゼッセル（Sessel）と呼ぶ。標準的なドイツ語なら、ゼッセルというのは、肘掛け椅子などのことをいい、簡素な椅子はシュトゥール（Stuhl）というのだが、オーストリアでは違う。

ウィーンでは、公園のこうした簡素なゼッセルに、今では、誰でも何のためらいもなく、気楽に腰を下ろしている。ところが昔は、公園に並べられている一人用の椅子（Sessel）に座るために、お金を払わねばならなかったのだということを書物で知った。

ゼッセルを運んできて並べ、座る人からお金を集めるゼッセルフラウ（Sesselfrau）という人がいたのだ。ゼッセルフラウといっても、今の若い人は知らないらしい。「ゼッセルフラウ」と聞いて、何を思い浮かべるかと、ウィーン大学の学生に尋ねてみたところ、彼は、キリストを抱き椅子に座った聖母マリア像を連想すると言った。彼が言うには、チロル州の北東部の教会にあった「椅子に座った聖母マリア」が「ゼッセルフラウ」と呼ばれているということだ。たしかに調べてみると、キッツビューエルではよく知られたマリア像だということだった。

しかし、ウィーンの公園にいたゼッセルフラウは、前掛けをして黒い財布をもち、お金と引き換えに椅子の利用を勧めていたのだ。一九五一年公開の映画『シュタットパルク』の中で、ウィーンでよく知られた女優アニー・ローザーが演じていたのが、このゼッセルフラウだったのだ。

他にゼッセルフラウの様子を知りたければ、オーストリア国立図書館に残されている写真で見るか、ウィーナーリート『エンゲルマハッハリン』でヘルムート・クヴァルティンガーが歌うのを聞くとよいだろう。

過ぎ去った時
素晴らしいことのあれこれ
かつての私たちのウィーンの町を思うと
私のウィーンの心は高鳴る
お父さんがよく話してくれた
ゼッセルフラウ、焼き栗売りのこと
でもフィアカーや馬の水やり人はいなくなった
あの素敵な仕事のあれこれは

他の、いろいろな職業と同じように、ゼッセルフラウも、ウィーンの風景から消えていった仕事人のひとつだった。第二次世界大戦後の一九五六年の初めにはウィーンの公園からいなくなったのだということだ。

体重計

ウィーンの町を歩いていて、昔から不思議に思っていたことがある。公園や町のところどころに体重計が置いてあるのだ。かつては一シリングを入れるようになっていたが、今では通貨はユーロにかわっているので、二十セントを入れると体重が計れる。

ウィーンの人々には見慣れたものだが、外国人の目からすると、街角にぽつんと立っている体重計が、奇妙に映るのは確かなようで、あるスイスのマガジンのウィーン・レポートにも「路面電車の停留所の二個所に一個所には」、「大きな秤(ヴァーゲン Waagen)がある」。「ヴァーゲン」といっても、「レーシングカー(Rennwagen)、あるいは馬車(Pferdewagen)などではない」。複数形で「aが二つ綴られる秤(Waagen)なのだ」と書いて驚いている。

余談だが、実は、車のヴァーゲンも、秤の複数のヴァーゲンも、古くはWagenと綴っていたのだ。しかし、それでは、車か秤かの区別がつかなくなってしまうので、一九二〇年代末になって、秤の方にaを加えて綴るようにしたのだ。

それはともかく、ウィーンの人々は、そんなに体重を気にしているのだろうか。

私がウィーンで住んでいたアパートの大家の奥さんが、ある時、「日本人の若い学生たちがたくさんウィーンに来るけれど、どうしてみんな、ほっそりしているの?」と尋ねたことがある。どう答えようかと、ちょっと迷ったが、「日本の空港では、重い人は飛行機に乗せてくれないんですよ」と冗談を言った。

しかし、ダイエットといってメインの料理にほとんど手をつけなくても、デザートに甘さたっぷりのウィーン風のケーキを食べていては、無理なのではないかとも話した。でもウィーンは街角のあちこちに体重計があるので、みんな気にしているのは確かなようだ。

ただ、ウィーンの街中には、どうして体重計が多いのだろうか。それは、いつ頃広まったのだろうか。また、いったい誰が管理やメンテナンスをしているのだろうか、という疑問は残っていた。

昔から見慣れた光景とはいっても、さすがに、誰でも不思議に思う、ウィーンの謎の一種にもなっているようで、十数年前の『ウィーナー・ツァイトゥング』新聞に、公共の場におかれた体重計の管理や補修をしている人を訪ねて行った記事が載ったことがある。

ウィーンの南の、ブルゲンラント州のピンカフェルト(Pinkafeld)という村のアンドレアス・ポップという人が、こうした体重計の管理や修理などを、しているのだという。ピンカフェルトの、グファンゲン(Gfangen)という変わった地名のところに住むポップは、当時の記事によれば、オーストリア全体で約四〇〇、ウィーン市内でも約二〇〇近い体重計を管理しているとのことだった。体重計の重量は七〇キロ近くあるので、持ち去ろうとする人は少ないらしいが、それでも壊されたりする被害はよくあるので、近年は、人通りの多い場所や、フィットネスセンター、プールなどに置いているのだそうだ。

しかし、そもそもウィーンで公の場所に体重計が置かれるというのは、いつ頃からのことだったのかと、さまざま調べてみると、それは一八八〇年代の後半だったらしい。印刷物によって確認できるのは、一八八七年八月十三日付の『フィガロ』誌につけられた「ウィーナー・ルフト」というページだ。

「自動体重計の前で」というカリカチュアでは、体重計に乗り、靴だけでなく洋服まで脱いでいる人がいる。警官が「何をしているのか?」と尋ねると、体重計の男は「正確に計りたいから」と答えている。

その翌年の八八年には、五月にプラーターで開かれた、フランツ・ヨーゼフ皇帝の即位四十年記念の「祝賀産業博覧会」で、中央のロトゥンデの近くのパヴィリオンで、硬貨を入れて計る体重計が展示され、多くの人が試してみたということだ。

レヒテ・ウィーンツァイレの街角の体重計
(オーストリア国立図書館所蔵)

硬貨を使った自動販売機が、アメリカからヨーロッパに入ってきていた時代でもあり、ドイツではシュトルヴェルク社という会社が、チョコレートの自動販売機をつくっていたということだ。そうした新しい機械への関心は大きかった。一八八八年九月二十九日の『フィガロ』誌の「ウィーナー・ルフト」

には「祝賀博覧会から」というタイトルのカリカチュアが載っている。

体重計に乗った農民が警官に向かって、「三クロイツァー入れたんですよ。それなのに、チョコレートが出てこないんですよ」と文句を言っているところだ。

その当時の体重計は、一八五二年にウィーンで設立された、シェンバー・ウント・ゼーネ社の秤が多かった。しかしその後、第一次世界大戦後から第二次世界大戦の間には、ベルケル社の体重計が主流となった。ベルケル（Berkel）といえば、肉屋のマイスター、ファン・ベルケルがロッテルダムに設立した、肉の円形スライサーを作ったことで有名な会社で、その機械は食肉業界なら知らない人はいない。

ベルケル社は一九二七年、ウィーンのラントシュトラーセに工場を造り、体重計の生産も行った。しかし体重を計ることが街頭から室内に移るようになって、ベルケル社は一九七八年に、こうした体重計の生産を終了している。

しかし、今も、ウィーンの街角の体重計には、メンテナンスされた、ベルケルというロゴのついたものをよく見るように、第一次大戦後は、ウィーンの街角に多くの体重計が置かれていった時代だった。市民の体重の自己管理を啓発しようということだったのかもしれない。それは、ウィーンが、市民の健康保健政策、住環境政策などにとりわけ力を入れていた、「赤いウィーン」と呼ばれる時期と重なっている。

切手

第二次世界大戦後、オーストリアでは、ヒトラーの肖像を描いた切手は、ヒトラーの描かれていないものに切り替えられていったが、新しい切手が出るまでの当面の間は、戦時中の切手を使わざるを得なかった。

オーストリアではヒトラーの顔を塗りつぶすといったことが行われたことがあるが、日本では、「敵国降服」といった直接的な言葉が書かれた切手に関して、その文字部分を消すといったことが行われたのが知られている。

日本の戦後における切手は、北斎の冨嶽三十六景の富士や落雁図、法隆寺五重塔、など戦争のあった過去とは異なった図案が用いられた。オーストリアでも、風景や有名な建物、民族衣装などがデザインされるようになるが、その一方で、過去と明確に向き合おうとする姿勢が顕著な切手も発行されている。ひとつは一九四七年の戦時捕虜を扱った六枚のシリーズの切手で、戦争で囚われの身となった人々の悲惨さが描かれている。また戦争が終結した翌年の秋、一九四六年九月十四日に、楽友協会近くのキュンストラーハウスで「反ファシズム展示会」が開かれ、それに合わせて記念切手が発行された。切手は戦争の問題点をシンボライズして図像化している。

この展示会は、当初、敗戦から約半年の一九四五年の十一月に開催が計画されたが、まず四六年春に開催が延期され、さらに他の展示会との関係で、結局、四六年九月に開かれることになったのだった。そのため記念切手自体は、四六年の春には発行可能だった。

反ファシズム展示会の記念切手は、八種類のデザインで発行された。少し分かりにくい点もあるので細かく見てみよう。

(1)一九三八年のオーストリア占領（一九三八年は、ドイツにオーストリアが併合された年で、オーストリアにハーケンクロイツの短剣が突き刺さっている）(2)ハーケンクロイツを掃き出す箒（箒の下の地図はヨーロッパ大陸だ）(3)燃え上がるシュテファン大聖堂（シュテファン大聖堂のドームは大戦末期の空襲で実際に焼け落ちた）(4)鉄条網の中の手（手の背後にKZという文字が見える。KZはKonzentrationslager［強制収容所］のことだ）(5)柱を打ち砕くハンマー（ハンマーで打ち倒された柱の柱頭部分にはハーケンクロイツがある）(6)蛇を絞め殺す握り拳（蛇は邪悪なものをシンボライズしているが、蛇の体にはハーケンクロイツの模様がある）(7)引きちぎられた鎖と手（人差し指と中指を上げたのは、誓いを表す型で、後ろにはオーストリア国旗がある）(8)炎から飛び立つオーストリアの鷲（国旗を胸につけた鷲は、燃えているハーケンクロイツから飛び立っているところだ）

デザインしたのは、モラヴィア地方のオリュミッツ（現在のチェコのオロモウツ）出身で、ウィーン美術アカデミーで学んだ画家、アルフレート・クミーロフスキーだった。展示会の「反ファシズム」という視覚化がかなり難しいテーマを、巧みに切手のデザインにしている。

発行された切手は、既に書いたように八種類だったが、アルフレート・クミーロフスキーが描き、サンプル印刷されたものには、あと二種類あったのだということだ。ひとつは、ヒトラーの仮面を外すと下に髑髏《どくろ》の顔があるものだ。もう一つは、ナチス親衛隊のSSマークの雷が、オーストリアに突き刺さっている。きわめてインパクトの強いデザインだが、この二種は、占領軍によって発売が許可されなかった。

オーストリア国立印刷局で印刷された本物の切手だが、実際に販売や流通がされなかった切手なのだ。そこで、そのサンプル印刷版は収集家にとっては垂涎《すいぜん》の品で、現在では実際に取引されると、非常に高額になるのだそうだ。

この展示会は「反ファシズム展示会」(Antifa-Ausstellung) という名前だったが、さらに、この展示会のモットーを表すタイトルは、ポスターや切手にも書かれているように、「決して忘れない」(Niemals vergessen) というのは、ウィーンの人なら、かならず見たり聞いたりした言葉だ。ドナウ運河沿いのモリツィン広場にある、ファシズムの犠牲の碑に、大きく刻まれていることもあって、よく知られている。

ここは、かつてウィーンのゲシュタポ本部があったところだ。一八七三年のウィーン万国博覧会のとき、リング通り様式で建てられたメトロポールという有名なホテルを、一九三八年の併合後、九百人もの秘密警察の役人が利用していたのだった。

大戦末期に空襲で破壊され、その場所に記念碑が建てられた。強制収容所のあったマウトハウゼンの花崗岩《かこうがん》が積まれ、その中で石に囲まれながらも拳を握りしめ、今にも前に進み出そうとするようなブロンズ像が、一九八五年から立っている。

　上部の石に刻まれた黄色い星は、ユダヤ人を表すダビデの星で、赤い三角は強制収容所の政治囚を示しているのだということだ。その二つの印の間に、大きく「決して忘れない」(Niemals vergessen)と刻まれ、戦争を経て、我々が忘れてはならないことが何であるのか、を問いかけている。

　この言葉をモットーにした一九四六年の展示会の時に、レーオポルト・フィグル首相は次のように述べたが、それは現代の人々にとっても、つねに心にとどめておかなければならないことだ。

「Niemals vergessen! この二つの語には、文字通りすべてが表されており、我々が今日追い求めようとするすべての精神がある。オーストリア人としてだけでなく、あらゆる人間は、決して忘れてはならないのだ」。

WIENER LEBEN

人と生活

犬洗い小僧

ウィーンでは犬などをはじめとする動物に対する愛護が重視されている。以前、ウィーンを訪れた時、市庁舎前の広場で「ウィーン動物愛護の日」という催しが開かれていたことを思い出す。

会場では、いろいろな動物専門家が、動物の飼い方の初歩的なことからアドバイスをしたりしていたが、その一方で、馬の伝統的なカドリーユ騎乗や、西部劇風の乗馬を見せるといった企画もあったし、馬にちなんで蹄鉄《ていてつ》組合のコーナー、また動物によるセラピーや、消防による救助犬、オーストリア軍の軍用犬の紹介なども行われていた。

シェーンブルン動物園や水族館はもちろん、ウィーン市役所からも、環境局、河川局、森林局、市場管理局、食品検査部門など多くの部局からの参加があった。その他にも、変わったところでは、フクロウやタカのコーナー、モルモット愛好会、あるいは爬虫類のコーナーなどといったものもあったが、やはり数が多いのは、犬に関してのもので、犬用の食事コーナーまで用意されていた。

とりわけ犬などのペット類は、人間のパートナーといった面をもっていて、こうしたコーナーに集まる人の多さからも、ウィーンの人たちが、いかに犬好きであるかがわかるが、実はそれは、今に始まったことではないのだそうだ。

既に一八一五年、当時の警察の調査によれば、約三万匹の犬がいたのだとされている。そもそも、その頃のウィーンの人口は、およそ二十四万人だったというから、人間と犬との比率で考えるとすれば、犬の多さは、現在の倍以上ということになる。

ある家の主人が犬を飼っているだけでなく、召使いやお手伝いといった使用人も自分の犬を飼っていた。さらには物乞いまでも犬を飼っていたりしたのだということが、当時の警察の記録には書かれている。

しかも、犬を飼っているといっても、一匹だけではなく二匹いたりしたこともあった。そして、さほど大きくもないアパートに二十匹から三十匹もの犬が飼われていたということだ。

だから、昔から、犬にまつわるさまざまな職業、たとえば、犬を売買する人や獣医はもちろんのこと、犬の訓練をする人や、犬の世話などといった仕事が、十九世紀前半から成り立っていたのは、想像にかたくない。

そうした中から、ひとつ変わった職業を紹介してみよう。その頃、夏によく見られたものに、プードルなどの犬の毛を刈ったり、犬を綺麗に洗うという仕事があった。

この仕事をしていたのは、馬車の馬を洗っていた「洗い屋」(Wasserer) のような屈強な男ではなく、もう少し若い男の子たちだった。といっても、犬に言うことを聞かせなければならなかったわけだから、かなりたくましくなければならなかった。

彼らは、今あるような「犬のサロン」のトリマーといったような洒落た名前で呼ばれていたわけではない。「犬洗い小僧」(Hundswascherbuam) と言われていた。シャツの袖やズボンは、濡れないようにまくりあげ、裸足になって犬をドナウの水で洗っていた。

大型の犬を洗う時には、背中にまたがって、スポンジなどを使って洗っていた。犬洗い小僧たちは、たいてい、現在のドナウ運河沿いの、ショッテンリングが運河にぶつかるあたりの、シャンツェルといわれた岸辺を仕事場にしていた。今でも、地図を見ると、ドナウ運河沿いのアウガルテン橋近くにシャンツェルウーファー (Schanzelufer) という名前が記されている。

このあたりは古くは船着場として使われていた。水路でやってくる人は、ここでウィーンの土を踏んだわけだし、またさまざまな荷物も運ばれてきた。ウィーンの西のオーバーエスタライヒなどからも果物が運ばれてきて、ウィーン随一の果物市場がつくられていた。

私がウィーンに住んでいた頃、夏になると、ドナウ運河沿いで、蚤の市が開かれていて、よく出かけたものだが、その運河沿いの続きのところに、オレンジを山のように積んで、ジュースにして飲ませるスタンドを見かけたことがある。しかし、そのオレンジの山から、かつてこのシャンツェルにあったという果物市場を連想する人はほとんどいないかもしれない、とも思った。シャンツェルのあたりの岸辺は、砂地で傾斜もゆるやかだったので、犬洗い小僧たちにとっては、大きな犬を洗うにも好都合だった。

シャンツェルの付近は、当時、かなり人通りのあったところだった。とくに、天気のいい夏の夕方などは、散歩をするのに恰好の場所で、犬洗い小僧たちの仕事ぶりは、注目を集めることになったし、そこにいけば、セントバーナードといった大型犬から、プードルやスピッツ、マルチーズ、ダックスフントなどにいたるまで、さまざまな種類の犬たちを見ることができた。

ドナウ運河沿いの夏の風物詩だった犬洗い小僧たちも、犬の毛を切ったり洗ったりする専門の店ができるにつれ、次第にその姿は消えていった。

犬の捕獲屋

ウィーンでは野良犬の姿を見ることはまずないし、放し飼いにされている犬もいない。どの犬も飼い主と一緒に、おとなしくのんびりと歩いている。飼い主に従順でさえあれば、動物愛護精神の豊かなウィーンは、犬にとっては、まるで天国のようなところかもしれない。

ところが歴史を振り返ってみると、さまざまなことがあるもので、犬にとっては、まさに悪夢のような時代もあったのだ。

犬と見ればつかまえようとする、犬の捕獲屋（Schinder）に彼らは追い回されていた。古くは、犬の捕獲とか皮剝ぎは、死刑執行人たちが行う仕事だった。

そうしたことを生業とする人たちは、ウィーンの東南のエルトベルクや、さらに離れた、現在の中央墓地に近いカイザー・エーバースドルフのあたりに多く住んでいたといわれている。当時書かれたものによると、「彼らは庭に、ライオンでも住みそうな穴を掘り、その中で犬の群れを飼っていた。夏になると、死骸は悪臭を発し、風に乗って臭気がエルトベルク中に漂い、さらにはラントシュトラーセにまで達していた」とある。

町中を走り回る野良犬に手を焼いていた役所は、それを一掃しようと、犬を捕らえて殺すことを認め、報奨金すら与えていた。犬の捕獲屋は長い鉄の棒を持ち、走る犬めがけて棒を投げつけ、さらに倒れた犬をその鉄の棒で打ちつけ、撲殺したのだった。そうした凄惨な光景は、人通りの多いケルントナーシュトラーセなどでも、一七八〇年代まではよく見られたのだという。

十九世紀になっても、路上を走り回って餌をさがす犬は多かった。一八一四年の警察の記録には次のように記されている。「不要なる犬の大多数は、床屋、御者、年金生活者、靴磨き、そしてとりわけ、歳のいった未婚女性、未亡人などに見られる」。それは飼い犬が十分な餌を与えられていないためだとされている。

また、犬に噛まれるといったことは、ウィーンのいたるところで日常茶飯事だったし、毎日五、六人の人が狂犬病をもった犬に噛まれるといったことも起こっていた。

市民からは、こうした事態を何とかしてほしいという要望が出され、市当局、警察、政府、さらには皇帝自身までも、この問題に頭を悩ませていたのだそうだ。

まず考えられたのは、犬に革製の口輪をさせることだった。現代のウィーンの市電のステッカーに見かけた犬用の口輪も、二百数十年の歴史があると思いそうになるが、ところが当時、実際には、この口輪の使用に関しては、その長所や短所をめぐって、長々と議論が続くだけで、結論は一向に出なかった。

口輪というものは、既に一七六七年からドイツのシュパイヤーで使われ、コペンハーゲンでも一八一五年に使われ始めていたにもかかわらず、ウィーンではなかなか使われなかった。そのため、ウィーンでは別の手段として、犬の捕獲屋の登場となるのだった。

彼らは犬を殺すと、一頭あたり七クローネの報奨金がもらえた。そのため、彼らは野良犬だけでなく飼い主のいる犬まで路上でつかまえたりもしたし、さらには住居の中庭にまで入りこんで犬を連れ去ったりしたのだった。

そこで当局は、飼い主のいない犬でなければ殺してはならないという、厳格な命令を出さざるを得ないということも起こったりした。

一八一四年から一六年にかけて、およそ一万四千頭以上の犬が殺された、と警察の記録には残っている。こうした犬の捕獲は、一八二〇年代に入っても続き、一八一四年から二二年までで、約三万頭が命を落とした。また、一八四一年には再び狂犬病が流行し、八月と九月の二か月間に約七百頭の犬が殺された。

つかまえられた犬は、小さなリヤカーのような車の箱の中に放り込まれた。息も絶え絶えの犬のうめき声が、そこからは聞こえていた。

だから「犬獲りー！　犬獲りー！」という呼び声が、通りの向こうから聞こえてくると、住民たちはあわてて自分の犬を家の中に入れるというのが、その頃の町の様子だった。十九世紀後半になると、たんなる鉄の棒でない新しい捕獲具が使われるようになっていた。ウィーン方言で、マクスン（Maxn）と呼ばれる道具で、棒の先に輪がつけられ、それを逃げる犬の首に引っ掛けて捕まえるというものだった。「ウィーン式の輪」（Wiener Schlingen）とも呼ばれた。マクスンは、語源をたどると。中高ドイツ語の mahse、さらには古高ドイツ語の「輪」という意味の masca にまでさかのぼるのだそうだ。

しかし、「ウィーン式」を名乗った犬の捕獲具も、一九一〇年代末には見られなくなる。その理由は明らかだった。第一次世界大戦による食糧難は、人間だけでなく動物にもおよび、犬を飼う人が急激に減ってしまったからだった。

靴屋の小僧

二十世紀のうちに、ウィーンの路上から消えていった職業はさまざまあるが、そのひとつに、靴屋の小僧たち（Schusterbuam）がいる。彼らの姿は、二十世紀の初めには、ウィーンの通りの光景には欠かせないものだった。

だいたい、十三歳から十六歳くらいまでの靴職人の見習いの子どもたちで、紐で結んだ一足の靴を肩からぶら下げて町中を歩いていた。青い前掛けをしていたが、膝のあたりは擦り切れたり、穴が開いていたりした。こうした靴屋の小僧は、芝居などにも登場することがあって、その時は短いズボンをはいた女優が演じることが多かった。

口の減らない小僧という面もあり、生意気な様子は口にくわえたタバコなどにもあらわれていた。タバコは自分で買うわけではなく、通りに落ちている吸殻を拾ったものだった。

二十世紀初頭の靴屋の小僧を写しためずらしい写真が残っているが、そこには葉巻をくわえ靴をぶら下げた、いかにもませた男の子が写っている。

馬車のフィアカーと一緒に走ってみたりするのは日常茶飯事だった。怒った御者は、「チッ、チッ」と言って追い払った。また彼らは洗濯女や市場の売り手たちを、よくからかったりもした。しばらくやり合っているうちに、怒ってほっぺたを叩かれて逃げ出すこともあった。

『ウィーンの靴屋の小僧』というウィーナーリートがある。

おれはウィーンの靴屋の小僧
生まれたところはヘルナルス
いつだって陽気でユーモアたっぷり
生粋のウィーン気質なんだ
靴屋の小僧についてはいろいろ言われるけど

でもおれたちゃ、鼻高々
誰だって知ってるさ、そんなに人気があるんだ
ふざけたり、おどけたりはお手のもの
生まれついての血のせいさ

と四分の二拍子で始まったあと、前半部の歌詞がもう一度、ゆったりとしたワルツのテンポで歌われる。楽譜には、続いてアドリブで口笛を吹くようにとの指示も書かれている。

ヘルナルスというのは現在のウィーンの十七区あたりのことで、かつて私が二年間住んだところだったので、この曲を聴くたびに懐かしくなる。

全曲を歌うと八番まであり、かなり長い歌だが、三番の歌詞を見ると、先輩の職人たちのために毎朝九時に朝食を持っていき、さらにそれに加えてワインも持っていくのだが、ワインは小僧が半分飲んでしまって、かわりに井戸の水を入れておいたりしたのだった。

このように見習いの小僧には、朝から、靴に関係ない雑多な仕事もたくさんあったのだ。

昔、靴屋の小僧をしていたポルドルという人の回想が、一九三四年の「クローネン・ツァイトゥング新聞」に載ったことがある。そこでは次のように語られている。

「私の毎日の仕事は、まず初めに朝早くストーブの火を起こすこと、コーヒーを沸かし、水を運び、釘の用意をし、職人に火酒を持っていき、子どもが騒いだら連れ出すこと、などだった」。

ちょっとしたことで、親方や職人たちから叩かれたりもしたが、でも靴をお客のところ

に届けるのは楽しかった。お客は小僧たちに、チップをくれるからだった。

「夕方、親方が言った。『おい、ヨーゼフ。ポルドルと一緒に、靴を届けてきな。ポルドルにも、お客の家が分かるようにな。チップは二人で分けるんだぞ』。そこで私たちは出かけた。私は、ヨーゼフのあとについて行った。そして最初のお客のところで、ヨーゼフから五クロイツァーもらった。また他の客のところでも同じようだった」。

ウィーナーリートでは陽気に歌われる靴屋の小僧も、このポルドルという名の回想者に言わせると、「私たちの仕事は、以前は多くの人たちから低く見られていた。何の取り柄もない子どもは、靴屋の見習いにでもなるか、と脅されたりしたものだった」のだ。

この回想が新聞に載った一九三〇年代には、もう靴屋の小僧たちは、ノスタルジックなものになってしまっていた。二十世紀になって、靴は工場で生産され、新しくできてきた靴販売店で売られるようになったからだった。とりわけ第一次世界大戦後の一九二〇年代から三〇年代にかけて、靴屋の小僧は急速に減っていく。

一九三二年の「アルバイター・ツァイトゥング新聞」に、「消えゆく靴屋の小僧」というタイトルの記事が載っているが、実際それは見習いの若者の数に如実に現れていた。

ウィーンの職業学校で靴職人を目指す生徒たちは、一九二三年には、まだ二千六百四十人いたが、一九三八年になると二百七十人になってしまうのだった。

道路掃除人

ウィーンの道路清掃には、大小いろいろな道路清掃車が使われている。塵芥を取り除くものや、散水車、路面を洗い流すもの、そして雪の季節になれば、小砂利を散布するもの、除雪ブルドーザーなど、さまざまだ。

そもそも、道路清掃に機械を使うことが考えられたのは、道路が舗装されるようになったからだった。それまでもっぱら人の手に頼っていた道路清掃を機械化しようと考えた人たちの中には、ワルツ王ヨハン・シュトラウスの弟、ヨーゼフ・シュトラウスもいた。『天体の音楽』、『うわごと』、『オーストリアの村つばめ』、『鍛冶屋のポルカ』などといった曲で有名で、彼の作品は、情感や優美さでは兄ヨハンをしのぐといってもよい。

曲を聴いていると、彼がもともとは技術者だったということは、ちょっと想像できないが、ヨーゼフ・シュトラウスは、一八五三年、自ら考案し設計した機械を道路清掃のために使うよう、ウィーン市に提案をしているのだ。

しかし、ウィーン市は、ヨーゼフ・シュトラウスの考えた機械を、非実用的だとして採用しなかった。しかし実際には、当時大量に雇われていた道路掃除人たちをどうするかという現実的な問題が起こってくるのが目に見えていたからではないかともいわれている。

ヨーゼフ・シュトラウスの死後、道路清掃の機械が作られるようになるが、それは、シュトラウスが考えたものと、それほど大きくは違わなかった。そして、実際に機械力を使って本格的に道路清掃が行われるようになったのは、一九〇三年のことで、一九一〇年には路面を洗う機械も使われ始めていた。

多くの人々が、限られた空間に生活しなければならない都市においては、道路が清潔に保たれているかどうかは、他の国からやって来た人々のその町の印象を大きく左右する。ウィーンでは、オレンジ色の作業服を着た多くの道路掃除の人たちが目につく。そして町の道路の清掃に関しては、かなり行き届いている。

もともと道路清掃は、町の美観上や、通行が滞りなくなされるかという点から重要だっただけではない。昔から最も大きな問題だったのは、町全体の衛生面だった。ウィーンでは、古いところでは一五六〇年十一月十四日、次のような布告が出されている。

「家の塵芥やその他の不潔なものは、建物内において集め、以前のように公共の広場、片隅、道路、また教会や礼拝堂に密かに投棄してはならない。塵芥は桶や大きな木箱に入れ、荷車などに載せ、町の外の所定の場所に運ばなければならない」。

また十六世紀半ば頃のおふれでも、家主は「日中二度ないし三度、家の前の汚水の流れを水で洗い流し、清掃し清潔にしなければならない」とあるし、「自らの家の前の氷は、打ち砕いておくこと」というものもあった。さらに十七世紀後半にも、「塵、芥、そして動物の死骸を、夜間、道路に投棄してはならない」というおふれも出された。

ペストなどさまざまな伝染病におびやかされた町でもあり、いかに道路を清潔に保つか

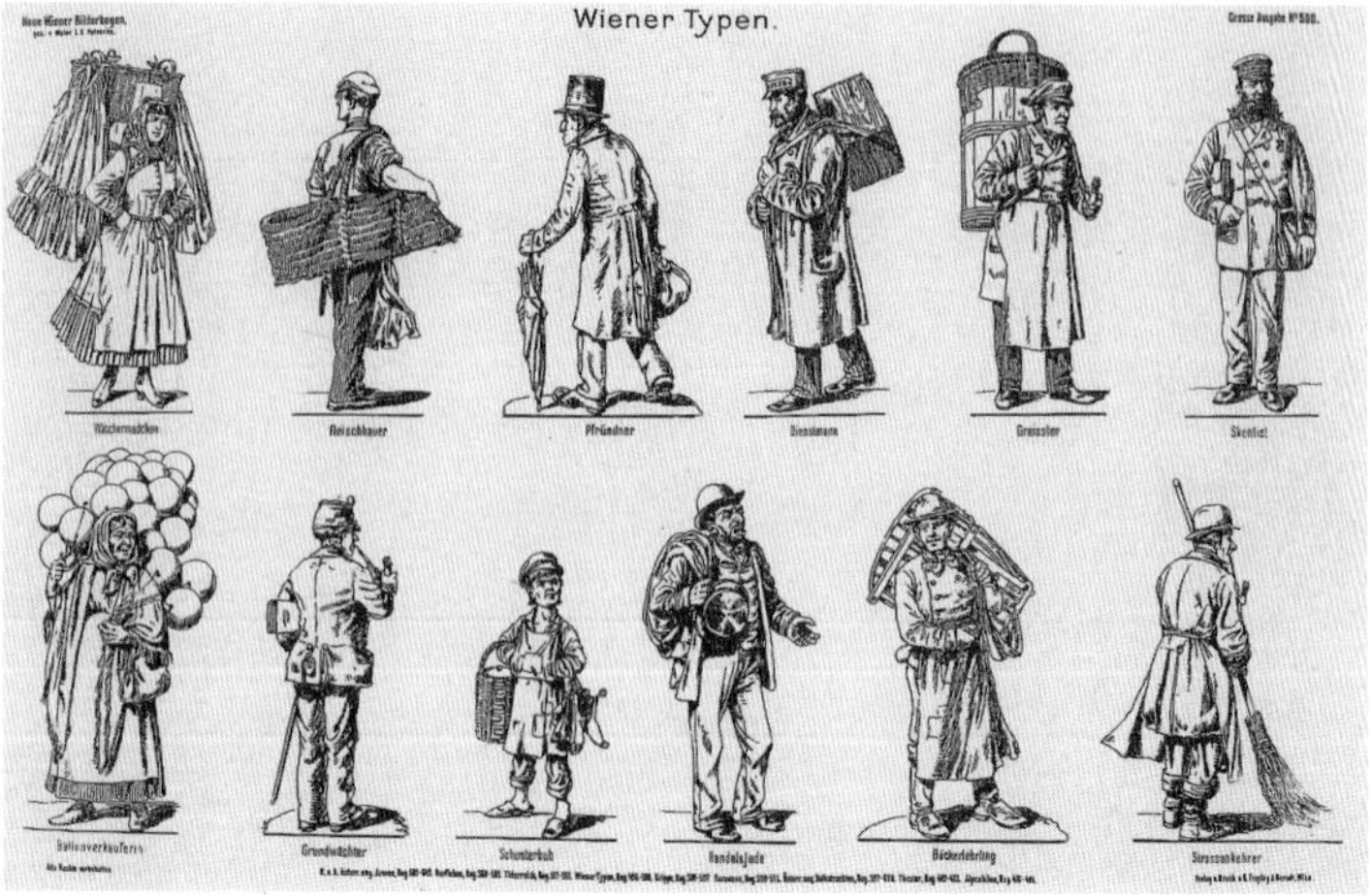

は、この都市の抱えた主要な問題でもあったわけだ。

　十六世紀半ばにある人が書いたものには、次のような個所がある。塵芥や不潔なものは「種々の病気をもたらす。すべて蚊や南京虫や蝿がいっぱいで、その臭気は、そばを通る人にはひどいものだった」。

　十七世紀末から十八世紀になると、市の中心部は石畳などが敷かれるようになり、またゴミ屋などがゴミ集めをするようになって、道路のゴミの山は減っていき、以前から比べれば中心部は、いくぶん清潔にはなっていった。さらに一七二〇年代半ばには、市の中心部の道路には、中央に向かってわずかな傾斜がつけられるようになり、水で通りを洗い流すことが行われ始めた。

　十八世紀半ばのウィーンの町の道路掃除人を描いた版画などを見ると、服装などは現代とは違うが、箒などを持った様子は、今とあまり差がないように見える。ところが、十八世紀後半のほんの一時期、今まで誰も見たこともないような道路掃除人が登場

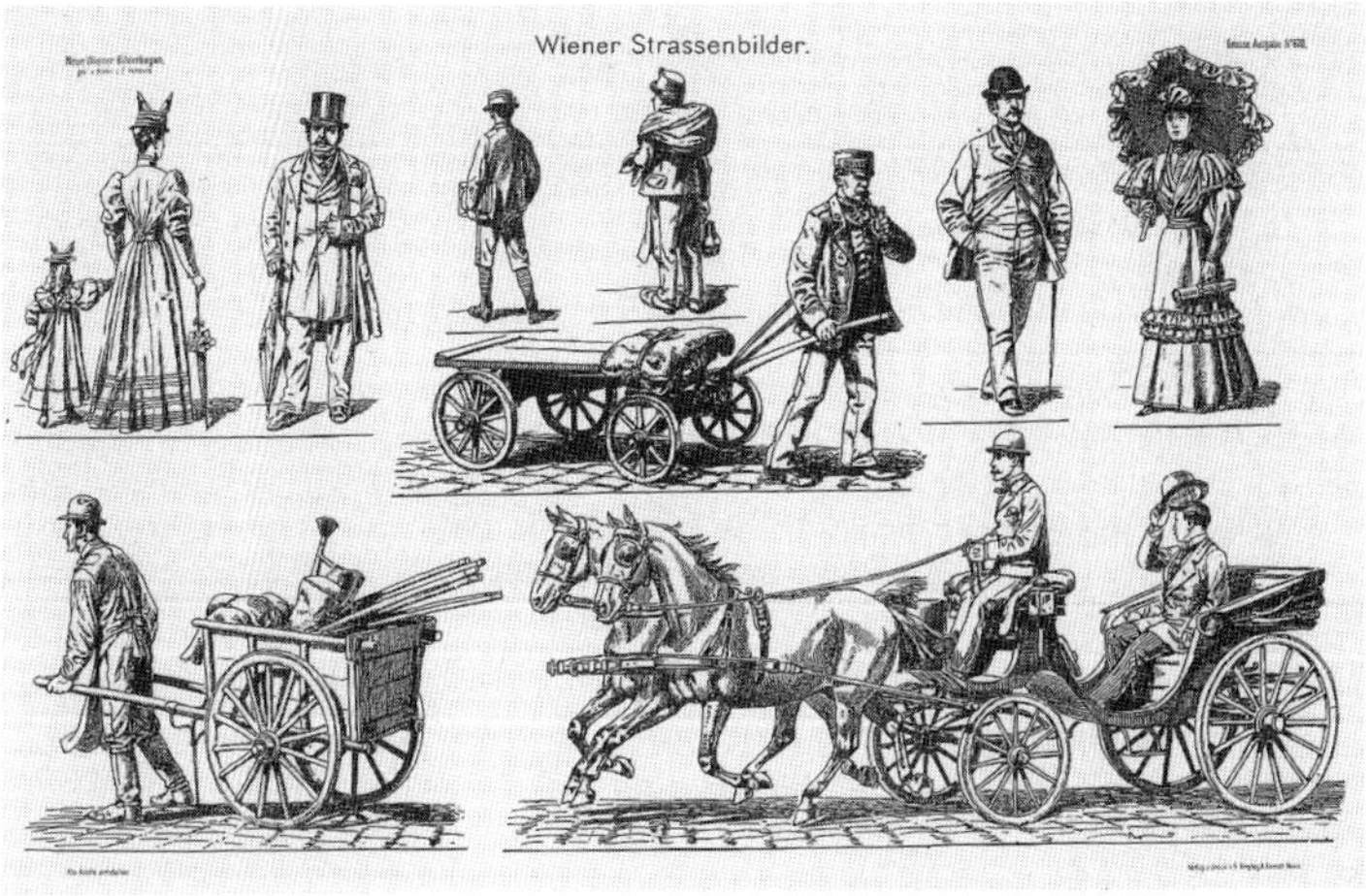

L.E. ペトロヴィッツが描いた路上の仕事人たち（グラーツ大学所蔵）

したことがある。

マリア・テレジアの息子、ヨーゼフ二世は、さまざまな点で先進的な改革を行ったが、道路清掃についても、新たな試みを導入し人々を驚かせた。

彼は、罪人に道路清掃をさせたのだった。男の囚人だけでなく、女の囚人にも道路掃除の仕事をさせた。そして道路掃除をさせるときの格好も細かく指示している。

一七八二年十二月二日の皇帝布告では、そうした道路掃除の仕事をしなければならない懲役囚は「健康、清潔、安全を保つため、頭髪を短く刈らねばならない」とされている。しかも、女の囚人も髪の毛を短く刈らなければならなかったのだ。

皇帝は、このような罰を加えれば、犯罪者たちが改心するようになると考えたのかもしれない。鎖につながれて短い髪の毛であらわれる囚人たちを見て、町の人々は嘲った。ところが囚人たちの中には、掃除をするついでに、通りかかる人に物乞いをする者まであらわれた。

一方、黙って見ている人々も、こうしたやり方はどこかおかしいと思うようになり、髪の毛を短く刈り上げた囚人たちに道路掃除をさせるのは、一年ほどで行われなくなるようになり、そのかわりに、監獄内の洗濯をさせるといった、懲罰に変えられていったのだった。

見習い制度

親方、職人、見習いという制度によって、ヨーロッパの手工業的な部分は成り立ってきたのだということは、よく知られているが、彼らの生活は、一体どういったものだったのだろうか。彼らは職人になる前に、見習いの期間を過ごさなければならなかった。

たしかに工業化が進んでくる以前は、いわば家内工業的なものが主流であったわけで、職人たちや見習いの小僧たちは、仕事場のある親方の家に住み込んで働いていた。そして親方の家の部屋で寝るだけでなく、食事も共にしていたし、本来の仕事以外の、子守りなどの雑用までしなければならなかった。

職人や見習いたちについてのきまりは、もともとツンフト（Zunft）という同業者組合の規則によって定められていた。ツンフトは十二世紀頃にできてきたもので、たとえばウィーンではパン屋のツンフトが、一二二七年に大公レーオポルト六世にパンを贈ったという記録があることが知られている。

こうしたパン屋のツンフトは、現代でもパン屋のイヌング（Bäckerinnung）として続いている。今でもパン屋の職人になるためには、まず三年間（ただし高校卒業試験に合格していれば二年間）見習い生として職業教育を受けたのち、試験に合格しなければならない。さらにマイスター（親方）といわれるものになるためには、六年間パン屋で働きマイスター試験に合格しなければならないなど、さまざまな決まりがあるようだ。

現在は見習い期間にも、日本円に換算して最初の年は月四万円ほど、三年目には六万円ほどの給料が出る。しかし古くは、見習いの期間は、手当てをもらえるどころか、逆に教習料として親方に金を払わなければならなかった。しかも決まった額はなかったのだった。

十八世紀頃には、三十グルデンから百五十グルデンと幅があったが、印刷屋や左官屋は高く、洋服屋や肉の燻製屋では低めだった。当時の金の価値はわかりにくいが、百五十グルデンというと、四人家族が半年は暮らせるほどの額だった。そうした金を一括で支払わねばならなかったのだ。もし見習い小僧となる者の親に金の持ち合わせがなければ、いくぶんか高い分割払いで払うことになっていた。

さらに見習い期間の長さについても、とくに決まりはなく、教習料をたくさん払ったものは、見習い期間が短くなったのだという。また、親方の息子なら見習いとして修業するのは半年程度だったのに、場合によっては五年も見習いをさせられることもあった。

工業化が進む近代までは、長い間にわたって、いわば安くすむ家庭内労働力的なものとみられていたわけだ。ただ、古くから目に余るようなこともあったらしいことは皇帝カール六世（一六八五－一七四〇）が出した布告に次のような言葉があることからもわかる。

「親方は、見習いをするものに対し、きちんとした教育を施さなければならない。また分別をもって、不当なる殴打によって罰してはならない。またそれは親方の妻ならびに職人にも許されないものである」。

もちろん女の子は見習いになることができなかった。そして、見習いになる男の子は、結婚しているきちんとした両親のもとに生まれた子どもでなければならなかった。これは、どういうことなのかというと、実は当時は、結婚といっても簡単ではなかったからだ。

領主や教区の司祭の承認がなければ、正式な結婚はできなかったし、そのためには、かなりのお金もかかったのだった。だから、正式な結婚によらないで生まれた子どもが、出生児全体のほぼ半分を占めていたほどだった。

また古着商や皮剝ぎ屋、死刑執行人などを父とする子どもも、見習いにはなれなかった。というように、職業的な差別意識もはっきりとはたらいていた。

たしかな親とみられた両親をもつ男の子だけが、見習い小僧になれたのだ。見習い期間が終わり、ツンフトの試験に合格すると、職人となり、自分の親のあとを継ぐ場合を除いて、今までの親方のもとを離れ、遍歴に出なければならなかった。期間は、仕事によって異なるが、二年から六年間だった。

火葬

ウィーンの中央墓地は、有名な音楽家の墓があることから、訪れる観光客も多い。広大な墓地には、立派な墓碑などもたくさんある。でも、ウィーンでは火葬は行われていないのだろうかという疑問をいだく観光客は少ないかもしれない。しかし、中央墓地の向かい側のちょっと奥まった所なので気づきにくいが、ウィーンにも火葬場はある。

カトリックが、火葬ということを公に容認したのは一九六三年のことだった。そしてウィーン大司教区が一九六六年に「棺のままの埋葬と火葬という葬儀の儀式における区別は今後はなされない」と発表したにもかかわらず、「眠りに似た死」、「最後の審判の日における復活」という考えもあり、教区の教会の神父は、以前と同じような、棺のままの埋葬を信者にすすめることも多く、火葬数は長い間年間数千件にとどまっていたのだそうだ。

しかし、火葬自体は、埋葬形式としては最も古いもののひとつであり、石器時代や青銅器時代から行われていたが、七八五年にカール大帝が、火葬は異教の風習であるとして禁止し、命令に従わない者は死罪としたのだった。また、埋葬するのは教会の墓地でなければばならないとも定めた。

墓地を教会から分離して別の場所につくるということは、十八世紀末のヨーゼフ二世によって実行されていったが、火葬については取り入れられることはなく、長い間オーストリアで唯一の許された通常の埋葬方法は、棺のままの埋葬だった。しかし衛生上の問題や都市化の進展にともなう墓地の不足から、火葬を認めるべきだという議論が起こるようになってきた。

一八七三年のウィーン万国博覧会のとき、ジーメンスが火葬設備を展示して話題を呼んだ。これは、棺を床下の火葬室に下ろすという現代の方法と似たものだった。翌年二月九日、中央墓地に火葬場（クレマトーリウム Krematorium）を建設する案がウィーン市議会に出されたが、実現にはいたらなかった。

しかし一八七五年には、ウィーンで「炎」という名の火葬推進連盟がつくられるようになっていた。一八八〇年代になって、ようやく市議会は火葬場の建設に前向きに取り組む姿勢を見せはじめる。ロンドンでは一八七三年に、ミラノでも一八七六年に、ドイツのテューリンゲン地方のゴータでも一八七八年に公営火葬場がつくられていたからだった。しかし、ウィーンで火葬場建設が実現に向けてスタートするのは、ようやく第一次世界大戦後になってからだった。

一九一九年、最初の市議会普通選挙で、社会民主党が絶対多数を占め、火葬場建設が具体的に語られるようになった。一九二一年、中央墓地の向かいの、皇帝マクシミリアン二世が建てた「ノイゲボイデ」と呼ばれていた建物のあった場所に火葬場を建設することが決まった。

建設プランには七十もの応募があった。一位となったのはヨーゼフ・ホフマンの案であったが、実際に採用されたのは、三位のクレメンス・ホルツマイスターのものだった。ノイゲボイデに残されている塔などとの調和がよいとされたためだ。彼はその後、ザルツブルクの祝祭劇場の改築を手がけてもいるが、中央墓地の向かいのジンメリングの火葬場はホルツマイスターの代表作のひとつとされるものだ。一九二二年五月二日に起工式が行われ、十二月十七日に開館式が催されることになっていた。

ところが、予定された開館式の前日、オーストリア政府の社会福祉担当大臣リヒャルト・シュミッツが、オーストリア全国において火葬を禁止するという命令を出し、完成した火葬場の操業を阻止しようとしたのだ。しかし、当時のウィーン市長ヤーコプ・ロイマンは、予定通り十七日に開館記念式を行った。この問題は、連邦政府がウィーン市長を訴えるという、前代未聞の裁判沙汰になった。

プロテスタントやユダヤ教の教会は中立を保ったが、カトリック教会では説教壇の上から、火葬場閉鎖とウィーン市長への処罰を求める演説が行われるということが続いた。

最高裁にあたる憲法裁判所の一九二四年の判決は、教会やキリスト教社会党の意見を反映したものになるのではないかとの予想に反して、埋葬は地方自治体の問題であるとして連邦政府の主張を認めなかった。

その後、ウィーンの火葬場では、一九二四年に二基目の、そして二九年には三基目の火葬設備が完成し、さらにシュタイヤーで一九二七年、リンツでは二九年、ザルツブルクでは三一年、グラーツでは三二年というように各州に火葬場がつくられていくことになるが、それも「赤いウィーン」といわれる時代が後押しをしていたものだ。

ところで、一九二二年十二月にウィーンにできた火葬場で、最初の火葬が行われたのは、年の明けた一月十七日だった。荼毘《だび》に付されたのはカミラ・ヴィッケという名の女性だった。彼女はもともとカトリック信者だったという。そこに参列した人が残した言葉があるので紹介しておこう。

「遺体は灰色に塗られた木の棺に入れられていた」。「遺体を運ぶ係りの人が棺を台の上に載せた」。「参列者たちの長い祈りのあと、花輪で立派に飾られた棺は、ゆっくりと下に下がっていき、床からおよそ一メートルほどのところで止まり、参列者は亡くなった人に最後の別れを告げた。すると床下の両側から、青銅製の覆いがあらわれて閉まった。そして棺は、さらに下の火葬室へと下ろされていった」。

ニンフたち

グラーベンはウィーン有数の商店街だ。グラーベンという名が付いているように、ローマ人がやってきて住んでいた頃には、溝があったとされているところだ。現在は高級品店が多いが、それだけに、他で探してもないような物が見つかることもある。

クリスマスが過ぎてしまってかなり経ってから、やはり、クリスマスピラミッドを買おうと思ったことがある。あちこち見たが、クリスマスピラミッドなど売っている店は見つからなかった。

季節外れの時期に、クリスマスの品などを探すほうが、無理かとあきらめかけていたところ、ウィーン人の知人から、グラーベンの玩具店に行ってみたらどうか、と言われた。その店に行ってみると、店員の人が、何種類かのクリスマスピラミッドを、すぐさま持ってきてくれたのでびっくりしたことを覚えている。

今では、老舗というにふさわしい店構えの高級店が多いグラーベンだが、実は昔は、グラーベンのニンフたち (Grabennymphen) というのが登場するところだったのだそうだ。ニンフというのは妖精のことだ。ただ、グラーベンに出現したニンフたちは、水の精とか森の精というときの妖精とは、役割が違っていた。彼女たちの仕事は、男の人を「客にする」ことだったのだ。

グラーベンのニンフと呼ばれた女性

昔、そうした女性たちは、二つの階層に大きく分かれていた。ひとつは、市壁の外側などを仕事場とするような人たちで、貧しい労働者、洗濯女たちなどが、そのような仕事を選ばざるを得なくなった場合だった。もうひとつは、貧しく金に困るようになってしまった軍人や役人の娘や、小間使いたちで、彼女たちはグラーベンのニンフと呼ばれていた。仕事場はグラーベンを初めとするウィーンの中心部ということになっていた。

ただグラーベンのニンフという名前で呼ばれているものの、彼女たちはグラーベンだけではなく、ケルントナーシュトラーセ、コールマルクト、ローテントゥルムシュトラーセ、アム・ホーフ、フライウングあたりにまで現れた。

グラーベンのニンフという言い方が、ウィーン以外の人々にも知られるようになり、一般化していったのは、一七八七年に『グラーベンのニンフたちのための手帳』という本が出版されたためらしい。

これは、彼女たちが、お客をとるためのアドヴァイスまで記されているような本で、もちろん最初は作者の名前を明かさずに匿名で出版された。しかし後に、書いたのは『アイペルダウアーの手紙』でも有名なヨーゼフ・リヒターだということが分かったのだという。

ニンフたちのためにつづったという書き方になっていて、たとえば一月から十二月までの月ごとのポイントがまとめられたりもしている。一月のところは次のようだ。

「一月。この月は、絶好の時だ。元旦だけでも何週間分かの収入を確保することができる」と始まって、中ほどを読むと「一月は次のような理由でも好都合だ。なぜなら、天気はふつう乾燥しており、陽は、もう四時には落ちてしまうからだ。あちらこちらと歩き回る必要はなく、客を求める時間が、より長くとれるからだ」と説明が加えられている。

さらに、男の見方の解説もある。

「帽子を顔にかかるほど深くかぶった老紳士が、日没の半時間後頃、ゆっくりとした足取りでグラーベンやコールマルクトを、あちらこちらと歩き、よくそばを通りかかって軽く咳などをするなら、あたってみてよい」。

「忙しそうな様子をしていて、二、三度、通り道を遮って、そしてわずかに目を向けてくるのは、人に見られたくない、結婚している若い男だ。だから脇の路地に誘うとよい。そうすれば、ほぼ成功間違いない」。

また、具体的な場所の選び方についても、親切な忠告が書かれている。

「グラーベンやコールマルクトを選ぶなら、宿はナーグラーガッセにすべきだろう。ここは、まさしく誂《あつら》えてつくられたような通りだ。たくさんの路地がつながり人通りは少ない。階段も薄暗いので、どんな男も、人に見られることなく、昇ってくることができ、また下りていくことができる。部屋の賃料はもちろん少し高い」。「ただ毎日六フローリン稼ぐ者にとっては、この程度の額はわずかだろう」。

といったように、実にこと細かなサジェスチョンが書かれている。

十八世紀の終わり頃には、こうした女性たちは、約二万人いたとされている。それだけのお金が動くとなれば、それにまつわる「仕事」も、当然できてくるようになってくる。

部屋の持ち主は、女たちから賃料を取る。女たちと客を取り持つ役割を、馬車の御者や下僕が受け持ったりした。また御者は馬車そのものを宿代わりに提供することもあった。床屋はわずかな金で情報の提供をしたり、管理人は口封じの金を取ったりしたのだった。

さらに、女たちの斡旋をする女性たちも、さまざまいた。表向きは、裁縫や編物教室をして、アクセサリー販売などをしている店では、グリゼッテン（Grisetten）と呼ばれるお針子たちに、作った服や帽子アクセサリーを付けさせて、窓辺に座らせていた。客は、服やアクセサリーを注文し家まで届けさせるということを装って、それらを身に付けたままの女の子を連れて行くのだった。

死刑執行人

シュテファン大聖堂のことを、ウィーンの人たちは、親しみを込めてシュテッフル(Steffl)と呼ぶ。シュテッフルという呼び名は、シュテファンの愛称としてオーストリアではよく使われる。その名を使ったデパートが大聖堂に近いケルントナー通りに面して建っている。一九九〇年代に建て直された、ウィーンの町にしては現代風の外観のデパートだ。

この場所は、モーツァルトの終焉の地だった。といってもモーツァルトはケルントナー通り沿いの建物に住んでいたわけではなく、ケルントナー通りから一本裏通りに入ったラウエンシュタインガッセというところに、彼の住まいがあった。

一七九〇年の秋、レーオポルト二世の戴冠式のためモーツァルトがフランクフルトに行っていた間に妻コンスタンツェは息子のカールとともに、ユーデンプラッツの家から引越してきた。仕事部屋や台所の他に四つの部屋がある立派な住まいで、彼用のビリヤード台が置かれた部屋もあり、「小皇帝館」(klienes Kayserhaus)とも呼んでいた。彼の六番目の子、フランツ・クサーヴァーが生まれたのもここだった。

モーツァルトは亡くなるまでの一年余りを過ごし、ピアノ協奏曲第二十七番(KV.595)、弦楽五重奏曲変ホ長調(KV.614)、クラリネット協奏曲や『魔笛』など最晩年の傑作を生み出していく。『レクイエム』の依頼に、見知らぬ男が訪ねてきたのもこの住まいだった。

モーツァルトの死後、一八七四年にピエトロ・ディ・カルヴァーニがこの建物を買い取り、「モーツァルトホーフ」を建てたのだが、一九六四年に取り壊され、デパートのシュテッフルとなったのだ。

ラウエンシュタインガッセは、にぎやかなケルントナー通りからひとつ入っただけなのに、表通りの喧騒が嘘のように静かな路地だ。道の敷き石も歴史を感じさせる。

しかし、通りの名前はラウエンシュタイン(Rauhenstein)という。rau(h)というドイツ語は、ざらざら、でこぼこした様子や、粗野で荒々しいことなどを表すのだが、この裏通りはそんな感じはしない。ではなぜ、ここがラウエンシュタインガッセという名なのだろうか。

一説には、このあたりに昔、刑の執行人の住居があり、獄舎としても使用されていたことによっているのだとされる。そこは獄卒館(Schergenhaus)と呼ばれ、牢屋と同時に拷問室もあった。ごつごつした石の床の上に、莚《むしろ》を敷き、犯罪人に対して拷問が行われていた。莚はウィーン方言でDack(e)nと言うことがあるが、現代でも「もうだめだ、破滅だ」といった意味でauf der Dackn liegenという慣用表現はよく使われる。

拷問が行われたあと、犯罪人は刑場に引かれていく。ウィーンで最も古い刑場は、ホーアー・マルクトとロサウのラーベンシュタイクにあった。ホーアー・マルクトでは裁判官席がバルコニーの上に作られ、そこから判決が言い渡された。その記録としては一三二五年のものが残っている。

刑場はその後、ウィーンのあちこちにできていくが、それぞれの場所で処刑法が違っていた。タボール橋のところでは溺死刑、ゲンゼヴァイデでは火あぶりの刑、シュピネリン・アム・クロイツでは絞首刑か車裂きの刑、そしてホーアー・マルクトでは斬首刑と八つ裂きの刑が行われた。

このような刑を執行していたのが刑吏(Henker)と呼ばれた男たちだった。彼らは山師、皮剝ぎ人、墓掘り人などと同じような扱いがされていた。人々からは忌み嫌われ、ワイン酒場などでは、他の客の同意がなければ入ることすら許されなかった。入ることができても、入口の扉の近くに彼らだけの折りたたみ椅子と折りたたみテーブルとが用意されたのだった。教会では、最後列にしか座れなかったし、聖体拝領でも一番最後と決まっていた。

子どもも他の職業につくことはまずなく、代々、刑吏を続けていくことがふつうだった。だから首切り役人の家系というのができあがっていくわけで、フランスでは、ルイ十六世とマリー・アントワネットをギロチンで処刑したサンソン家というのが知られているし、ドイツではダイブレやグラスマン、スイスではグロースホルツ、フォルマー、グラーツではモーザー、ウィーンではシュロッテンバッハー、ハムベルガーなどという家が知られている。

そもそも彼らは結婚するにも、同じような首切り役人の娘か皮剝ぎ人の娘としか結婚できなかった。他の可能性といえば、なんと死刑の判決を受けた女性とは結婚できたのだそうだが、しかし、首切り役人と結婚するより、死を選んだ死刑囚の女性までいたということだ。そのように嫌われていた彼らだが、囚人が獄卒館から刑場に引かれていく時には、物見高い人々がたくさん集まってきた。

また実は、首切り役人たちは、夜にはもうひとつ別の仕事があった。刑吏の家には夜になると、闇にまぎれて飲み物などをつくってもらおうとやって来る人々がいたのだ。

首切り役人の血の染み込んだ刀を浸したワインは、高熱に効くとか、刀の破片は幸運をもたらすとか、死刑になった人の関節の骨を財布に入れておくと金に困らない、などという迷信もあった。首を切られた囚人の血には病気を治す力があるのだということは、かなり広まっていた迷信らしく、血を染み込ませたハンカチが売られていたこともあるのだそうだ。

首切り役人は、解剖などが許されなかった時代に、人間の体の内部について、むしろ医者より詳しかったともいわれる。そこで、外科医的な治療まで施すということもしていた。普通の人々が禁忌として接し得ないものに接することができるといったことで、一種、魔術的な面を持っていたのは確かだろう。

ハンドレー

「ハンドレー」(Handlee) と言っても、知る人は少ない。一体どこの言葉かすら分からないかもしれない。昔、十九世紀末から第一次世界大戦の頃まで、ウィーンの町では、この「ハンドレー！」という声はよく聞かれた。

ハンドレー (Handlee) とは、ドイツ語の Handel (商い) の動詞 handeln の人称変化した形から出たものだ。ウィーン方言で、一人称は I handle となるが、主語の i (= ich) が省略され、また動詞語尾の e が、長くのばされて叫ばれる。長くのばしていることが分かるようにと、Handlee と語尾が ee と綴られたり、あるいは h を添えて Handleh と書かれることもある。

家々をめぐって「ハンドレー！　ハンドレー！」と声をあげながら歩いていた行商人たちは、この呼び声から彼ら自身も「ハンドレー」と呼ばれていた。ほとんど男だったこともあるからだろうが、方言辞典を見ると男性名詞として記載されている。

古着などを買い入れるのが、ハンドレーたちの仕事だった。古い靴、帽子、毛皮なども買い入れていたが、やはり古着が主だったということだ。

だから、Handlee! Handlee! Nix z'handlee! といった呼び声を、しいて日本語に訳すとすれば、「古着！　古着！　古着はありませんか！」といったことになるだろうか。

彼らの歩いていたのは、むしろ貧しい地区ではなく、ヨーゼフシュタット、ノイバウ、アルザーグルントやヴェーリング、デーブリングといったウィーン中心部から見ると西から北西にあたる一帯だったという。他の地区に比べれば、裕福そうな住民の住んでいる地区だった。

たしかにこのあたりは、役人居住地区(Beamtenviertel)などとも呼ばれていたところだ。ハンドレーたちにとっては、質の良い古着を手に入れることが期待できたからだ。

ハンドレーたちの多くは、当時のオーストリア・ハンガリー帝国の北東部、ガリツィアやブコヴィーナからやってきたユダヤ系の人たちだった。古着を入れる黒っぽい袋を小脇に抱えたり、かついだりしていた。袋は標準ドイツ語ではBündelだが、ウィーン方言ではBinkelと言われたので、Binkljuden(袋を持ったユダヤ人)とも呼んでいた。

袋をかついで歩いてくる姿は、冬の寒い時期に、悪い子はいないかと歩き回り、悪い子を袋に詰めて連れて行ってしまうという、アルプス地方に現れるペルヒトやクランプスに似ているので、言うことをきかない子どもを脅かす時に、親たちは、ハンドレーの名を利用したこともあるそうだ。

しかし、商売のためにやってくるハンドレーたちは、古着などを袋に入れるだけだ。そして買い集めた古着を、やはりユダヤ系の古着商や古物商の店に持って行って売っていた。古着屋の多くはユーデンガッセやレオポルトシュタットに店を構えていて、ハンドレーたちから仕入れた古着を入念に分類し必要な修繕をしてから、店に並べて売るのだった。

ハンドレーたちが声をあげながら路地を歩いてくる時、まず遠くから聞こえるのは、語尾を長くのばした「レー！」という音だ。近づいてくるにつれて、初めの「ハン」という音も聞こえ始める。「ハンドレー！　ハンドレー！」と言いながら、中庭から窓を見上げる。窓から声がかかれば、即座に階段を昇って行く。彼らは、商売のコツをよく知っている。まず目をやるのは、服などではなく客の顔だ。商売とは関係のない、ちょっとした話をしながら、客の売りたい物の品定めをしてしまう。話の間に、客がどのくらい商売上手かも判断してから本題に取りかかる。

そして、初めてしげしげと品物を見るが、首を振りながら渋面をつくることを忘れない。「それほどの値は出ませんよ」などと、まだ値段の話にならないうちから言ってみせるのだ。それから、おもむろに「いくらくらいが望みなんですか？」と尋ねる。

客が希望の値段を言っても、その値段など、まったく問題外だといったそぶりで、「これは、そんな価値はないですね。気張ってみても半分でしょう。でもよく見てみると、そこまでもいかないかもしれませんね。もしも半分の値をつけたとすれば、私にとっては、悪い商売をしたことになりますよ」と言ったりする。

客の言い値の半分くらいで、話が進むのかと思うと、実はここからが本当の値段の交渉の核心になるのだった。言い値の半分にもならないと言われた客が、腹を立てて拒絶しても、ハンドレーは、不機嫌そうな様子はまったく見せない。客の怒った態度は、次の交渉の良い出発点だと思っているのだ。

話がうまく進まないならしかたがないと、立ち去ろうとする。呼び止められればしめたものだ。そこからが具体的な値段の交渉になる。彼らは長年の経験から、古着を売ろうとするのは、何といっても金に困っているからだということをよく知っている。

ようやく交渉がまとまると、ハンドレーは財布から、ゆっくりとクロイツァー硬貨を取り出し、仰々しいしぐさで客に手渡すのだった。それから、安い値段で手に入れた古着を、手慣れた様子できちんとたたみ、持ってきた袋の中にしまい込む。

丁寧に挨拶をすることも忘れず、建物から出て行く。そしてしばらくすると、路地の向こうから、また「ハンドレー！　ハンドレー！」という声が聞こえてくるのだった。

葬儀博物館

ウィーンは、まるで町全体が博物館なのではないかと思うこともよくあるが、そのような都市の中の、本当の博物館に出かけてみると、そこには、かつての帝国の時代が、そのままよみがえった世界が広がっている。

私たちがウィーンについていだくイメージを再確認させてくれる博物館も多いが、しかしその一方で、一般的な印象からは想像がつかない、変わった博物館もたくさんある。

とくに変わったところといえば、葬儀博物館（Bestattungsmuseum）というところもある。一説には、葬儀を扱ったという点で、世界で唯一の博物館だともされる。やはり行ってみなければと、見学に行ったことがある。

最近では、博物館もいろいろな企画を行っていて、葬儀博物館も二〇〇一年には、初めて「ロングナイト・ミュージアム」という企画に参加していた。夜の葬儀博物館では、「柩試し」といった企画まであった。実際に、棺桶の中に入って寝てみようというものだった。そんなことを試す人が本当にいるのかと思うところだが、実際、柩の中に入って屈託のない顔で寝ている人の姿の写真まで撮られていた。

葬儀博物館も、人々の耳目を集めるために、いろいろな工夫をしていて、そのひとつには、ルネ・マグリットの『レカミエ夫人』の柩を実際に作って展示している。ルネ・マグリットの『レカミエ夫人』というのは、ジャック゠ルイ・ダヴィッドの『レカミエ夫人の肖像』をもとにした、シュールレアリズムの絵画だ。ダヴィッドの『レカミエ夫人の肖像』はルーブル美術館にあり、一八〇〇年の作だが、未完の作品だということだ。

描かれたジュリエット・レカミエ夫人は当時のフランス社交界でも有名な美人で、ナポレオンをも魅了したといわれる。彼女は一七七七年生まれで、一七九三年、父のように歳の離れた銀行家と結婚している。

ダヴィッドの絵を念頭に、マグリットは一九五〇年、生きたレカミエの姿態への想像力をかきたてる柩を描いたのだ。椅子の上に、まるでレカミエが座っているように、曲がった柩を置き、柩の下からは、レカミエの白い衣服の一部だけを覗かせている。

さらにルネ・マグリットは、『レカミエ夫人』というブロンズ彫刻を、最晩年の一九六七年に制作しており、それは、日本でも横浜美術館で見ることができる。

ウィーンの葬儀博物館の『レカミエ夫人』は、もちろんマグリットの彫刻までも考えて作られたものだろう。アッツガースドルフにある柩工場が特別に制作した柩の下からは、夫人の白い衣服の一部をやはり覗かせている。今は亡き人への想像力をかきたててくれるが、ただ残念なことに、この座った形の柩には、試しに入ってみることはできない。

しかし、歴史をさかのぼってみると、死んだと思われて、柩に入れられ埋められてしまうといったことも、実際には、しばしば起こったのだということだ。

生き埋めにされる恐怖に、多くの人々が慄いていた。それは、死ぬこと以上に恐ろしいことだったらしい。作家のアンデルセンは、毎晩「注意、私はただ仮死状態にすぎない」と書いた紙を、ベッドのかたわらに置いていたと言われるし、哲学者のショーペンハウアーは、自分が死んだと思われてから六日間は、ベッドでそのままにしておくようにと、遺言を書いていた。

ウィーンでも、仮死状態で埋葬されてしまうことに恐怖をいだいた人々が多くいた。有名なところでは、作家で医師でもあったアルトゥール・シュニッツラーは、生き埋めにされることを恐れ、死後、念のために自らの心臓を一突きするようにと指示したのだった。

また、劇作家のヨハン・ネストロイも遺書に次のように書いている。「私が、死に際して唯一恐れるのは、生きながらにして埋葬される可能性を思うことである。我々の慣例では、このとても重要な事柄において、きわめて欠陥のある確実性しか認められない。死んだか否かの吟味はまったく不確かで、医学も残念ながら、医者が——ある人の命をたとえ落とさせたとしても——その者が死んだかどうかすら確かではないといった段階にまだあるのだ」。

そこで彼らが望んだのは、短剣で心臓を一突きしてもらうことだった。この短剣は、シュティレットといい、十九世紀頃の医者は、必ず鞄の中に持っていたものだそうだ。ウィーンの葬儀博物館にも、十九センチほどのシュティレットが飾られているが、シュティレットの使用は、二十世紀に入ってもしばらくは行われていた。

ピアノで有名なルートヴィヒ・ベーゼンドルファーも遺言で「私が死んだ時には、仮死の状態でないかどうか、慎重にあらゆる手段を取るようにすること。特に心臓への突刺しを行い私の死体を検死すること」とまで書き、さらに、「私の遺体は、普段着を着せて、簡素な木製の柩に入れ、できれば私のいつもの御者で、ピアノ運搬用の馬車に乗せ、私の馬たちに引かれて中央墓地に運んでほしい」としていた。

実際、ベーゼンドルファーの埋葬は、ウィーン風の「華やかな葬儀」(A schöne Leich)ではなく、わずかな親族と楽友協会の会長エルンスト・クライス以外は参列せず、葬儀の花もなかったという。彼の望みを受け、鉄の輪だけがついた質素な墓石には、ただ名前と生没年(一八三五−一九一九)だけが書かれている。

ヒトラーの切手

二〇一五年は第二次世界大戦の終結七十年にあたった。日本では八月が終戦の月だったが、オーストリアのウィーンは、四月十三日にソ連軍によって占領され、実質的に敗戦をむかえている。

オーストリアはヒトラーのドイツと共に第二次世界大戦を戦ったのだった。それはドイツがオーストリアを一九三八年に併合したことによっている。第一次世界大戦後から一九三〇年代のオーストリアの政治状況は、かなり複雑だ。しかし結局は、ヒトラーが一九三八年三月、軍隊を出動させて実力でオーストリアを併合する。

だが、実力による一方的ともいえる併合にあたって、オーストリアは、国民投票を実施して、この併合を是認している。国民投票を行うこと自体、紆余曲折があったのだが、ただ、四月十日に行われた国民投票は、投票用紙を見ればわかるように、形ばかりのものだった。

その国民投票は、ドイツとの統一に賛成をするか等を問うものだった。だが、国民の意見を公平に求めることからは程遠く、投票用紙には、賛成を記入する丸が、中央に大きく書かれ、反対の丸は右端に小さく書かれている。

これだけでも、賛成に誘導しようという意図が露骨に現れている。さらには、国民投票

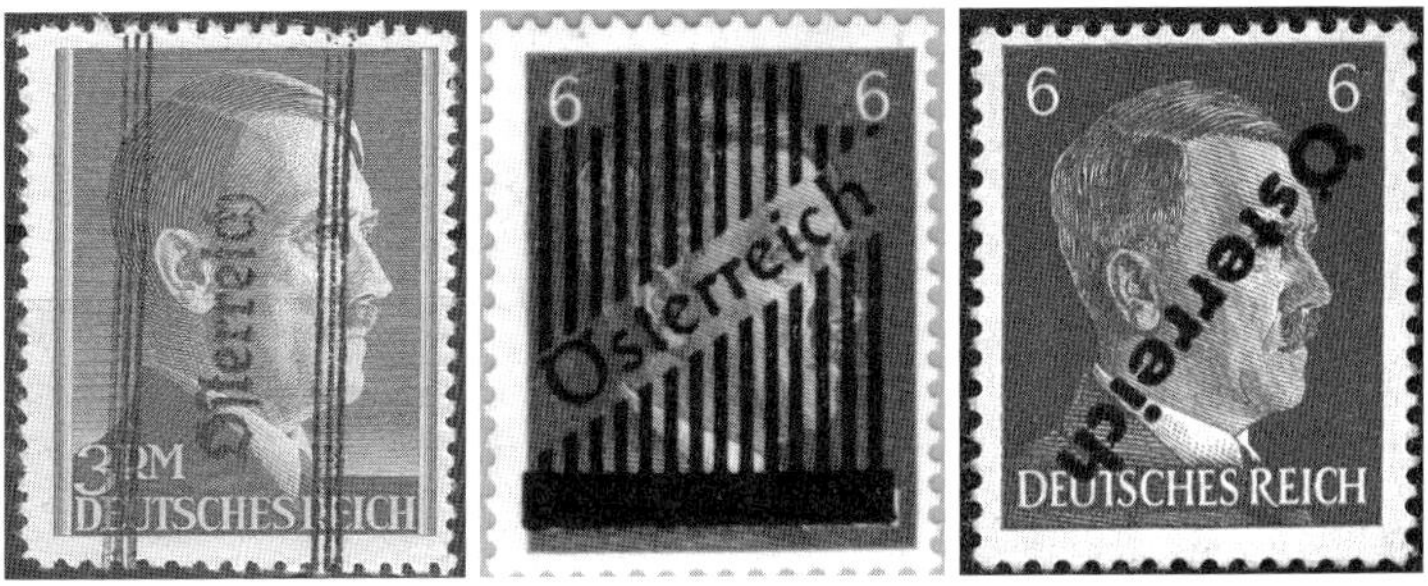

第二次世界大戦後、ヒトラーの顔がさまざまに消された切手

前に示された見本用紙では、中央の賛成の丸に印を付けるようにとの矢印が書かれ、しかも欄外には「十字の印をここに記入するように！」と、ご丁寧に説明まで付いている。さらに大きな文字の説明文もある。

「大きな丸に印を記入することで、オーストリアの再興、数十万の国民同胞のための仕事とパンの供給、悲惨さや窮乏の排除のための賛意を総統にたいして与えることになるのです」と書かれている。これは、オーストリア国立図書館に、資料番号F500096-Aとして保存されている史料だ。

いずれにしても、反対投票などありえない、という宣伝工作がなされている。その結果、賛成票が、九十九・七三パーセントという、圧倒的な数字となったのだ。しかし、いかにも異常な数字である。

四月十日の国民投票を前にして、ウィーンだけでも二十万ものヒトラーの写真が張り出されていたし、郵便のスタンプにも、「四月十日には、総統に賛成を」(Am 10. April dem Führer dein Ja) といった投票を促す言葉が記されたり、さらにハーケンクロイツの入った回転式スタンプも使われた。

また投票日前日の九日は「大ドイツの日」として記念切手まで発

行された。切手には「ひとつの民族、ひとつの国、ひとりの総統」と標語が書かれ、ドイツ人とオーストリア人の青年が肩を組み、ハーケンクロイツの旗を担いでいる。

こうしたことは、国民投票といった、一見「民主的」なことが形骸化していく危険性をあらわしている、後世の人々が明確に学び取っていかなければならない例のひとつだ。

第二次世界大戦で敗北したあとから顧みれば、この一九三八年は、オーストリアにとって、決定的な転換点だったわけだ。そこでオーストリアは、一九三八年から五十年目にあたる一九八八年に、「一九三八年三月十一日、オーストリアの最期(Finis Austriae)」という記念切手を出している。ここでは、「ドイツ帝国とオーストリア共和国の再統合に関する法律」の署名の日である三月十三日ではなく、ヒトラーによってオーストリアへの進駐命令が出された、十一日を記している。

ドイツへの併合後の三月十六日に一人のユダヤ人作家が自殺している。それはエゴン・フリーデルだった。亡命するユダヤ人たちが多い中、ウィーンに留まっていた彼は、突撃隊がやって来たのを知り、四階の窓から飛び降りた。彼の残した箴言《しんげん》には次のような言葉がある。「愚かさは、寝心地のよい枕のようなものだ」。

しかしその後、第二次世界大戦に突き進む中で、みずからの「寝心地のよい枕」を求めたオーストリア人たちは、「オーストリアの再興」、「悲惨さや窮乏の排除」とは程遠い運命を受けとめなければならないことになる。

オーストリアという国は消滅し、ナチスドイツの一地域である「オストマルク」と呼ばれ、当然、国が発行する紙幣や硬貨もドイツのものとなり、郵便切手の国名からオーストリアは消えてなくなった。

ヒトラーが偶像視されるようになり、記念切手にもたびたび登場する。有名なものとしては、ヒトラー五十歳の誕生日を記念した一九三九年四月二十日の切手で、ヒトラーの生まれたオーストリアの町、ブラウナウの教会を背景にした横顔が描かれている。また、記念切手だけでなく、一般切手でもヒトラーの肖像を描いた通常切手が数多く発行された。

一見、戦争や政治とは関係なさそうな郵便切手も、時の政治状況に利用され、プロパガンダの手段として利用されたのだった。

しかし、第二次世界大戦が終結した時、ヒトラーの切手はどうなったのだろうか。

四月十三日、ウィーンはソ連軍によって占領された。ドイツの降服は五月八日だったが、ウィーンの郵便局では、既に五月二日には、ヒトラーの切手の顔の上に、Österreich（オーストリア）というスタンプが押されたのだった。

この時期は、敗戦後の混乱期であり、地方によってさまざまな対応がなされていた。例えばシュタイヤーマルクのグラーツでは、五月二十二日からヒトラー切手の上に、三本ずつの縦線の中央にÖsterreichと印刷された。そして六月になると、コルクのスタンプを押しヒトラーの顔全体が分からなくなるようにしたり、Deutsches Reichという文字を見えなくしたものも現れたし、さまざまだ。

最もよく知られているのは、縦縞でヒトラーの顔を潰し、斜めにÖsterreichと印刷した切手だ。六月二十一日からしばらくの間、流通したが、どれも、抹殺したい過去、戦争への悔悟《かいご》が表れている。

MUSIK

音楽

国立歌劇場の緞帳《どんちょう》

昔、ウィーン国立歌劇場にオペラを見に行き、少し早めに着いて開演にまだ時間がある時、舞台を眺めると、分厚い緞帳が下がっていたのを覚えている人も多いだろう。国立歌劇場なら、開演の十五分くらい前になると、静かに緞帳が上がっていったものだった。

ただ、フォルクスオーパーでは、私がウィーンに住んでいた頃には、国立歌劇場のような分厚い緞帳を見たことがなかった。フォルクスオーパーには、もともとそうした緞帳が設置されていないとばかり思っていた。

しかし現在かなり重厚な柄の緞帳が下げられている。新しく作られたものではないようなので、一体どうしたのだろうと思っていた。

緞帳の左には一八四八年とあり、右には一八九八年と数字が見える。一八九八年は、フォルクスオーパー開場の年だ。皇帝フランツ・ヨーゼフの治世五十年を記念してつくられた劇場なので、当初は、「皇帝記念市立劇場」と呼ばれていた。

緞帳の中央にいるのは、女神ヴィンドボナだ。ウィーン市のシンボルである赤地に白十字の盾を持っている。右の男の人はウィーン市民をシンボライズしているのだとされている。作者は、カール・シュラーとゲオルク・ヤニーの二人だ。

実は、第二次世界大戦以来、フォルクスオーパーの緞帳は行方不明になっていた。戦時には、緞帳が取り外されていたのだが、その所在が長いことわからなかった。しかし、一九九〇年代になって、アン・デア・ウィーン劇場の屋根裏で発見されたのだった。

だから、再び見られることになったフォルクスオーパーの緞帳は、国立歌劇場の現在の緞帳よりずっと古い。国立歌劇場の緞帳は、かつては歴史画で有名だったカール・ラールの絵画にもとづいたものが掛けられていた。

こうした緞帳は、火災防止のための役割もある。鉄等が入った防火性の高いものなので、しばしば「鉄のカーテン」と呼ばれる。記録を見ると国立歌劇場には一九一三年から設置されたということだ。大きさ一七〇平方メートル、重量は十数トンもある。

しかし第二次世界大戦末期、ウィーンが連合軍の空襲にみまわれた時、歌劇場も大被害を受けた。「鉄のカーテン」も何の役にも立たず、建物のほとんどが焼け落ちてしまったのだった。

再建には十年以上を要し、再開したのは一九五五年十一月五日だった。カール・ベームの指揮でベートーヴェンの『フィデリオ』が上演された。その時、新しく掲げられていたのが、画家ルドルフ・アイゼンメンガー作の緞帳だった。グルックの『オルフェオとエウリディーチェ』の一場面、オルフェオが妻エウリディーチェの手を引いて黄泉の国から地上へ戻ろうというところを描いている。

ルドルフ・アイゼンメンガーは一九〇二年、現在のルーマニアのシメリアに生まれ、ウィーン美術アカデミーで学んだ。一九三〇年、ウィーン・キュンストラーハウスの最年少の会員となり、三九年からはキュンストラーハウスの会長を務めた。彼の絵画は、ヒトラーが好んだともいわれ、アイゼンメンガーの緞帳が掲げられたことへの批判もあったということだ。

その一方では、国立歌劇場の再開にあたって指揮したベームや、音楽監督となったカラヤンといった音楽家の戦時中の活動を考えれば、問題はないとの意見もある。むしろアイゼンメンガーは、民族的な理由から活動を禁じられた芸術家たちのために、キュンストラーハウスからもらう報酬をすべて使っていたとされるし、キュンストラーハウスの建物が弾薬工場に造り変えられることから護ったのだとも言われる。

しかし、さまざまな批判の中でも、国立歌劇場の緞帳はずっとそのまま掛け続けられていた。

ところが、しばらくぶりに歌劇場を見た人は、きっと驚いたに違いない。そこには現代美術の作品が下がっていたからだ。例えば二〇一〇年から一一年にかけてのシーズンは、アメリカのヴァージニア州レキシントン出身のサイ・トゥオンブリの抽象的な作品だ。楕円的な赤が一面に描かれ、「バッカス」と名付けられていた。

毎シーズンごとに、異なった芸術家の作品が掲げられている。この試みは一九九八年に始まった。当時、国立歌劇場の総支配人だったイオアン・ホレンダーは次のように言っている。

「私が一九九七年の春、ウィーン国立歌劇場の鉄のカーテンをつくることを議論に付した時、それはあたかもパンドラの箱を開けたようだった。憤激の嵐は、新たな鉄のカーテンをつくることに関しての賛成か反対かの理性的な議論を吹き飛ばしてしまったのだった」。

ウィーンは、新たな試み自体に対しては、つねに拒絶反応を示しがちなところだ。しかし、この新しい試みは一九九八年秋、アフリカ系アメリカ人のキャラ・ウォーカーのシルエット風の作品が掛けられ、スタートすることになった。

今までの作品を見ると、中にはかなり挑発的なものもある。二〇〇一年から二〇〇二年には、ミラノ・スカラ座の舞台側から客席を見た写真のような、リチャード・ハミルトンの作品が掛けられた。まるでウィーンとミラノの両歌劇場が対峙しているようだ。二〇〇二年から二〇〇三年の「ルッキング・バック」という名の作品では、のぞき穴から大きな目が客席をじっと見ていた。

こうした現代美術の作品が新たに掛けられたのだが、では、十数トンもあるアイゼンメンガーの緞帳はしまわれてしまったのかというと、実はそうではない。アイゼンメンガーの緞帳の上に磁石をつかって付けるという方法を取っているからだ。文化財的価値のあるアイゼンメンガーの緞帳はそのままにして、保存と新たな試みとを両立させているのだ。

国立歌劇場のロビー

オペラはいろいろな楽しみ方ができる。ウィーン国立歌劇場なら、現代のオペラ界を代表する歌手たちの歌が聴けるし、世界有数の指揮者たちによるウィーン国立歌劇場管弦楽団の演奏もきわめて上質なものなので、漫然と聴いているわけにはいかない。

しかし、オペラを観る時の大きな興味のひとつに、どのような演出がされるかがある。そうしたことで話題を呼んだのが、リヒャルト・ワーグナーの『タンホイザー』だった。二〇一〇年は、歌劇場のイオアン・ホレンダーの十八年にわたる総監督の最後の年だった。そのラストシーズンに『タンホイザー』の新演出が行われた。

『タンホイザー』は中世の吟遊詩人の物語なので、伝統的な演出では、吟遊詩人のタンホイザーもヴォルフラム・フォン・エッシェンバッハも、中世風の衣装で登場する。場所も、第一幕はドイツのテューリンゲン地方のヴァルトブルク城とその周辺だ。第二幕はヴァルトブルク城の広間で歌合戦が行われ、第三幕はヴァルトブルク城近くの谷ということになっている。

ところが、二〇一〇年六月から始まったクラウス・グートの新演出は、十三世紀の中世風の舞台を予想していた観客にとってはびっくりするようなものだった。そもそも第一幕でタンホイザーは、中世の衣装などではなく、ネクタイを締め、旅行鞄を持って登場するのだ。

　ただ、演出がクラウス・グートだと知れば、オペラに詳しい人なら、伝統的な古めかしい演出がされるとは誰も思っていなかっただろう。グートはつねに物議を醸すような現代的な演出をするからだ。このウィーンでの新演出にあたっても、時代はシュニッツラーやフロイトの時代の十九世紀末、しかも場所はウィーンとされている。

　最後の第三幕の舞台は、ウィーンの西にあるシュタインホーフの病院だ。シュタインホーフといえば、世紀末建築に興味のある人なら、オットー・ワーグナー設計の、シュタインホーフ教会(Kirche am Steinhof)を訪れたこともあるかもしれないが、この教会は本来、病院付属のものだ。

　そのシュタインホーフの病院のベッドに、タンホイザーは寝ている。実は、シュタインホーフ病院は、精神病院として知られ、現在も使われているところなのだ。これでは、カーテンコールの時に、演出に対するブーイングが起こったのも分からないわけではない。

だが、そもそも第一幕を見るだけで、ブーイングは予想がつく。第一幕では、ホテルのロビーが舞台として使われる。一見、ただのホテルのロビーと思うだけだ。しかし、そのホテルの名が「ホテル・オリエント」(Hotel Orient)だと聞いたウィーンの人々は仰天した。

　ホテル・オリエントは、ウィーンに現存する。昔は小さな川が流れていたティーファー・グラーベンというところで、今も営業している。

ティーファー・グラーベンを通って、細い川が流れドナウに注ぎ込んでいたので、ボートがさかのぼってきて、東方からの品物も運んできた。十七世紀頃には飲み屋もあったというが、宿屋の営業も始めた。そして一八九六年、ホテル・オリエントという名のホテルとなった。

部屋は、当時流行の「マカルト風」で、それは現在にも受け継がれているのだそうだ。それぞれの部屋には、モナリザスイートとか千一夜スイートなどといった名前が付いているという話だ。

こうした部屋の名前から、おそらく想像がつくかもしれないが、ホテル・オリエントは、ほんの数時間だけでも借りられる、ドイツ語ではStundenhotelと呼ばれるラブホテルなのだ。そうした類のホテルの中でも、代表的な「高級」ホテルで、外国人はともかく、ウィーンの人なら知らない人はいない。

オペレッタの作曲家たち（左から、アイスラー、オスカー・シュトラウス、ネドバル、レハール、ツィーラー、ファル）

ホテル・オリエントを『タンホイザー』の第一幕の場面の中に登場させたわけだから、ウィーンの人々の、まさに度肝を抜く舞台設定だった。新演出への、カーテンコールでのブーイングも、たんなる演出の奇抜さだけに対するものではない、ウィーンならではのものだ、ということがわかってくる。

第二幕では、「歌の殿堂」ヴァルトブルク城の広間で歌合戦が行われるのだが、さすがにこの場は、豪奢な広間が舞台につくられている。しかもよく見れば、そこはウィーン国立歌劇場のシュヴィント・ホワイエ（Schwind-Foyer）と呼ばれる広間だ。

国立歌劇場のシュヴィント・ホワイエは、シューベルトとも親交のあったモーリッツ・フォン・シュヴィントにもとづく絵が飾られ、マーラーやカラヤンの胸像もある広間で、第二次世界大戦の爆撃の被害もほとんどなかったところだ。

ホワイエ（Foyer）というのは、劇場のロビーのことで、日本でもホールのロビーをホワイエと呼んでいるところもある。ただ、ヨーロッパの劇場の「ホワイエ」は、日本の「ロビー」とはだいぶイメージが違う。観劇に来た人たちにとっては、客席に入るためのたんなる空間というわけではなく、幕間にアルコールや軽食をとったり、あるいは知人などと会話を交わしたりする重要な場所だ。そうした姿を見ると、むしろ場合によっては、客席よりも彼らには大切なのではないかと思うこともある。

国立歌劇場のシュヴィント・ホワイエや、ブルク劇場のリング通りに面した優雅な曲線を描くホワイエなどを見れば、劇場には、格式に見合うホワイエがなければならないことがよくわかる。そこは、夜毎、幕間には着飾った人たちであふれている。

フランス語が語源のホワイエという言葉自体、「火のあるところ」といった意味で、客席内に暖房がなかった時代には、冬、ホワイエの暖炉だけが、劇場の中で唯一、暖がとれるところだったのだ。

国立歌劇場

ウィーン国立歌劇場は世界でも屈指のオペラ劇場だ。第二次世界大戦時の空襲で、国立歌劇場は大被害を受け、破壊されてしまった部分も多いのだが、リング通りに面したルネサンス風のファサードは被害が少なかったので、一八六九年当時のオリジナルの様子を、今も見ることができる。

正面のアーチにある五つのブロンズ像は、ドレスデンのアカデミーの教授エルンスト・ユリウス・ヘーネル作で、それぞれが英雄的精神、悲劇をつかさどる女神メルポメネ、ファンタジー、喜劇の女神タリア、そして愛をあらわしている。さらに上を見上げると左右に馬がいる。これは翼のはえたペガサスで、やはりエルンスト・ユリウス・ヘーネルによってつくられたのだが、設置されたのは歌劇場が完成してから七年後の一八七六年だった。

歌劇場を外から見ても、さまざまなアレゴリーがある。左右の小さな広場のヨーゼフ・ガッサー作の噴水は、左は音楽、舞踏、喜び、無思慮を、そして右側は、水の精、悲しみ、愛、復讐という、相反する世界があらわされているのだそうだ。

さまざまな造形作品をまとい、まるで翼を広げたようにリング通りに向かって建っている国立歌劇場は、まさにウィーンのシンボルだ。

設計者はシッカルツブルクと、ファン・デア・ニュルだった。ファン・デア・ニュルはウィーン生まれで、シッカルツブルクはブダペスト出身だが、ともにウィーン造形アカデミーに学んだ。

リング通り沿いの新たな宮廷歌劇場の建設にあたって、計画案の募集が行われ、シッカルツブルクとファン・デア・ニュルは共同設計者として応募し、一八六一年、二人の設計が当選したのだった。建築の構造をシッカルツブルクが担当し、ファン・デア・ニュルは装飾を受け持った。

市壁を取り去ってリング通りを建設し、都市改造を行っていく時代だった。ケルントナー通りとリング通りが交わる角の区画に建つことになった歌劇場は、最初の公の建築物として記念碑的な意味を持っていたのだ。

一八六一年から準備が始められ、通算八年を要した建築だった。現在のリング通りの内側には、バスタイという市壁があり、建築にはその撤去から始めなければならなかった。そして歌劇場の礎石が置かれたのは一八六三年だった。この頃既にリング通り沿いには、さまざまな建築物が建ち始めていた。

ちょうど歌劇場の向かい側には、煉瓦工場経営者のハインリヒ・ドラッシュが、六区画分の建築区画を使ったハインリヒホーフという建物を、テオフィル・ハンセンの設計で建てており、既に一八六三年頃には完成していた。当時の写真を見ると、まだ基礎もできあがっていない歌劇場の向かい側に、ほぼ完成したハインリヒホーフが建っているのがわかる。

堂々とした建物で、高所得者目当ての、日本風に言えば高級マンションだった。ウィーンの人々が、ドラッシェの「煉瓦の城」(Ziegelburg)などと呼んだ建物で、高級な集合住宅のひとつの模範となった。十九世紀後半の「会社群生時代」(Gründerzeit)にリング通り沿いやその周辺に多くの「賃貸宮殿」(Zinspalast)と言われる建築物が建ち並んでいったのだった。

歌劇場建築は、既にできあがっていた巨大なハインリヒホーフの向かい側で進んでいき、ようやく一八六九年五月二十五日に完成を見ることになる。

五月二十七日付の『ノイエ・フライエ・プレッセ新聞』はその印象を記事に書いている。「ここでは向かい側に建つドラッシェの大煉瓦城が、劇場にのしかかっているようであるのは確かだ。しかしそれに対して建築家たちは、なす術がない。彼らは、向かい側にそういったモンスター的な建物がつくられることを予期することはできなかったのだ」。

新しい宮廷歌劇場についての一般の人々の評判も、きわめて悪かった。当時、はやったという言い回しに次のようなものがある。

シッカルツブルクとファン・デア・ニュル
彼らには様式というものがない
ギリシア、ゴシック、ルネサンス、すべてがごちゃまぜだ

まるで「駅」のようだとか、「象」が寝そべっているところだろうか、と言われたり、あるいはオーストリアが敗退したケーニヒグレッツの戦いを引き合いに出し、完璧な破局

的状況という意味で「建築のケーニヒグレッツ」と揶揄され、また「沈んだ箱」だと非難の言葉があふれていたのだった。

しかし、ハインリヒホーフといった建築物の出現もあったし、さらにシッカルツブルクとファン・デア・ニュルが歌劇場を設計した時点とは、リング通りの道路建設の高さが一メートル高く変更になったということが最大の問題で、歌劇場の印象を大きく変えてしまったのだ。

たしかに歌劇場の階段を見ると、立派な建物にふさわしい階段とはいえない、道路面からほんの三段ほどの石段が付いているだけだ。当時のウィーンの人々が「沈んだ箱」と評した言葉は的を射ているのだ。

さらに皇帝フランツ・ヨーゼフ自身までも、批判の言葉を口にした、ということが伝えられた。「皇帝陛下ですらお気に召さないのだから」といった批判にさらされ、ファン・デア・ニュルは耐えることができなかったということだ。彼は一八六八年、正式な完成を見ることなく自殺してしまう。またシッカルツブルクも、後を追うように、三か月後に病死したのだった。

二人の建築家の相次ぐ死去に、皇帝フランツ・ヨーゼフは

1870年頃のウィーン宮廷歌劇場（現在の国立歌劇場）
（ルドルフ・フォン・アルトの銅版画）

ショックを受け、以後、芸術作品に対しての批判を口にしなかったという。

皇帝フランツ・ヨーゼフの「素晴らしかった。うれしく思った」という有名な決まり文句は、二人の建築家の不幸な死が契機になっているのだとも伝えられている。

双頭の鷲

オーストリアのシンボルとして、しばしば登場するのは双頭の鷲だ。神聖ローマ帝国の、そして一八〇四年からはオーストリア帝国の紋章として用いられていた。オーストリア・ハンガリー帝国の時代には、二重帝国をあらわすのだともされてきたのだが、有名な『双頭の鷲の旗のもとに』というヨーゼフ・フランツ・ワーグナー(一八五六－一九〇八)の行進曲は、そうした時代に作られたものだ。

ワーグナーという名前は同じだが、多くのオペラ作品を作曲した作曲家リヒャルト・ワーグナーとは、まったく関係がない。ヨーゼフ・フランツ・ワーグナーは軍楽隊の隊長をつとめ、約八百曲にもおよぶ行進曲などを作曲している。

『双頭の鷲の旗のもとに』は、オーストリアを代表する行進曲だ。カラヤンなどもベルリン・フィルと録音していたが、オーストリア本来のブラスの楽団で聴きたいと思えば、やはり、ホッホ・ウント・ドイチュマイスター軍楽隊の演奏ということになるだろう。

ホッホ・ウント・ドイチュマイスター(Hoch- und Deutschmeister)とは、ウィーンの第四近衛連隊のことで、その軍楽隊も古くから有名だった。W・A・ユーレクの『ドイチュマイスター行進曲』、ドミニク・エルトルの『ホッホ・ウント・ドイチュマイスター行進曲』という曲もある。この楽隊を指揮した音楽家には、ヨーゼフ・ヘルメスベルガー、ツィーラー、ローベルト・シュトルツなどもいる。

また第二次世界大戦後の一九五五年には、ロミー・シュナイダーの主演で『ドイチュマイスター』という映画も作られたことがある。若い娘のシュタンツィが軍楽隊の伍長に恋をするという話だが、ドイチュマイスターの軍楽隊員は、たしかに女性たちにとても人気があった。

パレードで演奏する時には、青色のズボンと決まっている。上着の袖の大きな折り返しも、やはり、きれいな青で、丸く腕を包んでいる。女性たちからは、この制服も素敵だと思われていた。ウィーンでは、その青い袖の輪からの連想で、疲れた一夜を過ごしてできた、目の隈のことを、ふざけて方言的な発音で「ドイチュマースタ」(Deutschmaster)と言ったりするのだそうだ。

ところで、双頭の鷲に話を戻すと、現代でも、オーストリアでは、ノスタルジーから、よくビヤマグやTシャツなどにも描かれているように、双頭の鷲は、オーストリア人の心の中に、今でも住みつづけている。

レーオポルト・フォン・ザッハー゠マゾッホは、ある作品の中で、門の上の鷲の像に向かって、「おまえは、小さな鳥にすぎないし、翼も小さい。だがすべての国民を守るには、十分大きいのだ」。「黒い鷲の描かれた黄色い旗が頭上にはためくと、ただ私はそれを見やり、満足したのだ」と語りかけているが、そうした心情は、かつて大帝国であったことへの誇りとして、現代の人にも受け継がれている。

もともと鷲が紋章などに登場するのは、きわめて古い。自由な空の王者として、強さ、権威、そして権力と支配を象徴するものだからだ。

また鷲の頭が二つ描かれるのも、古くはビザンチン文明の時代から見ることができるし、モスクワの建設者クチュカは双頭の鷲の飛び立つのを見たとされている。つまり、もちろん双頭の鷲はオーストリアだけのものではない。二つの頭を持ち、左右に目を向けているのは、よりよく周囲が見えるためだとされている。また、人間の内と外を同時に見る、すなわち宗教的なものと世俗的なものを統合するものであり、教会と王権という二つ権威の支配をも意味しているが、しかし、その胸、つまり心はひとつだということだ。

中世頃までの人間たちが、ひょっとしてどこかにいるのではないかと思っていた、一角獣や竜、また体は獅子で頭と翼が鷲のグリフィン、人をにらみ殺すというバジリスクなどとは違って、双頭の鷲は、人間が純粋に頭で考え出したものだということは興味深いと言えるだろう。

たしかに、バジリスクや一角獣をつかまえたなどという話は、伝説の他には聞いたことがない。しかし、双頭の鷲の骨が発見されたという話はある。

一九九八年四月、ニーダーエスターライヒ州の小さな村のワインケラーで、古いワインの樽を取り除いた時に、頭部が二つに分かれた大きな鳥の骨が見つかった。不思議に思ったワインケラーの持ち主が、専門家を呼んで調べてみると、その鳥の骨は、埋められてから百年以上経ったものだった。

さらに、この双頭の鷲は、シシーと呼ばれた皇妃エリーザベトが連れていたものではないかということになった。エリーザベトは、一八六九年、聖体祭の行列に参加するために、ザルツカンマーグートからウィーンに戻ることになっていた。

しかし、そうした皇室の堅苦しい行事を嫌い、旅行に明け暮れていた彼女は、ウィーンを逃れこの村に滞在していたのだった。その時、頭が二つある鷲を連れていたのだろうという話だ。一種の奇形だったものだが、それが双頭の鷲であるため、めずらしがられたに違いない。

双頭の鷲は、エリーザベトにとっても二つの面を象徴していた。自らが好んだ自由と、彼女の嫌った帝国をあらわしていたのだということだ。

撞《しゅ》木《もく》型《がた》十字

『サウンド・オブ・ミュージック』は、オーストリアをあつかった映画の中でも、最も有名なものだろう。もともと一九五九年からブロードウェイのミュージカルとして上演され、映画化は一九六五年だった。ミュージカルや映画にまったく興味がなくても、「ドレミの歌」や「エーデルワイス」といった曲なら誰でも知っている。

この作品が描いている時代は、一九三八年、ちょうどナチスドイツが、アンシュルス(Anschluss)といわれるオーストリアとの独墺合邦を行った時だ。つまり、第二次世界大戦に向かってオーストリアがドイツに併合され、国としては消滅していく、まさにその時期の話だ。

だから映画の中でも、ザルツブルクの町の建物には、巨大な鉤十字(Hakenkreuz)のナチスの旗がはためいている。旅行から戻ってきたゲオルク・フォン・トラップ大佐は、自分の館に鉤十字の旗が勝手にかけられているのを見て憤激し、それを引き降ろし、真っ二つに引き裂く。そしてその後、彼は、マリアと七人の子供たちとともに、ザルツブルクを出て国外へと逃れていくのだ。

たしかに、トラップ大佐がナチスに反感を持っていたのはわかる。しかしそれでは、彼は、いわゆるナチスに対する抵抗運動家ということなのだろうか。そしてナチスの非民主

撞木型十字が掲げられた国会議事堂内部

的な面に反発して亡命をしたのだろうか。

もともとトラップ家はユダヤ系ではないし、トラップ大佐自身、第一次世界大戦ではオーストリア帝国海軍の将校として軍功のあった人だ。そもそもゲオルク・フォン・トラップという彼の名が示すとおり、オーストリアの貴族の家系だ。そのような人物が、ナチスに追われ国外に逃れるというのは、少しばかり、不自然ではないだろうか。

ミュージカル仕立ての娯楽映画という限界もあるだろうし、また第二次世界大戦後の冷戦時代にいたるまでの、アメリカ映画特有の単純化の構図ということを考えておく必要がある。

この映画の背景となった政治状況を理解するためには、一九三〇年代のオーストリアの、かなり複雑な国際的また国内的な情勢がからんでいることを知らなければならないのだが、そのあたりに関して、映画『サウンド・オブ・ミュージック』では、少なくとも言葉を通しての解説めいたことは何もない。むしろ、観客に錯綜した印象を与えないよう、意図的に避けているとも思われる。

ただ、トラップ大佐のオーストリアでの立場についてのヒントはトラップ家での舞踏会のシーンにある。

舞踏会の時、トラップ大佐はわざわざ赤・白・赤のオーストリア国旗を広間に掲げている。正装した彼は、首のところに赤・白・赤のリボンに付けられた十字の記章をしている。もちろん、十字といってもナチスのハーケンクロイツではない。クルッケンクロイツ(Kruckenkreuz)といい、日本語にすると、撞木型十字とかエルサレム十字、あるいはT字型十字と呼ばれるものだ。

あまり見慣れないと思うかもしれないが、一九二〇年代半ばから一九三八年にかけて発行されたオーストリアの二グロッシェン硬貨と五グロッシェン硬貨には、Tという文字を四つ組み合わせたような十字が全面に刻印されている。この撞木型十字は、キリスト教的なゲルマン性をあらわすものとされていたのだった。

一九三二年、エンゲルベルト・ドルフスが首相になり、三三年、国民議会の混乱に乗じて議会を閉鎖してしまう。五月、彼は「祖国戦線」を形成し政党を不必要なものとした。ドイツではナチスが政権をとる年だが、オーストリアのドルフスは、社会民主党の活動を押さえ込み、ナチスを禁止する一方、イタリアのムッソリーニの支持を得る。翌三四年には、シュテンデ憲法と呼ばれる憲法を作り、「職能身分制的基礎に立つ、強力な権威主義的指導による、社会的、キリスト教的、ドイツ的なオーストリア」を目指そうとした。

こうして、ドイツのファシズムとは異なる、いわゆる「オーストリアファシズム」ができあがっていくわけだが、その祖国戦線のシンボルとして撞木型十字が用いられたのだった。しかしドルフスは一九三四年七月、オーストリアのナチスによって暗殺されてしまう。続く新首相クルト・シュシュニクがドルフス路線を継承するが、このシュシュニク体制下での一九三六年、国旗についての法律には次のように書かれている。

その第一条には、赤・白・赤の旗を国旗とするとあるが、第二条第一項に「撞木型十字旗は、国内においては国旗と同等とされ、国旗とともに掲げられうる」と記されている。

撞木型十字は、このように、ドルフス－シュシュニクと続く、オーストリアファシズム体制のシンボルとなっていったわけで、トラップ大佐自身、ナチスの圧力が強まる中で、あえてその記章を身に付けていたということは、反ナチ的ではあるが、しかしむしろ保守的で身分的な権威主義的体制への執着を捨てていないということでもあるのだ。

シュシュニクは一九三八年二月、議会演説で「死ぬまで、赤・白・赤を！　オーストリアを！」と叫んだが、しかし、オーストリアが独自の道を自由に歩むことは、国際情勢からもはや不可能になっていた。一九三八年三月十二日シュシュニクは退陣し、その三日後には、もうオーストリア国民は、王宮前の英雄広場でのヒトラーの演説を、歓呼をもって聞くことになるのだ。

ウィーン市歌

あるひとつの町には、その町をあらわす歌がよくある。それは公式のものだと「市歌」

などとされ、さまざまな行事の際に歌われる。オーストリアでも国歌の他に、各州には、どこも「州歌」というのがある。

ところが、市であると同時に州の資格を持つウィーンだけには、そういった歌がないのだそうだ。音楽の都だと自他ともに認めるウィーンとしては、その町をあらわす歌がないのは、なんとも不思議なことだ。

どんな歌なら、ウィーン市歌として適当なのだろうか。ウィーナーリートの中には、『歌の町ウィーン』という歌まであるのだから、タイトルからして、それでもよさそうに思うが、少々くだけた感じがあるのは否めない。ツィーラーのオペレッタ『観光案内人』の中の「おおウィーン、わがいとしのウィーン」も、すこし軽いワルツかもしれないし、カールマンの『伯爵令嬢マリッツァ』の中の「ウィーンへ愛をこめて」も名曲だが、いささかセンチメンタルといえるだろう。

有力候補ということでは、シーチンスキーの『ウィーンわが夢の町』だろうか。

ウィーン、ウィーン、ただおまえだけが
私の夢の町
私がこのうえなく幸せであるところ
それはウィーン、私のウィーン

と繰り返し歌われる。これはウィーンの歌の中でも、かなりよく知られているものだ。ただオペラのテノールが歌うのがふさわしいアリア風の感じが強い。そのようなわけで、なかなかこれならばといったものがない。

　だいぶ前になるが、一九九三年に「ウィーン市歌は何か、言ってください」という電話アンケート調査が行われたことがある。サンプル数は五百弱だが、九割の人は、「ない」か「わからない」と答え、数パーセントの人が他の歌をあげたり、あるいはヨハン・シュトラウスの『美しく青きドナウ』だろうと答えている。

　しかし、やはりウィーンには市歌が必要だという意見が、ときどき出てくる。何年か前の新聞にも、ある国民党の政治家が「ウィーンに市の歌がないのは、ミュンヘンにミュンヘン産のビールがないのと同じようなものだ」と言って、新たに市歌を公募するよう主張しているという記事が載ったことがある。

　その後、何年も経つわけだが、市歌を新たに作るということにはなっていない。ただ、さまざまある曲の中で、ひとつをどうしても選ぶとしたら、『愛するわがウィーンよ』というのはどうだろうかと、ある本の中に書かれていたのを見たことがある。作詞はミヒャエル・クリーバ、作曲はレオ・レーナーで、歌詞の第四節を紹介すると次のようだ。

　世界がどんなに美しくても
　それに惹きつけられることはない
　私にはおまえが
　最も美しい町
　愛するわがウィーンよ

全体を通してワルツのテンポで書かれた曲で、初めてこの曲を聴く人でも、いつかどこかで聴いたことがあるような、そんな懐かしさをも感じさせる曲だ。

ありきたりのものよりメロディーにも格調があり、たしかに「ウィーン市歌」としてふさわしいかもしれないとも思う。ただこの曲は、意外にもウィーンでは、さほどポピュラーなものとはいえず、実際に耳にすることがあまりないのは残念なことだ。

だが、数多くの音楽で満たされているウィーンに、あえてウィーン市の歌など本当は必要ではないのだろう。ウィーンのために新たにウィーン市歌を作るのは、「アテネにフクロウを連れて行く」ようなものだと言われることがある。知恵の女神アテネのもとに知恵の鳥フクロウを持っていくのは、まさしく余計なことなのだから。

シュテルンジンゲン

新年を迎える大晦日の、夜を徹しての大騒ぎも過ぎ、一月も二日になると、ニューイヤーコンサートなどを目当てにしてやってきた観光客の姿もめっきり減り、町は静かな冬のいつもの表情を取り戻す。

日本人は正月を迎えると、クリスマスなど、もうとっくに過ぎ去ったことのように思うが、キリスト教の教会暦では、まだクリスマス期間の行事は終わっていない。クリスマスツリーも一月六日くらいまで飾っておくのがふつうだ。というのも、キリストの生誕を祝うクリスマスは、東方からカスパール、メルキオール、バルタザールという三王が、キリストの生誕を知って星に導かれ、ベツレヘムにやってきたという一月六日の、公現祭ともいわれる三王礼拝の日（Dreikönigstag）まで続くとされているからだ。

三王の礼拝の行事が登場するのは、十世紀にまでさかのぼり、教会の祭壇に三王の扮装をした人たちが進んでいくといったことが行われるようになったとされる。

その後、通りを三王の姿で歩き、喜捨を求めるようになり、シュテルンジンゲン（Sternsingen）という名で、バイエルン地方やザルツブルク地方で十五、六世紀に盛んになっていった。

当時、物乞いのように門付《かどづ》けをすることから、一五五二年インスブルックでは、「シュテルンジンゲンは、あたかも寄生虫のごときであるがゆえ、許されざるものである」との布告も出された。しかし、シュテルンジンゲンが減ることはなく、特に三十年戦争後の頃には、さまざまな職業の人々がグループを作ってあらわれた。手工業者や退役兵士、さらには失業者たちも、少しでも生活の足しにできればと、この時期、三王の姿をして、お金や食べ物をもらうために歩き回っていたのだそうだ。

オーストリア各地で古くから続いていたシュテルンジンゲンだが、実はウィーンではあまり知られていなかった。本格的なかたちでシュテルンジンゲンがウィーンで行われるようになったのは、第二次世界大戦後になってからだった。カトリック教会少年団が、恵まれない貧しい国々の人たちのための募金として行った活動が現在に続いている。オーストリア全体で八万人を超えるシュテルンジンガー (Sternsinger) の子どもたちが登場する。

カスパール、バルタザール、メルキオールは、アフリカ、アジア、ヨーロッパ人を象徴するともいわれる。だから一人は顔を黒く塗らなければならない。誰が黒い王になるかは地方によって違うようだが、カスパールかバルタザールかのどちらかだ。一団をなすのはこの三人だけでなく、大きな星を持った子どもと、寄付を集める子どもがいるので、たいていは五人一組ということがふつうだ。中でも一番小さな子が、星を持つ役目をしていることが多い。

子どもたちは家の門のところで立ち止まって、三王の礼拝にちなんだ歌を歌ったりして、それぞれ教えられた言葉を言う。この言葉はいろいろなものがあるようだが、たとえば、星を持った子は、

近くや遠くからおいでの皆さん
シュテルンジンガーがまたやってきました
お金持ちの人にも貧しい人にもやってきます
すべての人は主の前で皆同じだからです

などと言う。そしてカスパール、メルキオール、バルタザールが次々と言葉を言い、寄付を集める子も寄付の願いを述べ、みんなで

古い年は過ぎ去り
新たな年が始まりました
この家に一年をとおしての
幸福をお祈りいたします

などと言い、戸の上に、例えば二〇一六年なら20C＋M＋B16などとチョークで書いていく。C、M、Bは、カスパールとメルキオール、バルタザールの頭文字ともいわれるが、本来ラテン語のChristus mansionem benedicat（キリストはこの家を祝福する）という意味の言葉だということだ。東方からの三王によって祝福され、聖なる水をふりそそいでもらうと、その家の人は災いから護られ、病気にもかからないのだそうだ。

ところで、第二次世界大戦後まで、ウィーンではシュテルンジンゲンはほとんど見られなかったということだが、そのきっかけになったのは、ヨーゼフシュタットの、マリア・トロイと呼ばれるピアリステン教会のシュテルンジンガーだった。もともと個人のクリスマスの楽しみとして三王の扮装をしたのが初めだったようで、その姿を見た近所の人の中には、自分の故郷の新年の行事を思い出した人もいた。それが次第に地区の教会の行事となり、ヨーゼフシュタット劇場からターバンや衣装を借りて、マリアヒルファーシュトラーセやシュテファン大聖堂前の広場にまで出かけていくことになる。

そして、シュテルンジンゲンはウィーンの人たちの誰もが知る行事になっていき、一九五四年の三王礼拝の日には、カスパール、バルタザール、メルキオールに扮した子どもたちを見ようと、多くの人たちがシュテファン大聖堂広場に集まった。もらったお金は、戦争によって破壊されたシュテファン大聖堂の再建や、地区教会の修復、そして困窮する人々の援助のために寄付された。ウィーンで見られる三王たちのシュテルンジンゲンは、この伝統が受け継がれているものだ。

ヨハン・シュトラウス

リング通り沿いには、市庁舎前の公園、フォルクスガルテン、ブルクガルテンなど、多くの公園があるが、シュタットパルクは約六万三千平方メートルと最も広い。一見すると、それほど広そうには思えないが、この公園はウィーン川をはさんで二つに分かれていて、川の東にも公園が広がっているからだ。

ウィーン市は、風景画家として知られていたヨーゼフ・セレニーの構想をもとに、初代造園局長ルドルフ・ジーベックの手により、一八六一年、初の公的な公園の建設に取りかかっている。

公園内の道や樹木を幾何学的に配置するのではなく、イギリス風の「美しい灌木、見通しのよさ、曲がった道」を取り入れて、ありのままの自然の姿に近いかたちを目指した公園だ。最初は一八六二年にウィーン川の西側部分が開園され、翌年、東側の、現在では「子ども公園」とも呼ばれる部分が加えられ、カロリーネ橋で結ばれることになる。ジーベックは次のように書いている。

「樹木の姿、葉の形、それぞれの季節のその色や花、そして中には果実を付けるものもある。これらすべてが、きちんと用いられねばならず、その結果、ひとつの意味をもったニュアンスを生み出し、まとまりの中での愛すべき装飾をつくり出していくのだ」。

ジーベックが、ここに植樹した木々は七千五十七本だった。一九四一年と一九七三年には、イチョウ、セイヨウヒイラギ、めずらしいセイヨウハコヤナギの雌木、サワグルミなど多くの樹木が自然保護樹木とされている。これらの木々には、ドイツ語とラテン語で表示が付けられているので、それとわかる。

公園が当初の計画通りに完成したのは一八七二年だったが、この時には既に、イタリアルネサンス風の外観のクアサロンもできていた。ここは、エドゥアルト・シュトラウスがプロムナード・コンサートをしたことでも知られている。

さらに十九世紀末から二十世紀初めにかけて、オットー・ワーグナーの駅舎、フリードリヒ・オーマンとヨーゼフ・ハックホーファーのミルヒトリンクハレ、そしてウィーン川の暗渠化にともないユーゲントシュティールのデザインが加わっていった。公園のはずれにある市公園管理部も、一九〇七年に完成した後期ユーゲントシュティールの建物だ。

ところで、シュタットパルクは、ウィーンでも最も記念像の多い公園とされている。ドナウ河の治水工事や近代的水道の敷設に貢献したウィーン市長アンドレアス・ツェリンカの銅像は一八六八年に、シューベルト像は一八七二年にできている。グスタフ・マーラーの妻でもあったアルマ・マーラー・ヴェルフェルの父、画家エミール・ヤーコプ・シンドラーの像は一八九五年に除幕された。画家ハンス・マカルト像は、フランツ・ヨーゼフ皇帝の銀婚式祝賀行列の際の衣装をまとっているが、これは彫刻家ティルグナーによって一八九八年に建てられている。

しかし、やはりこの公園で一番有名なのは、ヨハン・シュトラウス(子)がヴァイオリンを弾いている像だろう。後ろには大理石のドナウの乙女たちがいる。ウィーン関係の写真や映像では、必ずといってよいほど登場する、よく知られた像だ。

ヨハン・シュトラウスの記念像を建設しようという動きは、シュトラウスの没後五年にあたる一九〇四年、既に起こっていた。ジャーナリストのジークフリート・レヴィーは記念像建設委員会を作り、ゲーテ像の作者として知られていたエドムント・ヘルマーに、彫像の制作を依頼した。

建造基金は容易に集まると思われたが、事は簡単に運ばなかった。ハプスブルク家が支援を拒んだのだ。シュトラウスは離婚し再婚したのだが、それも、プロテスタントに改宗し、ザクセンの国籍を得ることによって可能になったからだった。

だが、新聞などの世論は、世界的に有名な作曲家のために像をつくらないのは、むしろ恥ずべきことだとした。ウィーン市も建造の協力に同意することになる。それは、計画から九年ちかく経った一九一三年のことだった。しかし、その後第一次世界大戦に突入し、敗戦したオーストリアの金の価値は下落し、集めた資金も紙同然となってしまう。

　それでも一九二〇年には、再びウィーン市の援助の下に建造が決まり、計画から十七年後の一九二一年になって、ようやく完成した。序幕式には、ウィーン・フィルが『芸術家の生活』と『美しく青きドナウ』を演奏し、ウィーン男声合唱団が『酒、女、歌』を歌った。当時のウィーン市長ヤーコプ・ロイマンは「戦争以来、市民に重くのしかかっている苦難を和らげ、ウィーンが新たな生命へと目覚めていくことをあらわしている」と述べている。

　この時のヨハン・シュトラウスは、今と同じように金色に塗られていたのだ。この金色については、当初から議論が分かれ、キッチュだとの非難も絶えなかった。しかし、この金色のヨハン・シュトラウスは十年ほどたつと、金色に汚れが目立つようになった。財政状況の悪い時代でもあり、新たに金を施すのは躊躇された。そこで一九三五年には、金色を落とし黒くされてしまったのだった。そして、オーストリアは、三年後にはドイツに併合され第二次世界大戦へと突き進んでいく。

　黄金のシュトラウスは、一九三五年から五十六年間も、ごく普通の黒っぽい銅像だったわけだが、一九九一年、突如、金色に塗られた像が現れた時には、ウィーンの人々は驚き、再び議論が沸き起こった。いくらオリジナルがそうだったと言われても、なかなか納得しない人も多かったものだ。だが今では、そのような歴史を知ってか知らずか、みな、金色のシュトラウスに群がるように記念撮影をしている。

シュピッテルベルクの歌

市庁舎前やシェーンブルン宮殿、ベルヴェデーレ宮殿、マリア・テレジア広場、それにフライウングなど、人の集まりそうな所あちこちで、クリスマス市は開かれるようになっているが、しばらく前からウィーンの人たちに人気があるのが、シュピッテルベルク(Spittelberg)のクリスマス市だ。

シュピッテルベルクは、マリア・テレジア広場や、博物館地区、また、ウィーンを代表するショッピング街のマリアヒルファー・シュトラーセからも遠くないので、クリスマスの市の期間には、七十万人もの人が訪れるのだそうだ。

オレンジがかった色の街灯に照らし出される丸みを帯びた石畳、両側のビーダーマイヤー風の建物のファサード、そしてその前の百五十もある屋台の店は、シュピッテルベルクならではの、独特の雰囲気をつくり出している。

他のクリスマス市とは違って、民芸的なクリスマス用の飾りだけでなく、クリスタルの飾りとか可愛らしい指人形といった、少し凝った品物や、アクセサリーなども手に入る。

それに毎年、イヤープレートならぬ、その年のシュピッテルベルクのマグカップなども作られている。

シュピッテルベルクのあたりは、ウィーンの新しい芸術家や工芸家などが、自分の作品を展示する店も多く、週末にはそうした人々のマーケットも開かれていたりするところだ。私が、ウィーン大学に赴任中、当時、大学新館にあった研究室で机を並べていたK先生は、二年間のウィーン大学での仕事を終え帰国する時に、「これは、シュピッテルベルクで買ったんです」と、真鍮製の灰皿を記念にくれた。いかにも手作りの感じがする、丁寧に叩いて丸く真ん中を窪ませたものだ。素朴な味わいもあり、今でも私の机の片隅に置かれ、当時の思い出をよみがえらせてくれている。

ただ、シュピッテルベルクが、新しい芸術家や工芸家のアトリエが並ぶ街、伝統と新しさを織り交ぜた新たなウィーン料理のレストランや、洒落たカフェバーなどが多い街に生まれ変わったのは、一九八〇年代になってからのことだった。それ以前、古くは、ウィーンでも、最も悪評高い一帯だったのだ。

シュピッテルベルクは、もともと病院(Spital)の所有地だったので、そうした名前になったとされている。ブドウを育てる農園として使われていたこともあるが、その後所有者が変わり、十七世紀末には、一クラフター(約一・九メートル)四方の、きわめて狭い単位に土地を分割し、一年あたり一グルデンで貸し始めた。そして住みついたのは、近くの農地などで働く貧しいクロアチア人などだった。そこで、このあたりは、クロアチア人村(Kroatendörfel)とも呼ばれるようになった。

ウィーン旧市街から少し離れて小高くなったところなので、一六八三年トルコ軍がウィーンを包囲した時には、カラ・ムスタファは、ここから城壁で囲まれた市内に向かって砲弾を撃ち込んだし、一八〇九年にはナポレオン軍も、やはりここから大砲を発射した。そうした戦乱のたびに、シュピッテルベルク一帯に住む人々は、追い払われたり、住居も焼き払われたりしたのだった。

戦争のあと、また貧しい人々が住みつき、それとともに、飲み屋や料理屋が増え、同時に、いかがわしい商売の店も次々にあらわれた。とくに一七七〇年代には百三十八軒の建物のうち五十八軒は飲食店だった。これだけの飲食店が一個所にひしめいているということは、たんに料理や飲み物を出すためではないのは明らかだった。そこには、人をひきつける別の力があったからだ。

大道芸人、奇術師もいたし、そしてもちろん客の要望をかなえる女たちがいることが、男たちがやってくる理由だったのだ。こうした店では、主にビールが出されたので、彼女たちはビール女(Biermentscher)などとも呼ばれた。当時の有名な店として、「接骨木《にわとこ》亭」とか「金薔薇亭」、「白獅子亭」などがあり、オーストリア以外にもシュピッテルベルクの噂は広まっているほどだった。やって来る客も、ごく普通の人から、軍人、役人、貴族などさまざまだった。

白獅子亭のあったところは、今ではきれいなレストラン「ウィドウ・ボルテ」になっているが、そこに付けられた説明板には「この戸口を皇帝ヨーゼフ二世は抜けていった」と書かれている。皇帝も身分を偽ってお忍びでやってきたのだった。

店では、女たちの他にも、卑俗な歌を歌う歌手や楽士たちもいた。彼らの歌う、きわめて卑猥な四行詩の歌は、とてもお客を喜ばせた。それは「シュピッテルベルクの歌」(Spittelberglieder) として知られている。数十の歌が伝えられているので、ちょっと紹介してみようと思うが、訳すこと自体憚《はばか》られるようなものがほとんどだ。ただ中で、比較的あたりさわりのないものを、ひとつだけあげておくことにする。

馬車の御者に肉屋
屋根葺きや舗装職人
煉瓦積みのお頭も七人
みんな彼女と出かけて行っちゃった

これは一番無難なほうの歌だ。このシュピッテルベルクの歌を復活させて、自分で弾くコントラギターを伴奏に歌っている歌手もいるのだが、その演奏の時には「子どもの入場はお断り」と但し書きがある。

現在のシュピッテルベルクのビーダーマイヤー風の街並みを見ていると、昔の悪評高い様子はうかがえない、街並み再生の、良い例として、よく取り上げられているところだ。

ラデツキー行進曲

ウィーン・フィルのニューイヤーコンサートでは、アンコール曲が一曲と、『美しく青きドナウ』、そして最後に『ラデツキー行進曲』が演奏されるのが決まりごとになっている。この三曲は、プログラムには載っていない。しかしドナウワルツとラデツキーがなければ、ウィーンの新年は始まらない。

七十もの国々に同時中継されるニューイヤーコンサートなので、『美しく青きドナウ』は世界で一番多くの人が耳にするワルツといえるが、ラデツキー将軍にちなんだ『ラデツキー行進曲』は最も多くの人が元旦に聴いている行進曲ということになる。

日本でも名前ははっきりとは知らなくても、この行進曲のリズムは耳になじみがある。小学校でも聞いたり演奏されたりするそうだ。

ところがその音楽の時間で、昔使われた副教材的な楽譜などに「ラデッキー」と書かれていたことがあるらしく、ウィーンの音楽を、かなりよく知っているはずの人でも「ラデツキー」ではなく、促音で「ッ」という人もいる。もちろん綴りを見れば、Radetzky なのだから、ラデツキーであって、ラデッキーにはならない。

ラデツキー将軍はスラヴ系の家系で、今のチェコのボヘミア地方の貴族だった。オーストリア十九世紀を代表する軍人だ。ウィーンの方言的な言い回しの中には、ラデツキー将軍の名が出てくるものもいくつかある。

例えば「それはラデツキーだ」というのは、「古くから知られたことだ」といった意味だし、「ラデツキー父さん。見てくださいよ」は「それを知ったら、びっくりしたラデツキー将軍は、お墓の中からでも振り返るだろう」という意味だ。さらに「大きなお尻」を「ラデツキーの白馬の尻」と言ったりもする。単純なところでは、少しばかり音が似ているからということで「消しゴム(Radiergummi)」をラデツキーと呼ぶこともあるそうだ。いずれにしても、ラデツキー将軍が、ウィーンの人々の中に今でも生き続けている。

また、行進曲のメロディーは、その元をたどっていくとヨハン・シュトラウス(父)が、当時人気のあった曲から取り入れたものだ。そのことを、エドゥアルト・シュトラウスが一九〇六年に著した『思い出』という文の中に記している。

「父ヨハン・シュトラウスの『ラデツキー行進曲』の中にはポピュラーなウィーン風の旋律が現れる」として、それは「当時人気のあった『ティーネルの歌』の旋律」だとしている。ティーネルというのは、「レルヒェンフェルトのティーネル」と呼ばれた民謡の歌い手だった。『ティーネルの歌』のメロディーは楽譜で確認することができるが、確かに『ラデツキー行進曲』の一部分に似ている。

『ラデツキー行進曲』のメロディーは、ウィーンで親しまれていたものだからこそ、広く好まれるようになったのだともいえる。ただ、『ティーネルの歌』は現在では、歌われることはあまりないようだ。

そのかわり、ラデツキー行進曲には、あまり深い意味はない早口言葉のような言葉が付けられ、歌われることもある。例をあげると、

「勇気が胸にみなぎってくると」(Wenn der Mut in der Brust seine Spannkraft übt)

といったのは、ふざけたところはないが、

「小イヌがソーセージを持って、縁石の上を飛び越えて、空ではコウノトリがカエルを飲み込む」(Wenn der Mops mit der Wurst über'n Eckstein springt Und der Storch in der Luft den Frosch verschlingt)

といった、ほとんど意味のないものもある。さらにイヌとかコウノトリ、カエルなど、言葉を入れ替えて言うと、数えきれないほどの組み合わせができる。『ラデツキー行進曲』の歯切れの良いリズムにぴったりともいえるが、演奏スピードは早口言葉を、舌をもつれさせずに言えるかどうかと関係がある。

カラヤン、クラウスの指揮では一分あたり、一〇三拍から一〇六拍くらいだった。それに対して、私が聴いた一九八九年のカルロス・クライバーの演奏は、一一四拍もの速さだった。恒例の観客の手拍子も遅れがちになるほどだったのを今でも思い出す。私は、カルロス・クライバーの指揮するワルツなどを、どうしてももう一度聴きたくて、一九九二年のニューイヤーコンサートにも出かけたのだが、クライバーくらいの速さになると、早口言葉もかなり難しそうだ。

ただその当時と比べると、今では入場券の価格は、正規料金でも二倍から三倍になって

しまっている。会場にはウィーン以外の外国からの人々の姿が目立つ。会場に来ている多くの人たちは、『ラデツキー行進曲』に合わせた早口言葉があることも、きっと知らないだろう。そしてその一方で、ウィーンの人たちはテレビの前で「小イヌがソーセージを持って……」と早口言葉をつぶやいているのかもしれない。

ファルコ

オーストリアで二十世紀にもっとも有名だった歌手といえば誰だろう。オペラが好きな人なら、きっと数多くの歌手の名前が出てくるに違いない。

しかしクラシックではなく、ロックシンガーということでは、ファルコ以外には考えられない。ファルコは、オーストリアだけでなく世界的に有名だった。全米のヒットチャートでも一位になったこともある。

ファルコは一九五七年にウィーンで生まれた。四歳でピアノを習い始めた彼は、絶対音感を持ち、小さい頃から音楽の才能を示していたということだ。十代の後半から音楽活動を開始し、ベルリンでベースギターを演奏していた。その後ウィーンに戻って、ドラーディヴァーベル（Drahdiwaberl）というグループでも活動した。

ドラーディヴァーベルというのは方言で、いろいろな意味合いがあるが、一般的には独《こ》楽《ま》のことを指して言う。

彼の名を有名にしたのは、『デア・コミッサー』という曲で、英語、ドイツ語、そして方言的な言い方がまじりあってラップで歌われる、ユニークなものだった。

この曲は大成功だったが、ファルコの名声を決定的なものにしたのは、アルバム『ファルコ３』の中の『ロック・ミー・アマデウス』だ。ヨーロッパだけでなく、アメリカや、さらに日本でもヒットした。モーツァルトを、賭け事や酒が好きで、借金漬けのスーパースターとして歌っている。

ファルコは、オーストリアだけでなく世界的に有名なロック歌手となったが、一九九八年二月六日、ドミニカ共和国サント・ドミンゴで自動車事故を起こし亡くなってしまった。

彼の埋葬は、二月十四日、ウィーン中央墓地で行われた。葬儀は多くのファンも見守る中、ウィーン市長ヘルムート・ツィルクをはじめ、Ｆ１で知られたニキ・ラウダ、歌手のウド・ユルゲンスなど著名な人々も参列して行われた。

葬儀では、サングラスをかけ、ジーンズをはいた男たちが、柩を運ぶ写真が残っているが、彼らは、『ロック・ミー・アマデウス』のビデオにも出た、ウィーンのバイクグループ「アウトサイダーズ」の面々なのだ。

柩の上に掛けられた赤い布のようなものは、そのビデオで彼が着ていたコートだ。

埋葬から約一年半たった一九九九年九月、ファルコの墓石や記念の柱などが、彼の友人の二万ユーロの寄付によってつくられた。ウィーンでは、墓地を歩いていると、それぞれの人に合っていると思える墓を見ることがある。シンプルなものでは、音楽家のマーラーや、シェーンベルク、建築家のアドルフ・ロースなどがあるが、中には彫刻を施したりして、かなり凝った墓もある。センメリング鉄道を造ったカール・フォン・ゲーガや、十九世紀の政治家ヨハン・ネポムク・プリックスなどは、典型的な例だろう。

ユニークさの点で、ファルコの墓は突出している。中央墓地の四〇番グループにある彼の墓は、「ファルコ」と大きく刻まれた尖ったオベリスクが、遠くからも目立っている。中央墓地では、通常の墓石の高さは二・七メートルまでと決まっているそうだが、アフリカ産の赤い大理石のオベリスクは約三メートルあり、例外的な扱いだ。石の赤い色にも意味があって、堂々とした力、ファルコの中で燃えていた火、といったことをイメージしている。

赤いオベリスクの手前の中央には、円を四分の一ほどに切った透明の板ガラスが建てられている。高さは約二・三メートルだ。さらにそこには、大きく両手を広げた等身大のファルコの姿が描かれている。これは『夜間飛行』のジャケットの写真を写しとったものだ。ガラスの弧に沿って、彼のよく知られた曲の名が記されている。透明なガラスはCDを表しているのだそうだ。下から順に、『デア・コミッサー』、『ガンツ・ウィーン』、『ジェニー』、『ロック・ミー・アマデウス』、『アウト・オヴ・ザ・ダーク』と並んでいる。

円周はきれいに削られているが、『アウト・オヴ・ザ・ダーク』のところで、突然、ギザギザになって終わっている。これは、彼の人生が突然の終わりを迎えたことを表しているのだ。

ガラスの右奥には、オベリスクの半分もない高さの石柱が置かれている。ファルコと書かれた赤いオベリスクとは対照的に、粗削りで磨かれていない。石が割れて手前に横たわっているようにも見える。

割れた石というのは、聖マルクス墓地のモーツァルトの墓石にも見られるように、現世の移ろいやすさを表すものとして、墓地では時折見ることがあるが、ファルコの石柱にも、彼の生没年(一九五七－一九九八)と、本名であるハンス・ヘルツェル(Hans Hölzel)だけが、楔形の文字で刻まれている。この石柱は、人間としてのファルコを表し、彼から奪われてしまった生をシンボライズしている。

そして、ハンス・ヘルツェルと書かれた石と、倒れた石の長さを合わせると、オベリスクの高さと同じになるのだそうだ。

KLEIDUNG

衣

服飾令

ウィーンの人たちの日常の身なりは、かなり良いといっていいだろう。というより、どうしてそこまでしなければならないのかと、首を傾げるほど、きちんとしているといってもよいかもしれない。

私が住んでいたアパートの近くのスーパーで、同じ建物の住人にもよく出会った。日本なら、ほんの一、二分で行ける近くのスーパーなら、パジャマと区別がつかないトレーナーか何かを着たままで買い物をしていそうだが、同じアパートの下の階の中年の夫婦は、いつもきちんとした身なりだった。ご主人のほうを見ると、かならずネクタイをしてショッピングカートを押していた。仕事帰りに立ち寄ったように見える時だけではなく、自分のアパートから買い物だけに出かける時にもそうだった。

外見や身なりから、人を判断するのはどうかとも思うが、逆に、人前に出るときの身づくろいという意識も強いのだろうと思ったりする。

今では、誰がどんな服を着ていても、あまり驚かないような時代になってしまっているが、外に出る時には、その場に応じた服装というものが必要なのは確かだ。とりわけウィーンの人々は、少しでもきちんとした身なりをしたいという気持ちがあることが、ふだんの生活の中でも見てとれる。

しかし、日本とは違って、十代や二十代そこそこの女性が、いわゆるブランドもののバッグを持っていることは少ない。フランス製の高級そうなポシェットを肩からかけた女性を見かけて、振り返ったその人の顔を見ると、むしろ初老といってもよい年齢の婦人だったりする。

どういった服装をし、何を持つかは、その人の社会的な立場をあらわすこともあるわけで、それが自分にあっているかどうかを判断してかからなければならないのだろう。

歴史をさかのぼってみると、この町は、自らの立場と身なりには敏感なところだった。中世には、できるだけ高い身分の人の真似をして、立派な服を着ようとする傾向が強かったといえる。

十三世紀にはザイフリート・ヘルブリングも、華美な衣服を批判し、これでは農民と騎士との区別すらないと言っている。

そのため、古くから、服装に関する、きわめて厳格な規則があったのだが、そもそも、そうした規則をわざわざつくらなければならないのは、より豪華な衣装をまといたい、身分の高い人と同じような装飾品を身につけたいという欲求をもつ一般の人たちの風潮があったからで、そうしたことを好ましく思わない支配者たちは、社会的な身分の違いが明確になるような服装を、それぞれの階級に応じてさせようとしたのだった。

オーストリアの最初の服飾令は、十五世紀末頃にウィーンで出されたといわれている。その後、スペイン生まれの大公フェルディナントがウィーンにやってくると、彼はこの町を厳しく統治しようとし、反抗するものには容赦なかった。

一五二二年にはかつてのウィーン市長マルテイン・ジーベンビュルガーを含む六人のウィーン市民をウィーナー・ノイシュタットで処刑したし、一五五八年に、皇帝フェルディナント一世となってからは、市民の生活のありかたも変えようとし、風紀警察といったものを新たにつくり、娼家をすべて閉鎖させたりもした。

その彼が、一五四二年に出したのが、「不適切に高価なる服装について」という規則だった。衣服や装飾品が高価に過ぎることを嘆き、より高い身分の人と同じような服装をしようとすることを問題とし、身分の違いに見合った、それぞれにふさわしい服装を守るべきだとしている。

こと細かに規定をもうけているのだが、まず教会の僧侶については、低位の僧にあっては「その身分にふさわしく」なくてはならず、「不適切に高価なものはすべて取り除かれねばならない」と書いている。小売商人、手工業者、一般市民には、金、銀、真珠、絹、ビロード、高価な毛皮は禁止された。腹に巻くベルトも男は六グルデン、女は十二グルデン以上してはならないとされた。

その一方で、貴族には、金、銀、クロテンやシロテンの毛皮が許されたが、しかし身に付けられる鎖は二百グルデンまでで、結婚前の貴族の娘は絹のスカートを持ってもよいが二着まで、装飾品も百グルデンまでだった。さらにフェルディナント一世は一五五一年、ユダヤ人は、服に黄色の布の印を付けなければならないという決まりまで作っている。

フェルディナント一世の後を継いだ息子のマクシミリアン二世は、規則を緩めることはしなかった。ただひとつ再び認めたのは、娼家だったという。その理由は、禁止によってむしろ、闇の売春が広まりすぎたからだという。

一五六六年、マクシミリアン二世は、新たに服飾令を公布する。フェルディナントの規則が十分効果を発揮しなかったのは、衣服を着る人のみを対象としていたからだと判断して、今回は、違法な衣服をつくる仕立屋に対しても、罰則規定を設けて規則を守らせようとしたのだった。

服装の規則は、とても細かく、例えば役人や将校のコートやズボンには高価な布地を用いてはならないと決められていたが、しかし役人や将校が、もし貴族であるなら、布の一エレの長さ分が二グルデンの値段までは許され、さらに二エレの長さのビロードで飾りを付けてもよいとされている。装飾品も身分によって区分されていたが、男が金の飾りを付けるのは禁じられた。また馬具の素材まで規定されていたのだった。

しかし、もちろん皇帝一族に関しては、そのような規則はなく、臣下の者たちと外見上も明確に区別されるようになっていたのだった。

扇ことば

最近では、日本人の若い人も扇子を使わなくなっているが、ヨーロッパでは、扇のたぐいは、日常生活ではほとんど目にしない。見るとしても、十八世紀から十九世紀くらいの時代設定の芝居やオペラ、オペレッタの舞台で女優や歌手が、ひらひらさせている時くらいだろうか。

昔の、優雅な女性やコケティッシュな女性を演出する小道具として、扇はうってつけのものだ。扇からは、古きよき時代と結びつく舞踏会といったものを連想するかもしれない。そういえば、国立歌劇場舞踏会でも、ファンファーレや国歌などに続いてまず演奏されるのはカール・ミヒャエル・ツィーラーの『扇のポロネーズ』だ。ツィーラーは、ヨーゼフ・ランナーやヨハン・シュトラウス父子、ヨーゼフ・シュトラウスも務めた、宮廷舞踏会楽長の地位にあった作曲家だった。『ウィーン市民』とか『ウィーン娘』といった曲も有名だ。日本ではほとんど知られていないものの、『お立ち寄りください!』という題名の曲も、よい曲だ。私がウィーンに住んでいた頃、よく聞いていたラジオ番組のテーマ曲として使われていて、CDで聴いても懐かしく当時を思い出すが、『扇のポロネーズ』は、純白のドレスで優雅な歩みで進んでくるデビュタントにぴったりな音楽で、今ではツィーラーの曲としては一番有名だろう。

ところで、ヨーロッパに折りたたむことができる扇子が入ってきたのは、十六世紀頃だったといわれている。木に紙を貼った扇子は、それまでの象牙でできたり螺鈿《らでん》などの装飾のある扇に比べ、とても安かったこともあり、急速に一般の人々の間にも広まっていく。

パリでは、一六七三年に、既に約六十の扇屋があったが、ウィーンでは、それに遅れること一世紀、一七七八年頃になって、初めて扇を作る店が何軒かできている。当時、扇作りの職業は、ウィーンではWaderlmacherと呼ばれていた。

一八〇〇年頃には二十数軒の扇屋があったが、中でも有名だったのはヨハン・クロイツェンフェルトの店とヨハン・ヒエロニムス・レッシェンコールの店だった。クロイツェンフェルトの扇は当時有名だった銅版画家ヴェンツェル・エンゲルマンが描いた絵が張られたものが多く人気があった。

レッシェンコールの扇は、その時々の出来事を描くという特徴があり、たとえば気球が初めて上がったとか、貴族の結婚を描いたり、ハイドンの『天地創造』の初演にちなんだ扇子も売りだした。またアンナの日の扇、ヨーゼフの日の扇など聖人の祝日用の扇もあり、プレゼント品としてよく売れたという。

このような扇は、当時の様子を知る上でも貴重な資料となっているが、さらに扇については、それをどのように扱うか、つまり開いているか、閉じるか、また、右手に持つか、左手に持つかなどで、意味があったのだという興味深いことがある。

そうしたことを知っていれば、十八世紀から十九世紀頃を舞台にした芝居などで扇を持って登場した女性たちに対する演出が、きちんと考証されたものであるかどうか見定めるといった、少し意地悪い見方もできないわけではない。

ただ、そんなことより、女性たちが自らの意思や気持ちを、あまりあからさまにはできなかった時代ということを考えてみるのも面白いだろう。レハールの『メリー・ウィドウ』の中の「唇は語らずとも」ではないが、自分の口を開くことなく、代わりに扇に語らせていたわけだ。この仕草にまつわる扇の扱い方は、いろいろと興味深いので、いくつかの例を紹介してみることにしよう。

「退屈しているんです」というなら、扇を左手に持って顔の前にもっていく。そして「こちらにお出になりませんか?」という意味で、少しあおぐ。「お話がしたい」という時には、扇の外側を指でそっとふれる。

また、何か尋ねられたり、誘いを受けたりした時、扇を右頬にあてがえば「はい」、左頬にもっていけば「いいえ」ということだ。そっとしておいてほしいなら、扇を左耳のところに置く。開いた扇を顔の前で左右に動かすと、「失礼しました。御免なさい」ということを表す。

女性が相手に「好きですか?」と尋ねたいなら、閉じたままの扇越しに見つめる。自分から「愛しています」と意思表示をすることもあり、そうした場合には、左手に持った扇を開いて頬のあたりを滑らせるようにする。

反対に、持った扇を引き抜くようなしぐさなら、「嫌いです」ときっぱり言ったのと同じだ。「ひどい方」と言いたければ、扇を開いたり閉じたりする。右手に持って半分開き、ひらひらさせると、「私には他に好きな人がいます」ということだ。

扇を左手にして、ゆっくりとあおげば、「私は、結婚しています」ということで、もう少しせわしなく動かす仕草だと、「私には、婚約者がいます」ということになる。

大きく扇を開いたままにして二本の指で端を軽く滑らせれば、「二人きりで静かなところに行きましょう。お待ちしています」ということだ。さらに、開いた扇越しに相手を見つめ、扇の何番目かのひだにふれるのは、逢引の時間を知らせるためだ。

また、もっと積極的になるなら、閉じたままの扇を唇のところにあてがう。こうすると「口づけしてください」ということだし、さらに右手で開いた扇を顔の前に持っていくと「さあ、ついてきてください」ということになる。

このような、花言葉ならぬ「扇ことば」(Fächersprache) があったということを知る人は少ない。もはやこのように、ひそやかな愛の言葉を、仕草や扇に託していく時代などは、はるか昔のことになってしまっている。

水着

カールスプラッツ駅から遠くないところにあるウィーン博物館に、フランツ・ヴォルフが一八三三年に制作した、彩色されたリトグラフ『ウィーン最初の女性水泳学校』がある。また、同じ作者が同じ題材を扱ったモノクロの作品が、オーストリア国立図書館にもある。

まだ水泳が女性たちには一般的ではなかった時代だったし、水着がモードといった範疇のものとなる以前の様子が描かれているので時代考察の面からも貴重だ。

このリトグラフを見ると、中央にプールがあり、周囲は平屋建ての木造の建物で囲まれている。建物の外側からは中の様子がうかがえないような造りになっていたわけだ。この建物には、たくさんのドアがついていて、それぞれの小部屋は更衣室となっている。プールを囲む回廊風の造りで、プールサイドには手すりがある。その手すりに近いあたりまで、屋根の軒が深くせり出している。

軒下には、ドレスを着た女性たちが歩いている。手すりにもたれて、泳ぐ人を覗き込んでいる女性もいるし、お互いにおしゃべりに夢中の人たちもいる。彼女たちは、ウエストをきゅっと絞った、足首まである長くふっくらとしたドレスを着ている。シンケンエルメル(Schinkenärmel) と呼ばれた大きく膨らんだ袖は、典型的なビーダーマイヤー期のものだが、たしかに、まるでハムのように見える。髪型も、額のちょうど真ん中で左右に分け、頭の後ろの部分を高く結い上げているが、これも当時流行のヘアスタイルだった。日よけ用の、きれいな麦わら帽をかぶり、首のところにバスタオルを掛けて、水の中の女性に声をかけている人もいる。休日にでも、ちょっとどこかに出かけてもいいようなスタイルだ。

　プールのまわりを取り巻く優雅なドレスの女性たちと対照的なのは、コルセットをはずし水着になった女性たちだ。バスローブのようなものを羽織っているが、それを脱ぐと、膝下までのズボンの形の水着を着ている。膝の下には紐がついていて結べるようになっていて、ふくらはぎの部分はそのまま見えている。靴下やサンダルは履いていない。

　この水着は、上半身と下半身部分が別になっていて、素材は木綿だったのではないかとされている。ブラウス風の上部は、胸と肩のあたりが、私たちが想像するより、かなり広い。前は胸のふくらみのすぐ上あたりまで開いている。そこで、胸の上のラインと袖上のラインとが水平に一直線に見えるようなデザインにつくられたものだ。

　泳ぎやすいようにということから、肩下の袖はかなり短く、肘の上に十数センチほどしかない。水着の柄は、赤や青の縦か横のストライプ、あるいは格子模様などが多い。結い上げた髪の毛が水の中でほどけないように、みな同じようにリボンのついたキャップをかぶっている。こうした水着や帽子は水泳学校が用意したものではないかとされている。

　プールの水際は石積みになっているが、階段が水中に続いていて、腰掛けてこれから水

ウィーン最初の女性水泳学校（F. ヴォルフ画、1833 年）

に入ろうとする人や、水から上がってくる人が描かれている。階段を使って水中に入ることもできるが、手すりの上に乗って飛び込んでいる人もいる。他に高い飛込み台もつくられていて、十段目、あるいは十五段目からも飛び込もうとする、かなり泳ぎに自信のありそうな人も描かれている。

女性用の水泳学校ということなので、男の姿はないのだが、しかしよく見ると、たった一人だけいるのに気がつく。この人物は誰なのかというと、プールの監視員（Bademeister）だ。帽子をかぶり、長袖の上着まで着込んで、きちんとした服装をしている男だ。

手には長い棹を持ち、棹の先端には紐が付けられている。この棹や紐は何のためだろうと思うと、紐の先が、水中の女性の帯に結ばれているのだ。つまり、紐に釣り下がっている女性は泳ぎを習い始めたばかりの初心者で、その訓練のために監視員が一役買っているわけだ。

このリトグラフに、文章を添えているのは、ハイドンやモーツァルト、シューベルトも家を訪れていた、クリストフ・クフナーだ。クフナーはウィーン生まれで、役人でありまた作家でもあった人で、彼の詩『信仰と希望と愛』に、シューベルトも作曲をしている。

クフナーは、ギリシア神話に出てくる、泉や川の精のナイアスや、あるいは、神々の饗宴の席に「最も美しい方へ」と記され投げ込まれた林檎をめぐって、美を競い合った三人の女神たち(ユノ、ウェヌス、ミネルヴァ)を引き合いに出し、さらにその審判役を引き受けさせられることになった、トロイア王の息子パリスの名まで出し文章を書いている。

こうした『神々の饗宴』や『パリスの審判』は、古くから絵画の題材として、しばしば取り上げられてきた。『パリスの審判』は、クラナハやルーベンスのものがよく知られているが、どの絵の美神たちも、ほとんど全裸に近く描かれている。

そうした神話の世界のことも思い描きながら、クフナーは、ウィーン最初の女性用の水泳学校の様子を、次のように記している。

「それを初めて目の当たりにすると、太古の寓話の世界のナイアス、もしくは少なくとも、より新しいドナウ河のニンフが、まったく新たな姿と装いで現れたのを見るような錯覚に陥るのだ。しかしその姿には、いずれにせよ、その最も新しい衣装においてさえ、いにしえからの魔法のような魅力があるのだ。あわれなパリスは、美の賞賛が、泳いでいる女性たち、またそれを見ている女性たちにふさわしいものであるかを決めねばならないとしたら、彼は確実に、迷うことなどありえないであろう。名高き三人の女神たちの優れた特質は、ここに惜しみなく分け与えられ、簡素で優美な水泳着が既に、美しく飾った女神たちの装いと、十分競い合っているからである」。

ジラルディ・ハット

ウィーンの人たちは、帽子好きだ。たしかに寒い冬には防寒用として帽子は手放せないのだが、それほど日差しは強いとは思えない夏の日にも、薄手の帽子をよくかぶっている。昔から、休日に郊外に出かける時には、麦わら帽子が好まれたし、『ウィーン最初の女性水泳学校』のリトグラフでも、水に入らないドレスを着た女性たちは、麦わら帽子をかぶっている人が多い。十九世紀には、夏のファッションとして、広く流行した。

もっとも、麦わら帽子自体は、古くからかぶられていたものだし、十八世紀から十九世紀にかけて、通りでは、麦わら帽子売り（Strohhutkrämer）が、麦わら帽子を売り歩いていた。首から前に下げた籠の中に、たくさんの帽子を入れて、さらに頭の上には、五つも六つもの帽子を重ねている。帽子の他にも、わらで編んだ小箱や、ほこりを払う小さな箒なども扱っていた。

帽子などの製品としてでなくとも、麦わらそのものは、昔よく売られていた。現在のフリーデンスブリュッケ近くにはシュトローエックという地名があったし、七区のアウグスティンの像があるところは、昔はシュトロープラッツルと呼ばれ、第一次世界大戦の頃まで、ウィーンの北のドナウ河沿いのトゥルンあたりから、週に二回、麦わらを積んだ農民がやってきていた。

　馬車に積んで売り歩く人たちもいて、「麦わら売りだよ！」(Da Strohbauer is doo!) と叫んで売っていた。彼らは、麦わらを束で売っていくので、そのままでは馬の飼葉《かいば》にしたり、何かの詰め物にするには大きすぎる。そこは、よくしたもので、商売にはさまざまあり、麦わら切り (Strohschneider) という職業の人も登場し、背中に背負った道具を下ろして、麦わらを細かく切ってくれたのだった。

18世紀後期の麦わら帽子売り（Ch. ブラント画）

　しかし、貴族や金持ちの中には、麦わらをそのまま買い、細かく切ってもらわない人もいた。でも、自分の家にわら切りの道具を持っているからではなかった。実は麦わらは、実際にはいろいろな用途で使われたことがあり、彼らは帽子用や飼葉用に買ったのではなかったからだ。昔のウィーンでは、裕福な家に病気の人が出ると、その病人を気づかって、建物の前を通る馬車の車輪の音が少しでも和らぐようにと、道路一面に麦わらを敷き詰めるということもしたからだった。

十八世紀末の麦わら帽子売りを描いた版画を見ると、麦わら帽子は、どれを見ても、つばの部分がとても大きい。日が顔にあたらないようにという実用のみのもので、まだ、ファッショナブルとは、とてもいえないものだった。

十九世紀になってしばらくして、日曜日にプラーターなどに、みんながこぞって出かけるようになると、麦わら帽子もファッションの一部になっていく。

ウィーンにも、麦わら帽子屋がたくさんでき、それぞれが二十人もの女の子たちをかかえて帽子を作っていた。こうした帽子用の麦わらは、イタリアのヴェネツィア、フィレンツェ、スイス、ボヘミヤあたりから輸入されていた。わらの曲がり具合が、麦わら売りが運んでくるオーストリア国内のものより、ずっと良かったからだ。

輸入された麦わらで作られる、流行のモードの帽子は、かなり高価なものだった。ほしくても手が出ない人たちもたくさんいた。そうした人たちは、オーストリア産の麦わらで作った安い帽子で満足しなければならなかった。

麦わら帽子を作る店が忙しいのは、冬から春にかけてで、その年の最新のモデルが作られる。全体の大きさや、つばの広さ、リボンや花飾りのつけ方など、その年々の流行があった。夏になると、もう新たに作られることはなかった。夏、売られているのは、もうその年の売れ残りといってよいものだったのだ。

お金持ちの女性たちは、五月一日にプラーターで行われる馬車行列のために、帽子を新調していて、そのあとになってから手に入れたとしても、もう最新モードとはいえなかった。それでもさらにウィーンで売れ残った帽子は、どうなるのか気になるが、それらは翌年の春、ウィーン以外の地方に回されて売られたのだった。

一八三〇年代から四〇年代にかけて、ウィーンの女の人たちを描いた絵でもわかるが、麦わら帽子は大流行していた。たんに日差しを避けるということだけでなく、帽子のカーブの具合や、後ろ側をどのくらいの高さにするかなど、目まぐるしく流行は変化した。またそうした変化を、ウィーンの女の人たちは追い求めていたのだった。

男の人たちはどうかというと、次第にシルクハットなどの他に、やはり麦わら帽子が流行の中に入ってきて、十九世紀末にかけては、頭頂部が比較的平らな麦わら帽子が流行していくことになる。

ウィーンでは、そうした平らな麦わら帽子のことを、ジラルディ・ハット（Girardi Hut）と呼んだが、これはもちろん、当時、大人気を博した役者のアレクサンダー・ジラルディによっている。その頃のウィーンの人たちは、誰でも、ジラルディのような服装をして、ジラルディのような話し方をしようとした。彼がかぶった帽子を、みな同じようにかぶり、少しでもあやかりたいと思っていた。

そしてまた、ジラルディ・ハットをかぶるようになったのは、実は男たちだけではなかった。十九世紀末から二十世紀初めになると、男の人がすることは女にもできると思った女性たちは、それまで男だけのものと考えられていたスポーツもするようになる。そして自転車にも乗るようになっていったのだが、そうしたサイクリングなどの時、彼女たちがかぶっていたのは、ジラルディ・ハットだったのだ。

ハイカラー

ウィーン民衆劇の作家、ヨハン・ネストロイの芝居に『分裂した男』というのがある。第一幕は金持ちのリップスの田舎の別荘が舞台だが、その第五場で、主人公リップスが部屋に入ってきて歌う。

洋服は十五着も持っている
明るい色のものもあれば暗い色のものもある
燕尾服にズボン、どれもみなグンケルの店で誂えた
こんな衣装もちの私を見れば
私が分裂症だなんて誰も思わないだろう
私の心は引き裂かれ、すべて、ばらばらになっている

引きちぎられた心は、どこも、繕われてはいないのだ

別荘も持ち、金銭的には恵まれて、何ひとつ不自由のない暮らしをしているリップスだが、そうした生活のために、かえって退屈し厭世的になっている、というような設定の芝居だ。彼の贅沢三昧の暮らしぶりをあらわすための、ひとつの証として、十五着もの洋服をグンケルの店で買ったと、ネストロイは主人公に歌わせている。

ウィーンのビーダーマイヤー時代は、イギリスのダンディズムが入ってきた頃でもあり、男の人たちもお洒落に気を配るようになっていた。グンケルの店は、当時、ウィーンで最も有名な洋服店だった。

グンケルという店は、今でもグラーベン近くのトゥフラウベンにあり、テオドール・グンケルという名で、テーブルクロスやタオル類、寝具用のシーツなどを扱う店として、よく知られている。テオドールとは、洋服屋を始めたヨーゼフ・グンケルの息子の名前だ。ヨーゼフ・グンケルは、まずグラーベンに店を開き、その後、近くのトゥフラウベンに移ったのだが、十九世紀半ばには、八十人もの使用人たちが働き、貴族たちや資産家、俳優や作家などが主要な顧客の高級な仕立屋だった。

彼は、イギリスから燕尾服を取り入れたことでも知られている。燕尾服には、立ち襟の白いシャツというのが現代でも正式の服装だが、洋服の形が変わることにより、その下に着るシャツも形を変えていく。

もともとシャツは下着であったが、それが時代とともに、表に現れてくるようになった

ものだ。十七世紀頃、男用の服として、上着とベストが好んで着られるようになってから、見せるシャツという意味合いが出てきて、フリルや刺繍の入ったシャツが着られるようになる。

本来、下着であったことの名残が、今のワイシャツにもあるのだそうだ。ワイシャツの後ろは、前に比べて少し長めに作られていることが多い。この長さが、その証拠なのだという。もともとズボンの下に、パンツのようなものをはく習慣がなかったヨーロッパでは、長い後ろの部分を脚の間を通して前側に持ってきていた。そのようにしてワイシャツは、まさに下着としての役割をはたしていたわけだ。

ところで、十九世紀、清潔な真っ白いシャツは、上流階級の身だしなみとして欠かせないものになっていった。詩人バイロンが、「ナポレオンになるよりも、ブランメルになりたい」と言ったという、イギリス人のボー・ブランメル（一七七八－一八四〇）も、きれいな白いシャツを好んだ。そしてシャツにつけるネクタイの原形とされるネック・クロスも考案したとされている。

話のついでに触れておくと、日本ではワイシャツというが、それは、もともとホワイト・シャツといわれたものが、日本人の耳には、ワイシャツと聞こえたために、そうした名になったのだということだ。

現在ワイシャツといわれる、いわゆる折り襟、ダブルカラーが登場するのは、十九世紀末になってからだが、それ以前は、襟の立ったものが主流だった。カラーは、次第に高い襟、いわゆるハイカラーが好まれるようになっていく。今ではほとんど死語に近いかもしれないが、日本語で「ハイカラ」というのは、この高い立ち襟からきている。

立ち襟は、シャツ本体から取り外せるようになっているものもあり、替え襟というものも売られていた。いろいろなシャツに付け替えられることから、「パラサイト」などとも呼ばれたのだそうだ。ロンドンに留学した夏目漱石は、この替え襟にこだわりを見せたといわれている。

その頃のシャツは、まだボタンの付いたものは少なかった。十九世紀半ばの男たちは、シャツを頭からかぶっていた。ボタンが付いたシャツが広まっていくのは、二十世紀になってからのことだったが、シャツのボタンより、どのくらいの高さの立ち襟が付いているかが、大きな関心事だった。

お洒落な男たちの立ち襟の高さは、十センチ、十二センチと、だんだんと高くなっていった。あごにまで届くような、高い襟も出てくる。これでは、ほとんど首も動かないほどで、実際に着ると、かなり苦しかったようだ。そこで、こうした高い立ち襟には「父親殺し」(Vatermörder) という名が与えられたのだった。

ウィーン・ブラウス

「第二のロココ」という言葉がある。ロココといえば、もちろん十八世紀のバロックに続く時代をあらわす言葉だが、「第二のロココ」とは、ウィーンではビーダーマイヤー時代のあとの十九世紀半ば過ぎ頃の時代をさしている。家具といった調度品などについてもいわれるが、とりわけモードなどに関して、わざわざそのように言い表されることが多い。

ウィーンが諸外国に対して、ウィーン・モードを示すということは、ウィーン会議の頃からもあったが、それと似たように、十九世紀後半も、ウィーンのモードの可能性やその技能が示されていった時期だった。

十九世紀半ば過ぎからの、第二のロココの時代のモードを特徴づけるものとして、まず、必ずといってよいほど取り上げられるのは、クリノリン(Krinoline)と呼ばれる、膨らんだスカートだろう。既に一八三五年頃から、そのような傾向があったとされるが、スカートの中にたくさんの下着を付けることによって、ウエストから下に、まるで釣鐘でもつけたように、すそに向かって、だんだんと大きく広がっていくのがそのスタイルだ。

大きく広げるために馬のしっぽの毛なども使ったので、フランス語の馬のしっぽの毛をあらわすcrinという言葉からつくられた、クリノリンという言い方がされたのだったが、一八五〇年を過ぎる頃には、馬の毛などで補強するだけでは、不十分なほど、スカートの釣鐘型が大きくなっていったのだった。

そこで、馬の毛の代わりに、クジラのひげ、あるいは竹、さらには鋼鉄製のスカート用のフープ（張り骨）が使われるようになっていく。中には、直径が二メートル半にもなるような、巨大なスカートもあらわれてきたのだった。たしかに、この頃の女性の絵には、広がったスカートによって、女の人の姿全体が、まるで正三角形のように描かれたものが多い。

こうしたスカートが流行したのは、第一のロココの十八世紀後半以来、二度目だった。不自然なほど大きなスカートなどは、ロココ時代のドレスとしてよく知られているが、当時、ほっそりした女の人が、まるで「塩漬けニシンの樽」のようになり、まるで「歩くピラミッド」のようだとも、しばしば揶揄されたのだった。しかし実のところ、第一のロココの時代には、さほど長続きしなかったのだと言われている。

フランス語の「膨らんだ」という言葉が起源のブファンテン（Bouffanten）と呼ばれたこうしたスカートも、一七八〇年代末には姿を消していったのだった。しかし一八〇〇年代後半に、再び登場することになったわけだ。

しかし、今回のクリノリンは少し違ったように展開していった。十八世紀末のスカートは、裾に向かって、あらゆる方向に大きく丸く広がっていたのだが、一八六〇年代からは、次第に後ろの部分だけを膨らませるようになっていく。

そして一八七〇年頃になると、トゥルニューレ（Tournüre）と呼ばれた、腰あてパッドのようなものをあてがって、腰の後ろの部分を大きく強調したスタイルになっていく。Tournüre はフランス語の Tourner からつくられたものだ。またこれは、キュ・ド・パリ(Cul de Paris)とも呼ばれた。Cul はフランス語では、お尻についての俗語的な言い方だ。

細く締め上げたウエストと、後ろが膨らませられた腰の部分によって、横から見ると不自然なほどS字型のシルエットが強調されたのだった。この頃は、建築などでもリングシュトラーセ時代と呼ばれ、古いさまざまな様式が室内装飾などにも現れ、当時きわめて有名だった画家のマカルトの名をとって、「マカルト風」ということが好まれていた頃だった。

ウィーンの町の移り変わりにしたがって、モードの面もその姿を変えていく。ウィーンという町が過去の様式を新たな装いとして、さまざまな建築物に取り入れていった時であったが、ちょうどそれに歩調を合わせるように、服装も、昔の伝統的なものが復活していくことになる。過去が、劇場の芝居の中だけでなく、現実の生活の中に、現在のものとして取り入れられたのだった。

だが、それでも、こうした服装は窮屈だったことは想像にかたくない。一八九〇年代になると、着るのに楽な服装が求められるようになる。裕福な女性たちは、スポーツなどにも目を向けるようになっていく頃で、キュ・ド・パリなどといったものは、運動をするには邪魔物以外の何物でもない。

そうした時には、ドレスではなく、スカートとブラウスといった服装がぴったりだった。スポーツをする時や野外に出かける時には、上下に分かれた服装が好まれるようになる。一八九〇年代に登場したウィーン・ブラウス(Wiener Bluse)は、ヨーロッパ各地に広まっていった。

きれいな刺繡がほどこされたりしたウィーン・ブラウスは、スカートとのコンビネーションも楽しめるものだった。一八九〇年代から二十世紀初めにかけては、伝統的な女性のモードが大きく変わっていく時代だった。

体のためにもよいとは思われない、束縛の象徴のようなコルセットから、女性たちが抜け出していく時代でもあったのだ。ウィーン・ブラウスといった服装の登場は、そのひとつの兆しであったといってもよいかもしれない。

コルセット

束縛の象徴とも見られるコルセットだが、たんに窮屈なだけではなかった。体をしめつけることによって、体内の内臓の位置すらも変えてしまったし、場合によっては、命の危険すらもあったのだった。

パリで出された、一八五九年の記事には、コルセットが原因で命を落とした女性のことが書かれている。ふだんからウエストの細さで皆から讃えられていた二十三歳の女性が、舞踏会の二日後に急死したのだ。

なぜ元気だった娘が突然死んでしまったのか、親は納得がいかず、遺体の検死解剖を求めた。解剖してみると、驚くべきことがわかった。三本の肋骨が肝臓に突き刺さっていたのだ。理由は明らかで、コルセットに強く締めつけられていたためだった。

十九世紀の女性たちは、自ら望むか否かにかかわらず、身体などについても、さまざまな制約が社会の中で課されていたといってもよい。オーストリアの女性解放運動家として有名なローザ・マイレーダーは、回想録の中で、次のように記している。

「もう小さな子どもの時から、帽子や手袋なしで、おもてを走り回ることは、決して許されなかったのです。それは顔や手の、特に魅力的だと思われていた、もともとのミルクのような色を失わせないためでした。私の母は、運動をすることにも反対しました。練習をすれば、手が大きく強くなりすぎるからです。靴はとても窮屈なものでなければなりませんでした。長時間外を歩くには不向きの、小さすぎるブーツを何年も履かされました」。

「できるだけ細いウエストをもつこと、それは、どの娘たちにとっても望みだったのです。今では体全体がほっそりしていることが大切ですが、その細さがウエストだけに集中していたのです。そして腰と胸がないことも許されざる欠点とみなされたのです」。

女性についての、いわば社会的な制約は、衣服などに限らなかった。たとえば、良家の未婚の女性は、一人で外出することは許されなかった。外出する時には、いつでも礼儀作法の指南役をするお供の女性（Anstandsdame）と一緒に出かけなければならなかったのだ。仮に、三十歳でも四十歳でも、未婚であれば必ずお供の女性がついて来たのだという。

しかし、次第に工業化が進んでいく中で、中産階級の女性の労働力が不可欠のものとなっていったし、上流階級の女性たちはスポーツをするようになる。そうするとコルセットや胴着（Mieder）といったものは、古い社会規範のシンボルと見られるようになっていく。

女性の服装全体としては、十九世紀末は大きな転換を迎える時期であった。一八八九年、「改良服」（Reformkleid）というものが提唱された。改良服という訳語は、味気なく聞こえるが、もとになったのはエレガントな家庭着で、ティータイム服（Teekleid）などとも呼ばれたものだ。

肩から、なだらかに広がっていく服で、ウエストをあまり締めつけることなく、少し絞ったところは今までのウエストの位置より、少し高めになっている。そのため、一層ゆったりとした印象を与える。動きやすさにも配慮して、腕のところも膨らみをもって作られている。ドイツでは、改良服というのは、あまりはやらなかったといわれるが、オーストリアでは、コロマン・モーザーが描いたものや、ヨーゼフ・ホフマンがデザインしたユーゲントシュティールの意匠のものもあり、かなりの広まりを見せていった。

着やすさということからすると、グスタフ・クリムトとエミーリエ・フレーゲが着ていた服は、一番楽そうだ。残された写真の中でも、袋をかぶせただけのような服のクリムトと、大胆な縞模様の服のフレーゲの姿は印象的だ。

クリムトの描く女性たちの衣服を見ても、時代の移り変わりがはっきりと見てとれる。一八九八年の『ソニア・クニップスの肖像』では、ウエストを細く絞ったドレスが着られているが、その後の『マリー・ヘンネブルクの肖像』（一九〇二年）などではウエストはあまり絞られていない。そしてユーゲントシュティールの代表的な作品のひとつとして有名な『エミーリエ・フレーゲの肖像』（一九〇二年）では、さらにゆったりとしたドレスで、人工的ではない、流れるような自然な曲線を描いていく。

舞台芸術家アルフレート・ロラーも、コルセットやウエストを絞った服が終わりつつあると思っていた一人だった。彼は、「趣味のよい大都会の娘たちや婦人たち」は、もう胴着などというものは付けなくなっていると言い、さらに「そうしたものは地方の人たちに特徴的」だと一九〇二年に書いている。

しかしその流れは、一気にすすんだわけではない。美しさの理想を追い求める女性たちの中には、動きにくいにもかかわらず、コルセットを付けたままでローラースケートやテニスをしたりしていた人もいたし、一九〇九年頃の写真にも、水着用のコルセットを着用した女性たちが写っている。

雑誌『ジンプリチシムス』の一九〇四－〇五年の号の諷刺画には、「モードたちの争い」というのが載っていて、改良服を着た女性とロココ風の衣装の女性がにらみ合っている。画面左の改良服の女性は肩から足まで起伏の少ないドレスだが、右のロココ風の女性のウエストは左の女性の半分もないにもかかわらず、スカートの裾は五倍以上もあり、画面からはみ出すほどだ。

このカリカチュアからも、二十世紀初めの女性の服装の変化がよくわかる。一九〇〇年の最初の数年は、こうした状態だったが、一九一〇年くらいになると、もうロココ風の衣装はすっかり姿を消し、着やすさが大切にされる服装へと変わっていったのだった。

かつら

モーツァルトの肖像画は、十数枚残されているが、一番よく目にするものは、ザルツブルクのモーツァルテウムにあるヨーゼフ・ランゲの描いた横顔のモーツァルトだろう。胸から上の部分しかない未完の作品で、一七八九年頃のものとされている。

胸から下は、まったく未完成だ。それでも、少しうつむき加減のモーツァルトは、おそらく楽譜を見ながらクラヴィーアを弾いているところだということは、下絵の塗り残しの部分や線の形から想像できる。だが、音楽そのものをあらわす、クラヴィーアや譜面がないことによって、かえって見る者に、モーツァルト自身の存在、その内面性も印象的に伝わってくる絵だ。

しかし、この肖像画がそうした印象を現代の私たちに与えるのは、もうひとつ理由があるのではないだろうか。それは、かつらを付けていない彼の髪の毛だ。割合に豊かな頭髪が、自然に描かれている。今のヘアスタイルからしても、さほど違和感がない肖像画で、私たちは、ありのままのモーツァルトを目にしたような気持ちになるからだろう。

このモーツァルトは三十三歳頃ということだ。亡くなるまで、あと二年ほどしかない。この絵の後、もう一枚、一七八九年ドレスデンに滞在していたモーツァルトをスケッチした銀筆画が残されている。モーツァルトを描いた最後の絵とされているが、ヨーゼフ・ランゲの絵にかなり似た表情のモーツァルトで、晩年の様子がよくうかがえる。

ドレスデンでのスケッチも、かつらを付けていない自然な頭髪だが、髪の後ろの部分は長く、そして結ばれている。モーツァルトを描いた絵には、こうした日常の表情を伝えるものは、この二点しかない。というのも、それ以外の肖像画は、どれも、きちんとカールされた巻き毛のかつらを付けたものばかりだからだ。

幼いモーツァルトを描いた、『大礼服を着た六歳のモーツァルト』という一七六三年の絵でも、モーツァルトは子どもにもかかわらず、カールのあるかつらをかぶっている。この大礼服は、前の年、ウィーンを訪れた時、マリア・テレジアから、もともと息子マクシミリアンのためにつくられた服が、いわばお下がりとして下賜《かし》されたものだ。

この絵のモーツァルトをよく見ると、かつらの髪の後ろは、お下げ髪のようにしてリボンで結んでいる。男の髪にリボンとは、今見れば変に思うが、これもロココの時代に流行したものだ。リボンはきれいな絹などでできていた。さらに六歳のモーツァルトの髪の毛が、ずいぶん白っぽく見えるのは、髪粉というものを髪にふりかけているからだという。

髪の毛に粉をふりかけることは古代ギリシアやローマでも行われていたことだとされているが、十七世紀から、特に十八世紀後半さかんだった。陶土などの粉も用いられたが、一般には小麦粉といったものが使われた。一日に二度、三度とかけるのが美しく見せるためには必要とされ、女性だけでなく男たちも、髪粉のかかったかつらをかぶるのが、ヨーロッパの上流家庭の決まりごとだった。裕福な家になると、髪粉をふりかけるための、特別の部屋まであった。

ただ、髪粉に小麦粉が大量に使われたため、何とパンも不足することになったのだった。ジャン・ジャック・ルソーも「小麦粉が髪粉に使われるために、貧民はパンが食べられない」と言っている。かつらも髪粉も、フランス革命以降、突然姿を消していく。大げさなかつらに髪粉をふりかけているのは貴族で、断頭台に送られるということから、かつらや髪粉を使う者がいなくなったからだった。

そもそも、かつらが古代ギリシアなどを除いて、ヨーロッパで流行したのは十六世紀末頃からだった。シェークスピアも『ヴェニスの商人』の中で、「美人と思われている女の頭の上で、みだりがましく風とたわむれている、あの蛇のような縮れた髪の巻き毛も、正体がわかってみれば赤の他人の遺したもので、それが生えていた頭蓋骨はいま墓場に眠っているということも珍しくない」(小田島雄志訳)と書いている。

さらに十八世紀になると、この時期の、特に女性の髪型の大きさや、人目を引く奇想天外な頭上のつくりものは、カリカチュアの恰好の題材となっていた。帆船を模したり、馬車のかたちの髪型まであったし、そうした髪を結うために、脚立が必要なほどだった。マリア・テレジアが娘のマリー・アントワネットに、髪の高さは、決して九十センチを超えてはいけません、と手紙に書いて送るような時代だった。

想像を超える、さまざまなかつらが登場した時期だったが、いずれにしても、きちんとかつらをかぶること、それは当時、正式な身なりをする時や外出の際、ぜひともしなければならないことのひとつで、かつらを脱ぐのは、家の中でくつろぐ時だけだったのだ。

当時、男でも社会的にきちんとした役割を果たすべき人は、相応のかつらをかぶらねばならなかったのも事実だ。しかし、モーツァルトの父レーオポルトは、外見的な見せかけや欺瞞を鋭く批判した一人だった。

ヴァイオリニストでもあった父レーオポルトは、著書『ヴァイオリン教程』の中で、「立派なかつらは、かつらの中身の理性をよりよくする」といった先入観に反発した。「かつら次第で、学者にも顧問官にも博士にもなる」のだと述べ、教育や学問の指導者層の人たちを「かつらの台」にすぎないとまで書いている。そうした物事の本質を重視し、見せかけにはとらわれない父であったレーオポルトから、ヴォルフガング・モーツァルトのような才能が育っていったのだった。

帝国王国宮廷御用達洋服店

ミヒャエラー広場の前の、ゴルトマン・ウント・サラッチュ洋服店が建築依頼したロースハウスは、アドルフ・ロースの代表的な建築物であると同時に、かつてバロックの都といわれ、その伝統の中で都市改造も行われた町で、十九世紀的な都市ウィーンに決別を告げるかのように、装飾を削ぎ落とした建物として物議を醸したのだった。

さらにアドルフ・ロースの手がけたカフェ・ムゼウムも、やはり装飾を抑えたデザインがなされ、カフェ・ニヒリズムとまで呼ばれ、批判の対象となった。

他にもアドルフ・ロースは、いくつもの建築物を建てたり内装なども行っている。中には、今見れば、それがロースのものとは思わず、ふと通り過ぎてしまうようなものもある。グラーベンにある紳士服洋品店のクニーシェもそうした彼の作品のひとつだろう。

入口は、黒の大理石でできていて立派には違いないが、間口はごく狭く、日本風にいえば、二間ほどしかない。中に入ると、一階にはワイシャツ類やネクタイといったものが置かれ、カウンターがあるだけだ。しかし奥の階段を上って行った上階には、服地を置いた部屋、試着室、待合室、縫製室など、さまざまな部屋がいくつもある。下の狭い入口からは想像がつかない。

しかも、緑のカーペットの上にオリエンタルな絨毯がしかれ、革張りのゆったりしたソファーが置かれている。壁に付けられた大きな鏡の下には暖炉があり、くつろいだ雰囲気を作り出している。そこのソファーに座ったアドルフ・ロースの写真も残っている。

クニーシェの内装やデザインを行ったロースがイメージしたのは、イギリスのジェントルマン・クラブだった。十九世紀イギリスでは、上流階級の紳士たちのいわば隠れ家的なものとして人気があった。

そうした雰囲気を、クニーシェのインテリアとして考えたのだった。また、イギリス的なものだけでなく、幾何学的なモダンなデザインを取り入れている。五角形を組み合わせた照明などには、シンプルでありながら新しさと華やかさを感じさせる。

今でもクニーシェの内装は、アドルフ・ロースが設計した当時の様子と、ほとんど変わっていないのだといわれる。現代のあわただしい時間が流れる世界とは異なる、ゆったりと落ちついた空間がある。

ところで、クニーシェは、表の店名を見ると、金色で大きくKNIZEと書いてある。だから「クニーツェ」と呼ぶのだろうと思っていたが、ウィーンの人が、よく「クニーシェ」と言っているので、不思議に思ったことがある。

この店は、ボヘミア出身のヨーゼフ・クニーシェ（Josef Kniže）によって一八五八年始められたからだ。クニーシェ（Knize）のつづりは、もともとはKniževだったのだ。ドイツ語にはžという文字はないのでKnizeと書かれているが、ウィーンの人は、チェコ語に近い音で、クニーシェと呼んでいる。

ヨーゼフ・クニーシェのあとを継いだ人が、現在のグラーベン13番地にアドルフ・ロースの設計の店を開いたのは、一九一〇年代に入ってからだった。その後、一九二一年には現在のチェコの保養地カールスバート、二七年ベルリン、二八年パリ、三四年プラハ、三七年には有名な高級保養地のバート・ガスタインといったように次々と支店を開いている。

また一九二五年には、男性用の香水「クニーシェ10」を売り出し、人気になった。10としたのは、シャネルの五番を意識し、さらにポロ競技の最高点である10を入れたのだそうだ。クニーシェは、紳士服や紳士用品に関しては、第一級の高級店と見られていた。「グラーベン13番地」は、紳士たちにとって高級洋服店の代名詞のようになっていく。

顧客も有名人が多く、画家のオスカー・ココシュカ、映画監督ヴィリー・フォルスト、ビリー・ワイルダー、俳優モーリス・シュヴァリエ、ローレンス・オリヴィエなどがいた。さらに、女優マレーネ・ディートリヒが、映画『モロッコ』の中で歌姫アミーとして登場した時の男装用の燕尾服も、クニーシェで仕立てられたものだった。

また作家トーマス・ベルンハルトも『ヴィトゲンシュタインの甥』の中で、カールスバートのクニーシェの店で燕尾服を作らせるパウル・ヴィトゲンシュタインを描いている。

しかし何といっても、クニーシェにとって最も栄誉だったのは、「帝国王国宮廷御用達」の称号を得たことであっただろう。

ただ、オーストリア・ハンガリー帝国は第一次世界大戦後崩壊し、帝国王国宮廷御用達ということはなくなってしまう。それにもかかわらず、かつての栄光の時代を何とか留めようとするかのように、今でも、この言い方はよく用いられているし、しばしば紋章もそのまま残されている。

ボタン

グラーベンの近くのペーター教会のすぐ裏手に、ウィーンで最も有名なボタン店が二〇〇四年まであった。ボタンだけでなく簡単なアクセサリーも売られていた、約三十平方メートルしかない、ごく小さい店だった。いろいろなガイドブックで紹介されたこともあって観光客も多かった。しかし彼らの多くは、買い物ではなく、店の狭さと、数万個あるというボタンの種類の多さや、三五〇〇もある保管用の箱を見るのが目的だったようだ。

この店の創業の時期をたどっていくと一八四四年にまでさかのぼる。もともとは洋服店だったが、一八七八年、アロイス・フリンメルがそこでボタン等の専門店を開いた。彼は、一九一一年には「帝国王国宮廷御用達」の称号を受けている。

後を継いだのは息子のマックスだったが、マックスの結婚は遅く、五十六歳になってから、当時十六歳のエーリカと結婚した。そのエーリカは、半世紀以上店を営んだが、七十三歳になった二〇〇四年に、ボタン店を閉じることを決心したのだった。

ボタンを専門に集めたというのは、日本では手芸用品の店などならあるかもしれない。ただ、ウィーンなどで、ボタン専門店があったのには、それなりに理由のあることだった。

ボタンの歴史を見てみると、現在われわれが思い浮かべるようなボタンはもともとヨーロッパには存在していなかった。古代ギリシアやローマでは、衣服の布を留めるために用いられていたのは、フィブラと呼ばれるブローチ状の留め具で、装飾的な用いられ方もした。その後、ブローチ状ではない、今でいうダッフルコートの留め具のようなものが用いられた。これはトグルと呼ばれた。

現在われわれがボタンとして思い浮かべるものがヨーロッパに入ってくるのは、十二世紀から十三世紀頃だ。十字軍遠征によって、イスラムからもたらされたものだろうとされている。

ヨーロッパにやってきたボタンは、その後、大きく変身をとげる。それは十四世紀にボタン穴が「発明」されてからだった。ルネサンス時代になると、ボタンは、再び装飾的な意味合いが強くなり、金銀や宝石、真珠、水晶、琥珀など高価な素材が用いられた。

さらに十七世紀から十八世紀になると、いっそう豪華なボタンが好まれるようになっていく。フランスのルイ十四世は、自らのローブに一〇四個のダイヤのボタンを付けさせたといわれ、お抱えのボタン師（Boutonier）までいた。

十八世紀末には、象牙や象嵌《ぞうがん》を施したボタンなどが装飾品として付けられ、ロココ時代を彩ることになる。ウィーンでも十八世紀末から十九世紀に、装飾的なボタンが好まれ、また一般にも広まっていく。十九世紀末になると、男性服中心だったボタンが、女性の衣服も飾るようになったのだった。

それまでは、儀礼服などでもわかるように、ボタンは男性のための盛装の飾りだった。そう思って見ると、オーストリアでもアルプス地方のトラハテン（Trachten）と呼ばれる民族的服装の古いものでも、男性用の服には、シカなどの角を使ったボタンを付けたり、さらに飾りのボタンも多く付いているのを見かける。

軍服といったものでも、豪華さや格の高さを競うように、実用的には無意味な、不必要なほどの数のボタンが付けられていたのだった。

料理人の白い仕事用の上着には、なぜ、多くのボタンが付けられているのかも、格式と関係があるのだとされる。もともと、お抱えの料理人を雇うことができたのは高貴な身分の貴族たちや、裕福な商人たちだった。料理人などがボタンのたくさん付いた服を着ているのは、好ましいスタイルだったのだ。

ただ彼らのボタンの多さには、他にも理由があって、白い上着の前の部分が、実は二重になっているからだ。火を扱うので、その熱さを軽減するためということもあるし、また、前の白い部分が調理作業によって汚れてしまっているときに、主人に呼ばれたら、二重になった奥の部分を前に出し、ボタンを掛け替えて、汚れのない白い部分が見えるようにして主人のところに行くのだった。

装飾的な意味合いの強かったボタンは、産業革命以後の大量生産ができる時代になると、庶民もごく普通にボタンを付けるようになっていく。さらにプラスチックといった素材の登場で、高価で凝ったボタンは、次第に使われなくなる。

「古きボタン王店」(Zum alten Knopfkönig) と呼ばれ、古き良き時代そのもののような、ウィーンのボタン店も、そうした時代の波の中にあった。

かつては、作家のペーター・アルテンベルクが、いつもこの店に立ち寄り、水牛のボタンをカウンターの上で転がしてサッカー遊びをしながら、インスピレーションを得て、それをかたちにするためにカフェ・ツェントラルに向かったという逸話もある。またパウラ・ヴェセリー、パウル・ヘルビガー、ヘルムート・ローナーといった多くの有名な俳優、歌手、演出家たちも、よく訪れていたのだった。

二〇〇四年に閉店するときは、新聞の中には、「ボタン王」の閉店にあたって、「ウィーンでは帝国が二度目の死を迎えた」といった大仰な見出しで記事を書いたところもある。

その後、「ボタン王」の店がどうなるか心配されたが、チョコレートのパティシエであるヴォルフガング・レシャンツが、ほとんどの内装をそのままに「ウィーンのチョコレート王」(Wiener Schokoladekönig) という店を開いた。彼はボタンにちなんで、ボタン型のチョコレート (Schokoladeknöpfe) も作っている。

そして、店内の壁には、今も昔と同じように、帝国王国宮廷御用達のシンボルである、金色に輝く双頭の鷲が、アロイス・フリンメルやエーリカ・フリンメルの頃と同じように掛かっている。

ブーツ

木枯らしの吹く中で、朝から晩まで栗を売り続けているマロニブラーター(Maronibrater)といわれる人たちにとっては、栗を焼くオーブンの火だけが、暖を取る唯一の手段だ。頭には帽子をかぶり、マフラーを首に巻いているが、足元は寒そうだ。そこで彼らは、暖かそうなブーツを履いている。

そうした焼き栗売りが履くようなブーツということで知られているのは、その名も「マロニブラーター」というブーツだ。下の部分はロシア革と呼ばれるしっかりした革でできていて、上の部分はフェルトで、暖かそうな羊毛が内側には張られている。

ロングブーツは、履いたり脱いだりするのが面倒なものが多いが、マロニブラーターは、上部の後ろ側にベルトがついていて、着脱がしやすい工夫もされている。

焼き栗売りのマロニブラーターが、ウィーンで商売を始めたのは、マリア・テレジア時代にまでさかのぼることができるが、ブーツのマロニブラーターが、広く知られるようになったのは、ルートヴィヒ・ライターという靴店が一九九〇年代に、マロニブラーターという名のブーツを売り出してからだということだ。

初代のルートヴィヒ・ライターは、ボヘミアのカールスバート(カルロヴィ・ヴァリ)出身の靴職人だった。彼は一八八五年、ウィーンのヴィーデンに店を構え、数年後には警察官用の靴や軍用の乗馬靴を納入するようになる。ルートヴィヒ・ライターの息子は、親の元で靴製造を学んだ後、ドイツ、イギリス、さらにアメリカにもわたって修業を積んだ。

その親子以来の伝統があるのが、現在のルートヴィヒ・ライター靴店だ。ここのマロニブラーターも高級な靴で、一足六百ユーロもする。しかし、雪のウィーンでも寒さの心配なく外出できる靴だ。

たしかに、冬のウィーンでは、しっかりとした防寒用の靴がないと、安心して外に出られない。私がウィーンに秋から住み始めた時、真っ先に買ったのが、厚手のオーバーコートと、防寒用の帽子、それに防寒靴だった。

ただ靴のサイズは、日本とは違った数え方で、最初はよくわからなかった。日本では、単純に足の長さで二十五とか二十六センチと言うが、ウィーンで、私の足のサイズを測ってくれた靴屋の店員は、「三十九くらいでしょう」と言ってブーツを持ってきた。

三十九とか四十というのは、どのように決めているかというと、かかとからの距離ということでは日本と同じなのだが、一単位が三分の二センチなのだ。これは十九世紀はじめ頃フランスで使われヨーロッパ大陸に広まったものだ。

日本の単純そのもののサイズ表示からすると、ヨーロッパ大陸の表し方は一見複雑だが、イギリスの靴の測り方からすれば、まだやさしいほうだろう。

イギリスでは、かかとから四インチ（約一〇一・六ミリ）のところを起点〇として、三分の一インチ間隔で、一、二、三、と数えるというやり方だ。なぜこのような複雑な数え方になったのかというと、足の長さを大麦で測ったからだそうだ。大麦一粒分の長さが、三分の一インチで、十二粒分のあたりの土踏まずが始まるところを基準にしているということだ。この測り方は十四世紀のエドワード二世によって始められたと伝えられている。

さらに、十四まで数えると、そこで一に読み替え、また三分の一インチ間隔で数えていく。これではまるで十四進法だが、この読み替えは、子どもサイズと大人サイズとの切り替えのために行われている。

複雑きわまりないと思うのだが、ただ、大麦の粒といった身近なものを基準として測っている点では、日本の、足の古い測り方、「文」も、似たような歴史がある。

「文」といっても、プロレスラーのジャイアント馬場の十六文キックなどを覚えている中年以上の人にしか分からないかもしれない。十六文キックは、三十八・四センチの大きな足のキックだ。十文が二十四センチ、十一文が二十六センチ強なので、一文が二十四ミリだということになるが、この文は寛永通宝の一文銭の直径によっている。何枚並ぶかで足の長さを測っていたのだ。イギリスほど複雑ではないが、やはり身のまわりにあるものを利用したという点では似ているといえる。

少し靴のサイズの話が長くなったが、ウィーンで私が買った靴はとても丈夫で、今でも日本で使っている。雪が降った時などには暖かく重宝している。

ウィーンでは、雪が降り始めると、新聞やテレビで、凍った雪道で転倒して骨折した人が何人出たといったニュースをよく見る。ウィーン大学で教えていた頃、私の授業に出ていた学生が、松葉杖をついて教室に現れたこともある。尋ねると、やはり凍結した道で転んだのだと話してくれた。

ところで、ドイツ語では、「よいお年を」といった意味の年末の挨拶で、Guten Rutsch ins neue Jahr! と言う。この言い方がされるようになったのは、ここ百年くらいのことだそうだ。グリムの三十二冊からなる大きな辞典では、die Rutsche の意味として、「旅行」や「旅立ち」といったことがあるとされている。その意味を使って Guten Rutsch と言うようになったとも言われる。

しかしもう一つ、Rutsch はユダヤ系の言葉のイデッシュ語に由来しているという有力な説もある。ユダヤのカレンダーでは、年の初めのことを Rosh ha-Shana と言うので、その Rosh が、Rutsch となったのだとされている。

いずれにしても、現代のドイツ語の Rutsch には、「滑る」という意味があるので、その連想から、新たな年へうまく滑り込んで下さい、といったユーモラスな言い方が次第に広まって、新年のための挨拶のカードの絵にも描かれるようになったのだろう。

ESSEN UND TRINKEN

食

ウィーナー・シュニッツェル

宮廷文化の栄えたところは、おいしい料理があるとよく言われる。ヨーロッパではまずパリをあげなければならないだろうし、そしてアジアでは中国もそうだ。そう思うと、ハプスブルク帝国の首都であったウィーンの料理もたしかにおいしい。ウィーン料理、あるいはとくにそれを現代風にアレンジした、新ウィーン料理は、味付けなど意外なほど日本人の口にあうものもある。

日本では、新ウィーン料理というのは一般的ではないかもしれない。ふつう日本人にも知られたウィーンの料理といえば、ターフェルシュピッツやグラーシュ、そしてやはりウィーナー・シュニッツェルということになるだろう。

こうした料理は、ウィーンのレストランなら、たいていどこでもメニューに載っている。とくに、日本のカツレツのようなウィーナー・シュニッツェルは、高級なレストランからバイスル（Beisl）と呼ばれる庶民的な食堂まで、どこにでもある。

しかし、名物料理だからと、ウィーナー・シュニッツェルを注文した日本人が、まず驚くのは、その大きさだ。ウィーンの人に言わせると、肉が皿からはみ出すほどでないと、本場のウィーナー・シュニッツェルとは言えないのだそうだ。しかもそれが二枚ものっているので仰天する。

大きさに驚いてしまいがちだが、実は、小麦粉などを付ける前に、よく叩きのばしているので、巨大に見えるだけで、見た目ほどの量はない。一二〇グラムとか、そのくらいのことが多い。大学の学生食堂でも、かならず置いている料理だが、高級なレストランではもちろん仔牛の肉だが、安いところでは、豚の肉を使う「トンカツ」もある。それにレモンをかけて食べる。付け合わせはジャガイモであることが多い。しかし、ジャガイモといっても、フライドポテトを添えるのは、ウィーンでは邪道だそうだ。

街角の肉屋などでも、軽食用に、パンにシュニッツェルをはさんで、テイクアウト用に売っていることもある。こうしたテイクアウトのカツサンドともいえるものは、そんなに大きな肉ではない。センメル (Semmel) という丸型のパンにおさまるくらいの大きさだ。

私の住んでいたアパートの近くの肉屋でも、シュニッツェル入りのパンを売っていたので、大学からの帰りがけに寄って、時々買っていたが、ある時ふと、これでカツ丼をつくったらどうだろうと思って試してみることにした。

トンカツならぬ「牛カツ」をパンの間から取り出して、タマネギと玉子を用意し、小さなフライパンで作ってみた。これは、大成功だった。今でも、ウィーンで私が作った料理の中では傑作だったと思っている。

ところで、この「牛カツ」はドイツに行ってもウィーナー・シュニッツェルと呼ばれている。必ず、ウィーンという言葉が付いていて、ウィーンが本場と見なされている。ウィーン料理を代表しているともいわれるのだが、実はウィーンで発案されたものではない。

肉に衣を付けて揚げる料理は、古くは十二世紀に既にコンスタンチノープルにあり、それをユダヤ人がアンダルシアに伝え、さらにイタリアに伝わったのだということだ。また、中世イタリアでは、裕福な人々の間で料理に金箔などをのせて食べるということが行われていて、心臓にも良いと医者も勧めていたとされている。しかし一五一四年ヴェネツィアで、料理に金箔をのせることを禁止する告示が出された。

そのため、見た目だけでも、料理を黄金色にしようと、玉子やパン粉を付けて揚げるということが考え出された。また、ミラノでは十四世紀から十六世紀の間に、同様の調理法が行われ、それはミラノ風コトレットと呼ばれていた。

ミラノあたりからオーストリアに入ってきたというのは、それほど不思議はない。このことには、もっともらしい逸話もできている。

ヨハン・シュトラウス(父)の作曲した『ラデツキー行進曲』でも知られるラデツキー将軍が、ハプスブルク帝国への反乱を鎮圧するため、一八四八年ミラノ地方におもむいた時、「ミラノ風カツレツ」を発見し、その調理法をウィーンに伝えたというものだ。

確かに、ウィーン市文書館には、皇帝フランツ・ヨーゼフの侍従武官アテムス伯爵の書いた文書が残っていて、そこには次のようにある。

「ミラノの料理はまさしく抜群のものであり、それはすなわち、玉子につけてパン粉をつけ、バターで揚げる、仔牛のコトレットである」。

ラデツキー将軍は、ウィーンに帰還後、宮廷に呼ばれ、宮廷の調理師に作り方の指南をするようにと求められたのだという話もあるのだが、ラデツキー将軍自身が、本当に料理法について、あれこれ細かく述べたのかどうかは分からない。

しかし、こうした料理法自体は、既に十九世紀前半にはウィーンに伝わっていたのだとされている。既に当時出版されていた料理書には、「ウィーナー」という言葉が付いているわけではないが、ウィーナー・シュニッツェルにあたる料理は記されている。

ただ「ウィーナー・シュニッツェル」という名前が実際に使われるようになるのは、二十世紀に入ってからだ。J・M・ハイツという料理学校を始めた人の一九〇二年に出された指導書『ウィーン市民の料理』の中に、初めて「ウィーナー・シュニッツェル」という言葉が出てくるのでも分かるが、「ウィーナー・シュニッツェル」という呼び方も、意外に新しい。

マンドレッティ

街角に立つ焼き栗売りは、今では、売り声を上げながら売っている人はいない。しかし昔、焼き栗売りは、「マロニ、マロニ、アロスティ」などと叫んでいた。「マロニ、アロスティ」とは「焼いた栗」というイタリア語で、かつてはイタリアあたりからも、大道の商人たちがたくさんやってきていたということだ。

そのような商人たちが売っていたものに、マンドレッティ(Mandoletti)というものがあったのだそうだ。マンドレッティとは、アーモンドから作られた菓子で、一七七〇年頃からウィーンの通りを、黒い巻毛のイタリア人たちが、盛んに売り歩いていた。

ヨハン・ペッツルは、次のように記している。「彼らは、腹の前に箱を抱えて、いたるところで走り回っている。通りの角や散歩道、公園や劇場などに場所を占めている。六年前には、そのような南の国からの甘菓子売りは二人しかいなかったが、今では四十人はいる」。

また『アイベルダウアーの手紙』という作品の中で、ヨーゼフ・リヒターも、「私が初めてウィーンにやってきた時には、マンドレッティを売っている人は、たった一人だけだった。しかし今では、少しでも歩けばマンドレッティ売りに出会うだろう。――彼らはコールマルクト全体をふさいでいるようで、夕方など散歩をすることすらできないほどだ」とも書いている。

コールマルクトだけでなく、近くのトフラウベンやアウグスティン教会のそばのロブコヴィッツ広場なども、マンドレッティ売りたちの主要な商売の場所だった。彼らはまるで、「ミツバチの群れ」のようにウィーンにやってきて、そしてその甘さに、まるで麻薬かなにかに取り憑《つ》かれたように、ウィーンの人々は溺れていたのだった。

そもそもマンドレッティとは、アーモンドの生地と、砂糖、小麦粉、玉子などが原料の菓子だが、さらにその他の材料も使われ、色付けのためにも何かが塗られていた。しかし、それらが一体何であるのかは秘密で、作った人以外は誰も知らなかった。いずれにせよ現代では食品添加物としては、とうてい認められないようなものだったことは確かだった。

マンドレッティ売りは、もともとウィーンにいた菓子職人たちとの軋轢《あつれき》も絶えなかった。そして皇帝ヨーゼフ二世は、国民の健康のため、道路の秩序回復のためとして、この度の過ぎた享楽的な菓子の市内における販売を、ついに禁止する。マンドレッティの販売が許されたのは、当時リーニエと呼ばれていた、現在のギュルテルの外側の郊外に限られたのだった。

しかし、リーニエの外に追いやられたマンドレッティ売りも、逆に都合のいい面もあった。ちょうど、ちょっとした遠出が流行していたこともあり、途中で休憩を取る時に、ワイン農家で、できたてのホイリゲワインを買って飲んでいたのだが、酸味のあるワインには、甘いマンドレッティがぴったりだったからだ。

そうこうするうち、一七九〇年、皇帝ヨーゼフ二世は亡くなる。マンドレッティ売りの禁止令は廃止されたわけではなかったのだが、次第に忘れられていき、市内の建物内でマンドレッティを売ったりすることが行われるようになる。

マンドレッティ売りのことを扱った芝居はあまりないが、モーツァルトと親しかったアントン・エーベルルの兄、フェルディナント・エーベルルの作品に次のような個所がある。

菓子をかごに入れて売っている女性は、階段を上ったり下ったりしながら、「バイエルンのダンプヌードルはいかが？　バタークラップフェンはいかが？」などと叫んでいると、ある男爵から声をかけられて次のように言う。「私は、バイエルンのダンプヌードルを作っているの。私の夫は、市街の周りの有名な建物の中でマンドレッティを売っているの」と言う。

つまり、彼女の夫は、大きな建物の中の一角を時間単位で借りてマンドレッティを売っているということなのだ。

マンドレッティは、十八世紀末から十九世紀のビーダーマイヤー時代にかけて、ウィーンの人々がこぞって口にした菓子だったが、さまざまな色どりのものがあっただけでなく、形も多様だったし、また他の菓子類もあわせて売られていた。

一七八七年、イグナツ・デ・ルカが、マンドレッティ売りについて書いたものによると、「彼らからは、あらゆる種類のマンドレッティ、パスタ、トルテ、菓子なども買える。彼らは、バターパスタを二十クロイツァーから一グルデン、あるいはそれ以上で売っていた」。そしてマンドレッティは、「二十から三十クロイツァー、あるいはそれ以上したのだ」とある。

当時の貨幣の単位は複雑で、六十クロイツァーで一グルデンになるということだったが、ウィーンの料理屋で食事をとると、十クロイツァーから一グルデンかかったことからすると、マンドレッティ自体、決して安い食べ物ではなかった。しかし、それでも人気があったのは、ウィーンの人たちの口に合っていたからだろう。

しかし一八四〇年代に入ると、きちんとした店を持つ人の商売を、行商人たちから護ろうとする施策がとられるようになっていく。警察の取締りも厳しくなり、十九世紀後半には、マンドレッティ売りも、次第に市内からプラーターやホイリゲのある郊外へと仕事場を移していく。そして二十世紀に入り第一次世界大戦の頃には、まったく姿が見られなくなっていくのだった。

ワイン

ワインの新酒ができあがる秋に行われる各地のワイン祭りなどを見ていると、ワインが彼らにとっていかに重要なものであるかがわかる。彼らの生活にワインは切っても切れないものだということが実感される。そのような大事なワインのために、実は、ブドウの収穫の時期には戦争が中断されていたことがあるのだ。

ハンガリー王マーチャーシュは、一四八二年、ウィーンを襲った。ウィーンはその当時、食糧不足と疫病に苦しんでいた。兵力も少ない中、ウィーン市民は冬の訪れまで守り抜き、冬の到来とともにハンガリー軍は引き上げていった。

しかしその翌年にも、またハンガリー軍が来襲した。皇帝フリードリヒ三世は町を逃げ出し、ウィーン市長ラウレンツ・ハイデンが、防衛軍を組織し戦った。今回は前年の教訓を生かして、食料の備蓄をしていたのだった。それでも次第に食料は不足するようになっていた。

またもうひとつ大きな問題があった。ちょうどブドウ摘みの時期にかかっていたのだ。前年の攻撃のときにも、ブドウの収穫がままならなかったし、再びブドウの採り入れができなければ、経済的にも破局的な状態になるからだった。そこで、ハンガリー軍との交渉が行われた。その結果、ウィーン側がハンガリー軍に金を支払うことによって、ブドウの収穫の期間だけは攻撃を中止するという、停戦合意が成立した。

その頃の様子を、ウィーンに住む医師ヨハン・ティヒトルが書いた日記が残っているので、それを少し引用してみる。

「ここウィーンは、しばらく前からハンガリー軍の包囲下にある。食料品の供給は途絶し、食料は、あたりから盗んだり、力ずくで奪ったりされている。ハンガリーとの停戦の合意の後、ウィーンはブドウの収穫を行った」。

ハンガリー軍は、今まで戦っていたウィーンの人々が、ブドウを摘み取り馬車に載せて運んでいくのを、じっと眺めていたのだった。

現代でも、クリスマス停戦とか、あるいはラマダン停戦といった、宗教的な時期による停戦合意はしばしばあるが、ブドウを摘み取るための停戦などは考えられない。

ブドウの収穫が、いかに重要であったかがわかるが、当時ウィーンは、現在の旧市街にあたる所に約五万人が住み、周辺部には約一万人が住んでおり、食料や衣類、建築材料などは、ほぼ彼らの中で自給自足されていたが、自給量を大きく上回っていたのは、ワインだった。年間の約七百五十万リットルものワインを、ポーランドや北ドイツにまで輸出していたのだ。

ハンガリー軍の攻撃は、ブドウの収穫が終わるとともに再開される。そして、翌八四年にもハンガリー軍は襲ってきた。ウィーンの人々の食料も底をつき、木の皮を剝いで食べたり、イヌやネコまでも食べるという、悲惨な状況になっていた。

ウィーンを逃げ出していた皇帝フリードリヒ三世は、医師ティヒトルの一四八四年の日記によれば、「フリードリヒ三世は、ハンガリーに対抗している助けとして、ウィーン市民に、聖霊降臨祭までの間、ワインに課税することなくバイエルン向けに出荷する特権を出した」とある。

しかし、一四八四年「十二月四日、ハンガリー王の軍隊が、凍結したドナウを渡って我がウィーンに向かってくるのを見た」とあり、八五年四月十九日の彼の日記には、「カーレンベルクの砦は、ハンガリーに包囲され、陥落した」と書かれ、さらに「投石器を用いてあらゆる方向から大きな石」が飛んできたのだった。

ウィーンは、もはやこれ以上持ちこたえることができなくなっていた。何とか戦争を終わらせようという意見が強くなり、ハンガリーにウィーンを開け渡す以外に、もはや道はなかったのだ。市長のもとの、今でいう財政局長にあたるトーマス・テンクが、特にそうした意見を主導していた。

皇帝フリードリヒ三世はリンツに逃げ出していたのだが、この知らせを聞き、部下のハンス・ケラーをウィーンに送った。ウィーンに到着したケラーは、市長ハイデンを解任し、トーマス・テンクを反逆罪ということで、斬首刑にしてしまう。そして市参事会には皇帝に忠実な者たちを追加の市参事会員として送り込む。解任された市長ハイデンは、公金横領という罪を着せられて、拷問吏に引き渡され、市の監獄で、一四八五年五月十二日、絞首刑にされたのだった。

しかし、多くの市民はこれ以上戦いを続けることを嫌い厭戦的になっていたし、大商人たちも和平を唱えるようになっていた。そして参事会で、ウィーンをハンガリーに明け渡すことが決定された。すでにハンガリー軍は、現在はモーツァルトの墓地があることで知られている、市の南のサンクト・マルクスのあたりにまで兵隊を進めていたのだった。

ハンガリーのマーチャーシュ王は、六月一日に市内に入ってきた。行列の先頭に進んできたのは、二十四台の車に積んだ食料だった。それは飢餓に苦しむウィーンのためのものだった。その後に三千の騎兵と、三千頭の牛が続いていた。市民はこの行列に驚嘆した。

ハンガリーのウィーン占領は比較的穏やかなものだったとされているが、そのマーチャーシュ王は、一四九〇年四月六日、脳卒中のため亡くなった。そのため、ハンガリー王の後継者争いが起こり、ハンガリー軍は次々とハンガリーに戻っていった。後に皇帝となるマクシミリアン一世が、ウィーン解放のため、四千の兵とともに行軍してきた時には、ウィーンに残っていたハンガリー兵はたった四百人しかいなかったのだった。

エスプレッソ・コーヒー

ウィーンはカフェの町だということはよく知られているが、たしかにオーストリア人はコーヒー好きだ。他のヨーロッパの国と比較してもコーヒーの消費量は多い。

二〇〇八年の統計によると、六十キロの袋で百九万三千袋、重さにして六万六千トンになる。その輸入国はヴェトナム三十四パーセント、ブラジル二十二・七パーセント、ケニヤ九・一パーセント、コロンビア五・九パーセントと続いていく。

一人あたりの消費量も年間八キロだ。これは他の国と比較すると、ドイツ六・二キロ、イタリア五・六五キロ、フランス五・五一キロなので、飛びぬけて多いといえる。

オーストリアの消費量を十年ごとに見ていくと、一九五〇年〇・六キロ、一九六〇年一・九キロ、一九七〇年三・八キロ、一九八〇年六・九キロ、一九九〇年七・九キロ、そして二〇〇〇年にはもう八・〇キロになっていて、統計上も、やはりコーヒー好きなのだということが分かる。

一人が一年間にコーヒー豆を何キロ消費する、と言われてもなかなか実感がわかないが、実際飲むのは年に百六十二リットルになる。つまりオーストリア人誰もが一人一日あたり、二・六杯飲んでいる計算になるわけだ。

よく知られた言い伝えでは、一六八三年、トルコ軍にウィーンは包囲され陥落寸前だったが、なぜかトルコ軍は退却していった。その時、彼らが残していったコーヒー豆を使ってカフェを開いたコルシツキーという男がいたということになっている。

しかし、実際にはそうではなかったらしいということは、既に分かっている。歴史的事実よりも伝説のほうがウィーンでは大切らしく、二〇〇八年には、「ウィーンではコーヒー三百二十五年」といった宣伝もしていた。

ただ十七世紀から十八世紀にかけては、ウィーンでカフェが増えていった時期であることは、はっきりしている。カフェの数は分かっていて、一七三七年に三十七軒、一七七〇年に四十八軒、一七八四年に六十四軒、一八〇四年に八十九軒、一八一九年に一五〇軒だった。現代では広い意味でのカフェ、つまり食事を出したりする店や、ケーキ店のカフェなども加えると二千軒を超えている。

ただ歴史の中でウィーンのカフェもその波をかぶってきた。やはりナチスの時代や第二次世界大戦当時はカフェは激減した。とくにユダヤ人が営んでいたカフェは強制的に閉めさせられ、入口にはダビデの星が落書きのように書かれたのだった。

また大戦後になると、立ち飲みですませるようなカフェが増加し、昔からある伝統的な

ウィーンのカフェと客たち（F. ヴュスト画、1876 年、オーストリア国立図書館所蔵）

カフェは滅びてしまうのではないかと思われたということだ。多くのカフェのあったところには、銀行などが進出してきた。

その頃登場したのがイタリアから輸入されたエスプレッソの機械だった。ウィーンには一九四七年頃入ったのが最初とされている。

もともと圧力をかけてコーヒーを抽出するのはイタリアのミラノで発明されたが、機械を使ったエスプレッソは、コーヒーの抽出時間も短く画期的なものだった。カフェの工業化といってもよいものだった。

ウィーンで初めにエスプレッソの機械を入れたのは、コールマルクトにあったアラビア、フライシュマルクトのイスタンブール、ヴォルツァイレにあったバザールといったカフェだった。そして次第に他の店もエスプレッソの機械を入れるようになった。

しかし七〇年代になると、車やテレビが普及していったことにより、「第二のわが家」といった意味のあったカフェから人々の足が遠のいてしまったこともある。しかしその後また、ウィーンのカフェは見直されてきているのだということだ。

古くは、カフェに行けば電話があった時代もある。たしかに公衆電話が町に少なかった時はそうだった。電話を掛けたければ、郵便局に行くかカフェに入るかどちらかだった。しかし今ではカフェに行けばインターネットができるし、昔ながらのワルツなどの他にも新しいDJ音楽や「カフェ・テーブル音楽」も聴くことができたりする。

カフェの店主たちもいろいろな工夫を始めていて、オーストリア・コーヒー紅茶連盟とともに、毎年十月一日を「コーヒーの日」としていろいろな行事を行っている。以前には、直径二・五メートルの、巨大なコーヒーカップを作って展示し、そこにどれだけコーヒー豆が入るか当てるクイズ大会をしたりということもあった。カフェによっては、サーヴィスの品がでたり、音楽の演奏や、俳優を呼んでペーター・アルテンベルクやアルフレート・ポルガー、エゴン・フリーデルの詩の朗読会をするところもある。

シュテファン大聖堂の塔の上でコーヒーをふるまう「シュテッフル・カフェ」という企画もされ、献金をしてくれた人に、地上七十二メートルのところでコーヒーを飲ませようと、ウィーンのカフェ店主たちが考えたイヴェントも行われたということだ。

そしてもらった献金を三倍にして、シュテファン教会に寄付をしたのだそうだが、どこでもカフェにしてしまおうという、ウィーンならではの企画だ。

カフェの会計係

ウィーンのカフェというのは、日本でも有名になっていて、ウィーンにやって来る人は、ぜひともカフェに行きたい、ウィーンのコーヒーを飲んでケーキを食べたいと言う。そこで結局は、カフェ・コンディトライ（Café-Konditorei）という、ケーキをメインにして、コーヒーも出す店に連れて行くことになる。たしかにウィーンには、デーメルやハイナーなど昔から有名なカフェ・コンディトライはたくさんあるし、比較的新しいところではオーバーラーなどのケーキ店もよく知られている。

ただこうしたケーキが中心のカフェ・コンディトライは、夕方七時といった早い時間で閉まってしまう。一方のカフェハウス（Kaffeehaus）といわれる店は、夜遅く十二時くらいまで開いている。この違いは、実は成り立ちの違いによっている。

カフェ・コンディトライは、ケーキが売り物だから、もともと女性たちが多かった。しかし、カフェハウスと呼ばれるところは、古くは女性は行かなかったところだったということ。しかし女性たちも、次第にカフェハウスに行くようになり、禁煙の「御婦人室」を設ける店もあった。

カフェハウスは、もともとは女人禁制というと大げさだが、ウエイトレスもいなかった。給仕係にしても必ず、男のボーイだけだった。男の給仕係は、大きく三つにランクが

カフェの会計係の女性（V.カッツラーによるリトグラフ）

分かれていて、普通のウエイターのほかに、下働きの小僧のような子どももいた。ピッコロ（Pikkolo）と呼ばれていた。この子たちは、テーブルのセッティングをしたり、客のグラスの水が空になっていないか気を配り、注いだりするのが仕事だった。そして普通のボーイ（ケルナー Kellner）がいて、その上に、給仕長（オーバーケルナー Oberkellner）がいた。

今でも、カフェやレストランで、ウエイターを呼ぶときに、ドイツ語で「ヘア・オーバー!」（Herr Ober!）と呼びかける。これはもともと給仕長（オーバーケルナー）への呼びかけの言い方だが、客がどのウエイターに対しても、ランクが上の呼称を使って呼んだからだ。

本来のオーバーケルナーは、何事も心得ている熟練した年配の人だった。常連客の好みなども熟知していた。本当の常連客になると、給仕長に向かって、「ヘア・オーバー!」（Herr Ober!）などとは呼ばず、姓名の姓ではなく、名前のほうで、例えば「ヘア・グスタフ」（Herr Gustav!）といったように呼びかけていたのだった。いずれにしてもウエイターは男ばかりだし、客のほうもふつう男だけでカフェハウスはいわば男の世界だった。

しかし、その中で一人だけ女性がいた。ドイツ語でSitzkassiererinというが、文字通り訳せば「座った女性会計係」ということになる。多くのカフェでは、だいたい室内の中央のカウンターに座っていた。しかしその女性は、名前のように、コーヒーの代金の会計をするのが仕事ではなかった。

「会計係の女性」は、ボーイが運んでいくコーヒーに、スプーンや角砂糖を乗せたりしていたが、店内に気を配るのが主な仕事だった。さぞかし人気があったと思われるが、実際には、そのカフェの奥さんであることが多かったので、中年のかなり貫禄のありそうな女性が座っているのがふつうだった。

「会計係の女性」の登場するカフェ・ノイナーを描いたリトグラフがある。

カフェ・ノイナーは、ビーダーマイヤー時代のウィーンのカフェとして有名だった。一八〇〇年頃に開店し、一八〇八年からシュピーゲルガッセにあったが、一八二四年、ノイナーは、食器類をはじめとして、帽子掛けにいたるまで、銀製品を使った豪華なカフェとして知られることになり、別名「銀のカフェ」と呼ばれていた。

そのリトグラフでは中央に会計係の女性が座り、その周りに七人の男たちがいる。この男たちは、それぞれ誰か、ということもわかっている。左の椅子に腰かけているのは、ポーランドからやってきたヤロジンスキー伯爵、その隣は作家ダインハルトシュタイン、女性に語りかけている眼鏡の男は作家でもあったカステリだ。女性の右側のカウンターに寄りかかっているのは、有名な音楽家のヨーゼフ・ランナーで、その隣にはヨハン・シュトラウス（父）がいる。右の椅子に腰かけたがっしりと見えるのが、ウィーン民衆劇の作家で役者のライムント、右端は喜劇役者のシュスターだ。

こうした男たちが、実際にカウンターを囲んでということはなかったかもしれないが、彼らがカフェ・ノイナーの常連だったことはたしかだ。真ん中の「会計係の女性」はだいぶ理想化して描かれている。

それは、カフェのことをいろいろと書いているオットー・フリートレンダーが「会計係の女性」について記した文を読んでみてもわかる。

「カウンターの、砂糖の載った銀のセンターピースと、ラム酒の瓶の間に、決して歳とることのない魅力にあふれ、ふくよかな胸をし、耳にはダイヤの飾りを付け、髪鏝《かみごて》できちんと高く結いあげたブロンドの髪の『奥方』が、全体を統括していた」。「色っぽさと徳と、きちんとした判断力とを兼ね備えた、あふれるようなやさしい微笑みをたたえた女性だ。時折彼女のところに行って、カウンターに寄りかかり、二言三言、冗談のようなお世辞を言うのが、世慣れた男の務めだ。彼女の聖名祝日には、ボンボンを持っていくのだが、常連客と会計係の女性とが何か問題ある関係になったということは聞いたことがない。それは最も固い職業のひとつに違いない。この会計係の女性は、今ではもういない」。「ウィーンのカフェハウスの男性だけの聖域において、貞節かつ魅力的な女性を唯一代表していたのだった」。

給仕長

ウィーンの人たちにとってなくてはならないカフェだが、その伝統は古くから続いている。カフェをまるで自分の居間のようにしていた作家もいた。彼の名はペーター・アルテンベルクといって、今でもフライウングの近くのカフェ・ツェントラールに行けば、アルテンベルクの等身大の像が、コーヒーを前にして座っている。

何はともあれ、カフェが生活の中で重要なことだったのは、アルテンベルクの書いた次のような文からもよくわかる。


あれやこれやの心配事があったら――カフェハウスへ！

もっともらしい理由で、彼女が来られないのなら――カフェハウスへ！

靴が破れてしまっていても――カフェハウス！

収入が四百クローネなのに、支出が五百クローネなら――カフェハウス！

節約に努めていても何もいいことがなければ――カフェハウス！

自分に合った女の子が見つからないなら――カフェハウス！

心の中での自殺に追い込まれてしまっているなら――カフェハウス！

人間たちを嫌い軽蔑しているが、それでも人間たちがいなければ困るなら――カフェハウス！

もうどこでも、つけが効かなくなったら――カフェハウス！

どんな場合でも、カフェに行くのだということを言っているわけだが、カフェに行けばそこには、いつもの顔なじみのボーイがいて、口には出さなくても、常連客の素性も全部心得ている。飲み物の好みもよく分かっていて、黙っていても同じ種類のコーヒーを持ってきてくれるし、いつも読んでいる新聞も知っていていてそっとテーブルに置いていく。

余計なことは言わないが、二言三言、さりげなく言葉をかけていく。ひょっとしたら家の人よりも、客のことがよくわかっているのかもしれない。

そんな、かゆい所に手の届くような給仕長が、昔はいたのだということだ。ある人の言葉を借りれば「給仕長は、心の医者でもあった。カフェハウスは彼の働く病院で、客たちは患者、コーヒーは薬」ということになる。ウィーンの伝統あるカフェには、しばしば伝説の給仕長といわれる人がいた。

十九世紀後半、グリルパルツァーやハインリヒ・ラウベ、アンツェングルーバーなどが集まったところとしてカフェ・グリーンシュタイドルは知られていたが、その後もヘルマン・バールやシュニッツラー、カール・クラウス、フェリクス・ザルテンなど十九世紀末を代表する文学者が集まった有名なカフェだった。このカフェ・グリーンシュタイドルには、グスタフという給仕長がいた。彼の姿はフリードリヒ・カスケリーネによって一八九七年、絵にも描かれている。

給仕長は、いつもスモーキングを着て、ベストを付け、ズボンは黒、縞模様の靴下と決まっていたのだそうだ。

ペーター・アルテンベルクのいたカフェ・ツェントラールは、グリーンシュタイドルが閉店した後、文学者たちが集まったカフェで、グリーンシュタイドルにいた文学者たちが移ってきた。さらにヘルマン・バールや建築家のアドルフ・ロースなどもいた。このカフェには、「ヘア・ジャン！」という給仕長がいた。

しかし、ペーター・アルテンベルクが一九一九年に亡くなった後の頃には、カフェ・ツェントラールから文学者の姿は次第に消えていった。その後、文学者たちが集まるようになったのはカフェ・ヘレンホーフだった。

給仕長グスタフ（F.カスケリーネ画による木版画）

アントン・クーやドーデラー、フランツ・ブライ、エルンスト・ポラック、ヨーゼフ・ロート、ヘルマン・ブロッホ、ムージル、そして心理学のアルフレート・アドラーなどがいた。

カフェ・ヘレンホーフには、亡くなった時、フリードリヒ・トーアベルクが「ある給仕長のためのレクイエム」を書いた、フランツ・フナテクという給仕長がいた。トーアベルクは次のように書き始めている。

「給仕長のフランツ・フナテクが死んだ。七十年に及ぼうとする彼の人生のうちで、四十年間、カフェ・ヘレンホーフの給仕長だった。つまりカフェ・ヘレンホーフの誕生から、彼が亡くなるまでの間だ。ウィーン最後の文学カフェであるヘレンホーフは、一九一八年、すなわち、共和国の誕生とほぼ同じに生まれたのだった」。

そして、フランツ・フナテクには次のような逸話があることも紹介している。既に名の知られた作家となっていたフランツ・ヴェルフェルが勘定の支払いをしようとした時、フナテクは言った。

「ヴェルフェル様、この前の時のブラウナーとパンの代金を……」。

口ごもってしまったヴェルフェルに、すかさず、フナテクは、

「あれは、フォン・ホーフマンスタール様がお亡くなりになられた日でもございましたし……」

と言葉を続け、ヴェルフェルが、気が動転していたために、コーヒー代などを支払うのを忘れてしまったのだということにして、名のある作家に恥をかかせることをしなかったのだ。

コーヒーの種類

ウィーンのカフェのコーヒーには、さまざまな種類があるが、あえて一言で片づけてしまうとすれば、基本的にはコーヒーとミルクの割合の違いといってもよい。

まったくミルクが入ってないブラックはシュヴァルツァー(Schwarzer)といわれ、少しミルクを入れるとブラウナー(Brauner)となる。

ちょうどコーヒーとミルクが半分ずつのものを、ウィーンではメランジュ(Melange)と呼ぶ。もっとミルクの分量を増やすと、普通とは逆転したということから、カフェ・フェアケールト(Kaffee verkehrt)という名がつく。コーヒーとミルクの割合が一対二ほどになる。

もっとミルクを増やしたものは、ベビーメランジュ(Babymelange)とか、「おじいさんのメランジュ」という意味で、オーパメランジュ(Opamelange)と呼ぶ人もいる。

また、どのくらいの大きさのカップに入れるかでも、さまざまな名前が付くことになる。ルドルフ・ヴァイスという人が『給仕試験』という短い話で試験官と受験生の受け答えを書いているので、そこから少し引用してみよう。

試験官「……ヨーゼフ・フンツグルーバー。『アイネ・テーシャーレ』(eine Teeschale)とは何かね?」

ヨーゼフ「紅茶一杯（アイネ・シャーレ・テー eine Schale Tee）です。」
試験官「まったく違っている。給仕になろうとする者が、そのようなことも知らないとは恥だ。」

といったやりとりがされる。

テーシャーレとは、紅茶カップで、コーヒーを入れる場合の、一番大きなカップだ。オーストリアでは、カフェのメニューには載っていることもあるが、ドイツとは違って、コーヒーを大ポット（Kanne）や小ポット（Kännchen）で注文する人はほとんどいない。

小さなコーヒーカップはモカ（Mokka）と呼ばれる。つまりモカといっても豆の種類ではなくカップの大きさだ。モカ・カップの倍の大きさのものはドッペルモカと言う。カップの大きさは、モカとドッペルモカとテーシャーレの、ふつう三種類のことが多い。

ただ、さらに紛らわしいことに、ヌスブラウン（Nussbraun）という言い方がある。ヌスはクルミのことで、ブラウンは褐色だ。だからヌスブラウンと言えば、クルミ色ということだと思ってしまう。コーヒーとミルクの分量の比率で、クルミ色になったものだろうと思いがちだ。カプツィーナーがキリスト教のカプツィン派の僧たちの服と色が似ているから、この名前になっているようなことと同じだろうと想像する。

ところが、カフェで言われる「ヌスブラウン」とは、実は色とはまったく関係がない。モカ・カップより小さなカップのことなのだ。ヌスシャーレ（Nussschale）とも呼ばれる。

先程の試験官と受験生のやりとりでもあったが、ウィーンでは標準ドイツ語的にカップのことを「タッセ」(Tasse) とは呼ばず、シャーレ (Schale) と言う。ウィーンではタッセと言うと、カップではなく受け皿 (Untertasse) をあらわす。

ただ、現在ではカフェでも、小さなヌスシャーレは、ほとんど出されることはなく、一番小さいのはモカ・カップというのが普通になっている。

コーヒーとミルクの割合や、カップの大きさで呼び名がさまざまあるわけだが、さらに、少し薄めたシュヴァルツァーやブラウナーもある。ウィーンではアメリカンなどと言わず、フェアレンゲルター (Verlängerter) と言う。

また、ミルクを入れるにしても、泡立てて入れるかどうか、ミルクの代わりにシュラークオーバース (Schlagobers) とか、もっと短くオーバース (Obers) と呼ばれる、泡立てたクリームを入れるかによって違ってくるので、コーヒーの呼び方も、次第に複雑さを増すことになる。

例えば、フランツィスカーナーというのは、メランジュにミルクではなく泡立てたクリームを入れチョコレートの粉末をふりかける。コンズルはシュヴァルツァーにほんの少し泡立てたクリームを入れる。

ミルクやクリームだけでなくアルコール類も入れることがあり、フィアカーというのは砂糖とスリボヴィッツやラムを加える。皇帝のメランジュという名のカイザーメランジュは玉子の黄身と蜂蜜、コニャックを入れる。マリア・テレジアはオレンジのリキュールが入ったものだ。こうした名前を見ると、いかにもウィーンらしい。

変わったところでは、ユーバーシュテュルツター・ノイマン（Überstürzter Neumann）というのがある。まず最初にカップの中に泡立てたクリームを入れておき、後からコーヒーを注ぎ込むというもので、ノイマンという人が始めたからだということになっている。また、オーバーマイヤーというのはコーヒーに冷たく泡立てたクリームをスプーンの背を使って流し込む。この飲み方を好んだのは、ウィーン・フィルのヴァイオリン奏者だったヘルマン・オーバーマイヤー（一八九六‐一九六〇）だった。

ヘルマン・オーバーマイヤーはオートバイ好きで、ウィーン・フィルのコンサートの時にはいつでも革の服を着てオートバイに乗って仕事場にやってきたので有名だったが、またウィリー・ボスコフスキーがニューイヤーコンサートで指揮をするようにと尽力したのも彼だった。さまざまなところにウィーンらしい跡が残っているのがコーヒーだ。

給仕試験

ウィーンのカフェのコーヒーは、コーヒーとミルクとの割合によって、また、さらに何を加えるかによって、さまざまな名前が付いているといってもよいわけだが、カフェのウエイターについての、よく知られた小咄に次のようなものがある。

五人の紳士がカフェにやってきてウエイターに注文をした。それぞれが少しずつ違ったものを頼んだのだ。

「ゴルトを一杯」

「ブラウンのテーシャーレを」

「メランジュがいい」

「カプツィーナーを頼む」

「メランジュを少しブラウンにして、冷たいミルクを加えたのを」

五人の注文を聞いて、調理場に戻ってきたウエイターは、奥に向かって、ただ一言だけ叫んだ。

「ラウフを五つ！」

ラウフ(Lauf)とはカフェのウエイターたちの符丁のようなもので、ミルク入りコーヒーという意味だ。語源的にはlaufendがもとになっていて、「いつもの」とか「よく好まれる」といった時に使われる言葉からだ。

こまごました注文にいちいち応えるのは面倒だからということだ。ウィーンのコーヒーの種類の多様さと、ウエイターのいい加減さと、両方をからめた小咄だ。

ただ、第一次世界大戦前に書かれたある本によれば、一流の店のウエイターは、いちいち言葉で言わなくても、常連客には、それぞれの好みのコーヒーを持って来なくてはいけないのだそうだ。また黙って目で合図するだけ、また、ちょっとした仕草で、常連客の求めていることが分からなければならないのだとも書かれている。

　客がテーブルの下に目をやっただけで新しいフォークをさっと持ってくるとか、首を少し傾ければ、空いた皿を下げ、新しい料理を持ってくる。少し後ろに体を動かせば、すぐに椅子を引いて立ち上がりやすくする。あるいは、胸ポケットの財布に手を伸ばした時には、もう銀の皿に勘定書を載せて、テーブルのところに静かに近づいて現れるといった具合だ。

　しかし、普通のカフェでは実際にはなかなかそうはいかない。いざ勘定をしようと思った時には、なかなか担当のウエイターは姿を見せなかったりすることがよくある。

　昔は勘定をすることができるのは、給仕長(Oberkellner)だけということもよくあったが、今でも、それぞれのウエイターは、いわば「持ち場のテーブル」が決まっていることも多いので、別のウエイターでは支払いもできない。

　たまたま通りかかった別のウエイターに「勘定がしたい」と言っても、「同僚がもうすぐ来ます」と言うだけだ。そういうことから、次のような笑い話もある。

　ひとりのウエイターが、病院で手術を受けるため手術台の上に載せられていた。ちょうど、ウエイターの勤めるカフェによくやってきていた医者が、たまたま通りかかった。

レストランのウエイターたち（右から支配人、給仕長、配膳人、ピッコロ）（F.v. ミルバッハ画）

ウエイターは、その医者に向かって「先生、助けて下さい。お願いします」と、うめきながら言った。すると医者は、「気の毒だけれど、ここは私の『持ち場の台』ではないんでね。同僚がもうすぐ来ます」と言った。

たしかにウィーンのカフェは、さっと勘定をすませて出かけていく、慌ただしい旅行者向きではないかもしれない。

ルドルフ・ヴァイスの『給仕試験』の中にも次のような受験生と試験官の話がある。

試験官は、「そこで最後の質問だが」と言って次のように言う。

試験官「客が『お勘定!』と叫んでいるところを思い浮かべてほしい。そうしたらどうするか?(全員が手をあげる)では、フランツ」

フランツ「すぐに行って、勘定をします」

試験官「まったくの間違いだ。ガス代金徴収係の学校にでも転校したほうがいいぞ。ペピはどうかな?」

ペピ(ヨーゼフ)「そのお客が私の担当のテーブルの客かどうか、見ます」

試験官「まだ、そのほうがいい」

といった応答のあと、受験生のシュルルは、次のように言う。

シュルル「まず第一番目のボーイに話すように言います。それが二番目のボーイに伝わります。そのお客が運が良ければ、給仕長にまで伝わります。でも運が悪ければ……」

と、シュルルはペラペラと話し続けるが、試験官は「カール、続けてみなさい」と別の受験生を指名する。

カール「そのお客に運がなければ、間抜けなことにも、もう一度初めから『お勘定！』という言葉から始めなければならないのです」

試験官「では仮にだが、そう、もし仮にということで……　実際には起こらないことだが、もし給仕長が、まず最初に、客の言葉を聞いたとしたらどうだろうか？」

カール「そのような時には、給仕長は、決してお客のところに、すぐに行ってはいけません。すぐさま行く、などということは洗練されたやり方ではありません。ザッハーで修業をしたのではなく、サンクト・ペルテンで修業したみたいです。ハエを捕まえるとか、何か他の仕事をしているように見せるとかしたほうがいいのです。すぐにお客のところに行ってはいけません」

すると最後に、試験官は「ハエを捕まえるとか、何か他の仕事をしているように見せるとかする。そして、すぐには行かない。非常に良いぞ！」と答えるのだった。

モーツァルトクーゲル

オーストリアで一番手軽なお土産といえば、モーツァルトクーゲル（Mozartkugel）という、チョコレートボールだろう。モーツァルトの顔が印刷された銀紙でくるまれた丸いチョコの中には、ヌガークリームやマジパンが層になっている。

モーツァルトクーゲルの中で最もよく知られているのは、ザルツブルクのミラベル社のもので、特徴的な八角形のパッケージに入れられて、ウィーンでもよく売られている。

このミラベル社製のモーツァルトクーゲルは、十四の工程で約二時間半でできあがる。機械生産されていることもあって、ミラベルの宣伝文句には、完全な球形をしていると書かれている。

しかし、モーツァルトクーゲルには、さまざまな種類があって、数えた人によると、オーストリアやドイツの約十ものメーカーが、モーツァルトクーゲルを作っているのだそうだ。中には、底が平らで、どうみても丸くないものもある。Kugel（球）ではないにもかかわらず、それでも名前だけはモーツァルトクーゲルを名乗っている。

生産量でいくとザルツブルクからも近いドイツのバイエルン州のバート・ライヘンハルにあるレーバー社のモーツァルトクーゲルが一番多いのだそうだが、オーストリアではやはりミラベルのものが有名だ。

そもそもモーツァルトクーゲルというチョコレート菓子を、一八九〇年に発案したのは、ザルツブルクの菓子職人パウル・フュルストだった。一八八四年十一月のザルツブルクのマルクトプラッツのブロートガッセに開店したときの広告によれば、彼はウィーン、ブダペスト、パリなど各地で修業してきており、特にトルテやボンボン類がスペシャリティーであると書かれている。

そのパウルが「発明」したのが、マジパンとヌガークリームの入った、丸いチョコレートボールだった。ザルツブルクゆかりの、モーツァルトにちなんで、最初は「モーツァルトボンボン」という名だったが、その後、モーツァルトクーゲルと名づけられた。

一九〇五年のパリ菓子博覧会で金賞を受賞した。しかしパウル・フュルストは「モーツァルトクーゲル」という名前や製法に関して登録を行わなかったため、他の店も次々と類似の製品を作るようになっていった。

現在もフュルストのモーツァルトクーゲルは、ザルツブルクに行けば売っている。今でも製法は、パウル・フュルストの頃と、まったく変わっていない。つまり、丸めたマジパンの上にヌガークリームをかぶせたものを細い串に刺す。それを溶けたチョコレートに浸してから、一晩置く。乾いたところで串を抜き取る。串の穴は、絞り袋から絞り出したチョコレートで、ひとつひとつ手作業で埋めていく。

このフュルストの「オリジナル・ザルツブルガー・モーツァルトクーゲル」は、ザルツブルクのフュルストの店舗でしか売っていない。通信販売もあるが、五月半ばから九月末までの暑い時期は送らない。銀紙に青くモーツァルトの顔が描かれているのも、昔とほとんど同じだということだ。

いろいろなモーツァルトクーゲルは出てきているものの、フュルストは、あくまでも古いオリジナルの作り方にこだわっている。

そのため、あるメーカーが「オリジナル・オーストリア・モーツァルトクーゲル」という名前で、モーツァルトクーゲルを売り出した時には、さすがに我慢できず裁判に訴えることになった。

元祖や本家を謳うことは日本でもよくある話だが、訴えられたメーカーは、フュルストのものとは違い、台座をつけた形になっているしヌガークリームとチョコレートの間に白いチョコレート層を加えているので「オリジナル」だと主張したのだった。

そもそも「モーツァルトクーゲル」という言葉自体も問題だったわけだが、裁判の判決によれば、「モーツァルトクーゲル」という言葉は、もはや固有名詞でなく菓子の種類をあらわす普通の名詞であるとされた。しかし「オリジナル」ということについては、問題とした。

観光客は「通例、『オリジナル』な土産物を手に入れようとするものであるから」、オリジナルのレシピを知らないなら誤解を招きやすいとして、訴えられたほうのメーカーは、「オリジナル」という言葉を削除するようにとされたのだった。

これが、オーストリアの裁判所の一九九六年の判決だった。そのため、「オリジナル」

という言葉をつけたモーツァルトクーゲルは、フュルストのモーツァルトクーゲルだけとなった。

この判決で、すぐに思い出すのは「トルテ戦争」といわれた、ザッハートルテにまつわるザッハーとデーメルの両店の間での裁判だろう。一九六三年の判決によって、ホテル・ザッハーのザッハートルテにだけ、「オリジナル」という表示を付けることが認められたのだった。

しかし見方を変えれば、実質的に、どのケーキ店も、ザッハートルテという名を使うことを禁止しないという、大岡裁きのような決定だったわけだ。

モーツァルトクーゲル裁判でも、「モーツァルトクーゲル」という名前は、一般的なものとして認めた。しかしその一方で、「オリジナル」という言葉の使用について厳密に判定したたし、また判決文には次のようにも書かれている。

「『ザルツブルクの』モーツァルトクーゲルも『オーストリアの』モーツァルトクーゲルである。両者ともオーストリアのものである」とし、「グラーツのザッハートルテはウィーンのザッハートルテではないが、ザルツブルクのモーツァルトクーゲルもウィーンのモーツァルトクーゲルも、『オーストリアの』モーツァルトクーゲルである」。

マナー・シュニッテ

モーツァルトクーゲルは、たしかに最もオーストリア的なチョコレート菓子だ。表面のチョコレートと中のマジパン、種類によっては何層にもなっているその形から、ノーベル賞作家のエルフリーデ・イェリネクは、オーストリアを喩えるものとして、皮肉をこめて次のように言っている。

「芯の腐ったモーツァルトクーゲル。外側は甘いが、しかし中には不快な中身があるのだ。中に向かって行けば、苦くなる」。

イェリネクの言葉は、たしかにオーストリアを見ていく時に、忘れてはならない重要な視点を言い当てている。表面的な柔らかさや甘さ、それに対して奥にあるものの本質も見なければならない。

しかしそれはともかく、イェリネクもチョコ菓子を喩えに出したが、いずれにしても、オーストリア人は、やはり甘いもの、とくにチョコレートは大好物のようだ。カフェでも、コーヒーのそばにライラック色の包装紙に包まれた一口サイズのチョコレートが添えられていることもよくあった。

ウィーンのどこのスーパーでも、この色の牛のマークの「ミルカ」というチョコレートはよく見かけたし、てっきりオーストリアのチョコレートだと初めのうちは思っていた。

2008年に発行されたマナー・シュニッテの切手

ところが、ミルカというのは、実はスイスのチョコレートなのだ。

一七九七年生まれのスイス人、フィリップ・スシャールが、ミルクとカカオを組み合わせたチョコレートを作り、それにちなんだ「ミルカ」という名前を付けたものだ。彼はチョコレート製造にあたって、カカオと砂糖などの混合では水車を使った「機械化」を行った。そして一九〇一年にはライラック色の紙に包まれたミルカが登場したのだった。

そのころの包装紙には「ミルカ スシャール 純粋なアルペンミルク カカオ 砂糖」と書かれ牧場の風景の絵が添えられていた。この絵にも牛の姿はあったが、白と黒の牛だ。今ではミルカの牛は、白とライラック色にされているが、この色の牛の登場は意外に新しく、一九七〇年代になってからだ。

白とライラック色の牛は、誰にもかなり強烈な印象を与えたということがわかるのは、子どもたちの描く牛の色だった。一九九五年、バイエルンの絵画コンクールで、四万人の子どもたちが牛の絵を描いたが、そのうち三人に一人は、牛の模様をライラック色に塗っていたということだ。

ライラック色はミルカのシンボルカラーになっていて、ウィーンでも市庁舎前広場でクリスマス市が開かれていた時、ライラック色のミルカのトラックがやってきて話題になっていた。

マーケティングでは、色彩による印象づけも重要なのはたしかだ。ミルカがライラック色だとすれば、やはりウィーンの菓子の色のイメージということで取り上げなければならないのは、マナーのピンク色だろう。

マナーは、生粋のウィーン育ちの菓子だ。マナーという製菓会社の創立者はヨーゼフ・マナーで、一八九〇年シュテファン大聖堂のすぐそばにチョコレート店を開業した。しかしその頃チョコレートは高価なものだった。

そこで「チョコレートをあらゆる人に」ということをスローガンに、現在のウィーン五区にヨーゼフ・マナー・チョコレート工場をつくり、自らチョコレート生産に乗り出した。しかしすぐに手狭になったため、十七区の彼の両親のところに新たに工場を建設した。既に一八九七年に一〇〇人の従業員が働くほどになったのだった。

そして一八九八年に初めて登場したのが、今でもマナー・シュニッテと呼ばれる、ウエハースにクリームが四層になってはさまれたものだった。当初の名前は正式には「ネアポリターナー・シュニッテ No.239」と呼ばれた。

この組み合わせや大きさも、現在にいたるまで変わっていないのだという。四十七ミリ×十七ミリ×十七ミリという大きさも当時のままだ。ちょうど口に入れやすい大きさになっている。今は、ピンクのパッケージに入れられているが、初めは一個ずつ売られていた。現代の値段に換算すると、ひとつ十七円くらいだった。五個ずつ二列に並べ、十個入りで売られるようになったのは、一九二四年になってからだ。

マナー・シュニッテはパッケージのピンク色が印象的だが、宣伝のためにレトロタイプのウィーン市電をマナーのピンク色にして、四月末のシュテファン大聖堂の開基祭にシュテファン広場前に置いたこともあるし、クリスマスシーズンには実際の線路を走らせたりもし、そのHOゲージの模型も売り出している。また、馬車のフィアカーをピンク色にしたり、プラーターのミニ鉄道リリプットバーンもピンク色に塗って広告をしていた。

マナー・シュニッテは、オーストリア人なら、食べたことがない人はいないというほどの、いわば「国民的な」お菓子だ。

ほとんど気づいた日本人はいないかもしれないが、オーストリア出身のアーノルド・シュワルツェネッガーが主役を演じた映画『ターミネーター3』でもマナー・シュニッテが登場している。

シュワルツェネッガーは、ガソリンスタンドのそばのam pmの店に入っていって、無造作に商品を取っていくが、その中にピンク色のマナー・シュニッテがあったように、ユリウス・マインルのコーヒー、清涼飲料のアルムドゥードラーなどとならんで、マナー・シュニッテは誰にも好まれてきたオーストリアを代表するお菓子なのだ。

ミリラームシュトルーデル

ウィーンの森は、ウィーンと隣接するニーダーエスタライヒ州にまで広がっている。南西側には、ブライテンフルトという細長い村がある。小さなスキー場やゴルフ場があり、ウィーンの喧噪を離れて郊外に住みたいと、家を構える人もいる。

この村には、かつてはW型をした大きな館もあった。この館は一七一四年から三一年にかけてグレゴール・キルヒナーによってバロック様式で建てられた。館は長い年月の間に持ち主が変わり、しばしば部分的に売られたりもした。今は、かつての館の一部が残っているだけで、館の一角にあった教会が、聖ヨハネス・ネポムク教区教会となっている。

観光で訪れる人もあまりなさそうな場所だが、ここが、ウィーン風のケーキ、ミルヒラームシュトルーデル（Milchrahmstrudel）とか、あるいはもっと方言的な言い方でミリラームシュトルーデル（Millirahmstrudel）と呼ばれるケーキの発祥の場所だということだ。昔は、たくさんの人々が、シュトルーデルを食べようと馬車に乗ってやってきた。ただ残念ながら、その店は今はもうない。

ミリラームシュトルーデルを初めて作ったのは、フランツ・シュテルツァーという人物だった。一八四二年に生まれ、一九一三年に亡くなった人なので、それほど古い話ではない。

ブライテンフルトの館の近くでレストランを営んでいたフランツ・シュテルツァーは、ロトもよくしたし、カード遊びもする、賭け事好きの男だった。

ある晩、ひとりの男がレストランにやって来てワインを注文した。その男は、かつての館の農場を買い取ってきたところだった。ただ、牛を飼ったこともなく、どうしたものかと少し後悔していた。

そこで料理屋の主人は、ニヤッと笑って「カードで、その農場を賭けてみないか？　私が負けたらこのレストランを渡す、というのはどうだ」と言った。

その男も了解して、カードを使って賭けを始めた。ワインを飲みながらカードの賭けは続いていったが、しかし、賭け事好きのフランツが、客の男を負かすのに一時間とはかからなかった。客の男は、農園を引き渡すと約束して出ていった。

フランツは客が帰った後、ワインをかなり飲んでいたこともあって、すぐに寝込んでしまった。そして、既に亡くなっていたフランツの母の夢を見た。母はベッドのそばに立ち言った。

「農場や牛は、お前のものになったけれど、牛は毎日、乳を出すんだよ。そんなにたくさんの牛乳を一体どうするつもりだい？　よくお聞き。私の言うことを聞けば、お前は金持ちになれるよ」。

そう言うと、母はフランツの手を取って、調理場に連れていった。そしてすぐにシュトルーデルの生地をこね始めた。さらにバター、玉子、サワークリーム、クリームチーズ、干しブドウを入れてよくかき混ぜたかたまりをつくり、のばしたシュトルーデル生地の中に入れていく。

「フランツ、よく見ておきなさい。火に耐えられるものに入れて、オーブンで焼き、できたものを切り分けて、お客に出すといいでしょう。きっとみんな喜んで食べるでしょう。『ブライテンフルトのミリラームシュトルーデル』と名前をつけなさい」と言って、フランツの母は消えてしまった。

翌朝、フランツは目を覚ますと、昨夜のカードの賭けや、夢の中の母のことを思い出した。お母さんがシュトルーデルを作ってくれたことは覚えているが、どのようなレシピだったかは、どうしても思い出せなかった。頭を抱えていると、妻がケーキが入った容器を持って寝室にやってきて言った。「フランツ。夜中にケーキを作ったの？　素晴らしくおいしいわよ」。

急いで調理場に行くと、そこは夢の母がシュトルーデルを作ってくれたままの状態になっていた。小さな紙切れに、母の手書きの文字で作り方が書かれ、タイトルには、「ブライテンフルトのミリラームシュトルーデル」と記されていたのだった。

このレシピをもとに、ミリラームシュトルーデルを作って売り出すと、たいへんな人気となり、大いに儲かったのだった。

ただ実は、食べ物にまつわる言い伝えは、古いものが多く、信憑性に疑問があるものがかなりある。

そもそもミリラームシュトルーデルに近いと思われるものは、既に十七世紀末、ヴォルフ・ヘルムハルト・フォン・ホーベルクが著した『ゲオルギカ・クリオサ・アウクタ』という本の中で作り方とともに記載されている。

歴史的にはたしかにそうだろうが、しかし、ウィーンでは、フランツ・シュテルツァーがミリラームシュトルーデルを「発明した」ということになっている。もっとも、いろいろ俗説があって、シュテルツァーの店で、ミリ(Milli)という女性が、初めてこのシュトルーデルを作ったから、ミリラームシュトルーデルと呼ぶのだ、といったことも言われることがある。

いずれにせよ、シュテルツァーがミリラームシュトルーデルを売り出すようになった頃は、休日などにウィーンの森にこぞって出かけるようになっていた時代でもあり、ブライテンフルト付近も、恰好の遠出のコースとなっていた。そのついでに、有名になっていたシュテルツァーのミリラームシュトルーデルを食べていこうとする人たちも多かった。

作家で文化史研究家でもあったアン・ティツィア・ライティヒは、『甘いウィーン』という本の中で、ミリラームシュトルーデルを求めて、「遠出をする人々は、日曜日やそして平日にも、エレガントにフィアカーの列を連ねてブライテンフルトに」、「巡礼のように訪れたのだった」と記している。

焼き栗売り

ウィーンの町を歩いていて、秋になったと感じるのは、通りで焼き栗が売られ始めているのを見た時だ。秋も深まり十一月になると、霧も立ち込めたどんよりとした寒い日ばかりが続いていく。そんな時、街角の焼き栗売りから、三角形の袋に入れた焼きたての熱い栗を買うと、手のひらから暖かさが体に伝わってくる。

焼き栗売りを、ウィーンではマロニブラーター（Maronibrater）と言う。ウィーン市内だけで、約二百近い焼き栗売りがいる。オーストリア全体だと、約千になるのだそうだ。

古くから焼き栗や焼きポテトなどを売っていた人々はいたのだが、最近では扱うものが、ポテト・ウェッジーズやポテトのパンケーキ、フライド・ポテト、さらには焼きバナナなどと広がってきている。ピザ・スタンドやケバブ・スタンドといったたくさんの競争相手が出現してきているので、商売を成り立たせていくためには、焼き栗や焼きポテトだけを売っていればよい、というわけにはいかなくなってきているらしい。

寒風が吹いてきたり、雪が降るようになると、ドラム缶のような栗焼き器の中では、火は絶えることがないものの、路上の仕事はつらくなる。しかし、あまり寒すぎると、客は足を止めずに、寒さを避けようと急いで歩いていってしまうし、逆にちょっと暖かすぎると、やはり客は寄りつかず、意外に商売が難しいらしい。

人通りが多く、しかもあわただしく目的の場所を目指して足早に歩いて行ってしまうのではないところ、と言えば、商店街の道沿いが最適の場所だ。

だからウィーンなら、マリアヒルファーシュトラーセやラントシュトラーセの商店街のあたりが一番いいということになる。焼き栗スタンドが三区と七区に多いのは、そのためだそうだ。マリアヒルファーシュトラーセだけで、一〇もの焼き栗スタンドがある。栗売りのスタンドができるのは十月一日から四月三十日までだ。

栗のもつ栄養などについては、中世、女子修道院をつくった宗教家であり、また作曲家としても知られるヒルデガルト・フォン・ビンゲンが述べた、ということも知られているが、ミネラルやビタミンが豊富な栗は、ジャガイモが一般化する以前には、重要な食材だった。栗から粉を作ったり、その粉でパンを焼いたりもした。南チロル地方では、栗の木が一本あれば一家族を養うことができる、とも言われていた。

ウィーンで焼き栗売りが、街角で商売をすることが許されたのは、マリア・テレジアの時代だった。スロヴェニアのクラインからやってきていたゴットシェーアといわれる人たちが、彼らの故郷で育っていた栗を売る許可を得たのだった。

毎年、収穫した栗を持ってやってきて、鉄板の上に栗を載せ木炭で焼いて売っていた。ウィーンの人々は、当時から、秋に栗売りがやってくるのを楽しみに待っていた。

一七七五年に、ヨハン・クリスティアン・ブラントは『ウィーンの売り声』という四十葉からなる版画集を出したが、その中に、栗売りの女の人が描かれている。箱型の台の上に栗が並べられ、すぐ横には窯があって、栗を割る包丁や、薪がそばに転がっている。火ばさみで栗が焦げないように注意しながら焼いているところだ。こうした焼き栗売りは、「あつあつの栗だよ!」といった売り声を上げていたのだった。

十九世紀末には、ウィーンだけで約三百人ほどの焼き栗売りがいたといわれる。評論家アルフレート・ポルガー(一八七三—一九五五)は『焼き栗売り』という短いエッセイの中で次のように書いている。

「焼き栗売りは、この大都会の子どもたちの冬の喜びだ」。「焼き栗売りは、この大都会のおとぎ話の本の中から出てきたひとつの姿だったのだ。栗二つで一クロイツァーだった。それはセンメル・パンの値段と同じように変わらなかった」。「皮に切り込みが入れられた、柔らかな匂いの茶色の栗が、鉄板の上に並んでいた。大きいのは左側に、小さいのは右側に集められていた」。「それからその鉄板の上にはジャガイモもあった。一個一クロイツァーだった。塩つきで、専用の角ばった袋に入れてくれた」。

焼き栗売りは、「何もすることがない時には、手をポケットに入れて、——かなり身なりのいい焼き栗売りは手袋をしていたが——足踏みをしながら、見たところ、どこにも通行人がいなくても、『熱い栗だよ!』と叫んでいた」。

こうした描写を読むと、ほとんど百年前と今と変わっていないようにも思える。路上を仕事場としていた多くの人がそうだったように、焼き栗売りも、昔、ハプスブルク帝国の領土から仕事を求めてウィーンにやってきた人たちだった。

作家ヨーゼフ・ロート（一八九四－一九三九）が小説『カプツィーナ皇帝墓所』の中に登場させた焼き栗売りのヨーゼフ・ブランコ・トロッタもスロヴェニアの村、シポリエからウィーンにやってきた。かつてのハプスブルク帝国の多民族性や多文化性をあらわすような、黒い髪の毛とひげをはやした男だ。トロッタは、焼き栗屋だと紹介されて、次のように言われる。

「これはまさしくシンボリックな職業だ。この人は栗をいたるところで売ってきた。ヨーロッパ世界の半分でだ。いかなる場所で彼の焼いた栗を食べようとも、そこはどこでもオーストリアだった。フランツ・ヨーゼフが統治していたところだったのだ」。

オーストリアの焼き栗売りは、マリア・テレジア以来の歴史があり、その売り手たちの出身地にまでさかのぼってみると、そこにはオーストリアならではの、多民族的国家の特性といったことが潜んでいる。

ブルートヴルスト

一九一四年（大正三年）に勃発した第一次世界大戦は、遠くアジアにまで戦火が及び、青島の攻防戦の末、青島は陥落し、ドイツやオーストリアの多くの兵士が日本軍の捕虜となった。日本各地の収容所に送られることとなったのだが、日本は、約五〇〇〇人にも及ぶ将兵の収容を想定していなかった。

日本への輸送自体が大変だったようだが、急遽、北海道を除く全国の十五個所の俘虜《ふりょ》収容所が用意された。当初は、姫路の景福寺のような場所を利用することもあったが、徐々に新たに収容所建設が行われていき、小規模な収容所は合併されていった。

ドイツやオーストリアの将兵は、各地に分かれて収容されたのだが、巡洋艦カイザリン・エリーザベト号の兵士たちの多くは、姫路の青野ケ原収容所に入れられた。しかし、そこにはマコヴィッツ艦長はいなかった。マコヴィッツ艦長は、まず福岡の収容所に入れられていた。さらに青島のヴァルデック総督も福岡に収容され、その後、一九一八年三月にヴァルデック総督とマコヴィッツ艦長とも、習志野収容所に転籍している。

習志野は、明治の初めから陸軍練兵場があったところで、日露戦争後にはロシア兵の捕虜を収容するための廠舎《しょうしゃ》がつくられていたので、新たに工事をし、そこを利用することとした。工事は一九一五年六月に開始され、開設は九月七日だった。それまでは、浅草本願寺を東京収容所として利用した。

一九一四年十一月二十三日、捕虜たちが列車で品川駅に着いたが、その時の様子を『東京日日新聞』は「品川停車場は空前の大混雑」と記している。

「七台の電車で浅草本願寺へ　昨日午後三時五七分品川駅着、入京すべき青島俘虜軍は、沿道の各駅にて万歳を浴びせられつつ、定刻品川駅第三番線に入った。日曜ではあり、品川駅前は早朝から景気付いて、午前一〇時頃には大賑いで、小学生徒の、玩具の背嚢《はいのう》を負い紙旗を樹てた少年軍もあった」。「停車場附近は人の山で、駅前の旅館、飲食店は二階も店も一杯の人、遠くは八ッ山橋の上まで密集している。悧巧な見物は入場切符を買って駅内にドンドン入り込むので、プラットホームは満々員。午後一時頃には駅前は身動きもならぬ程で」、「駅員は品川駅開始以来の盛況だと云っていた」。

品川駅前では、怪我人まで出たと、怪我をした人の名前が新聞には記されている。さらに本願寺に着いた時の様子も興味深いので、引用してみよう。

「午後四時頃、すでに本願寺境内は俘虜見物の群衆あふるるばかり、立錐《りっすい》の余地も無い。警官・憲兵、声を嗄《から》して制すれど、雪崩を打って惣門内に入らんとする群衆、電車通りより黒山の如く押寄せ、門の潜り扉は打破られ、柵は忽《たちま》ちにして押倒されるという凄じき有様。折からの雨にもめげず、夜に入りて一層雑踏を極む。午後六時、門前に鬨《とき》の声起り、やがて俘虜将校の一団来る」。「玄関鴨居に届くばかり六尺有余の偉大なる体格は、日本室に入り一層大きく見ゆる。下士以下の俘虜君は、四隊に分れて続々到着、品川停車場で貰った菊花を、各胸に差し、頻《しき》りにその香を嗅いでいる」。「一同御食堂に入り了《おわ》るや、西郷中佐独逸語を以て『自分は、収容所長の西郷中佐である。勇敢なりし諸君を迎うるを光栄とする。卿等が国の隊に在ったと同様、軍紀風紀を守られんことを希望する』と、一場の訓示を述べ、それより羽生中尉は、俘虜の古参下士を助手として、人名点呼をなす。マトローゼー（水兵）何々、ハイツァー（機関兵）何々、と呼べば、潑溂たる元気よき声にて

『ヤァ』『ヤァ』と応う」。収容所長の西郷中佐とあるが、西郷隆盛の嫡男西郷寅太郎中佐のことだ。ドイツのポツダム陸軍士官学校に留学していて、ドイツ語にもきわめて堪能であった。

習志野収容所には約千名の将兵が収容されていた。バラック(Baracke)と呼ばれた宿泊施設が提供されたのだが、さらにラウベ(Laube)という小屋を彼らはつくって、菜園を作ったり、ブタを育てたり、ビールの醸造までしていたのだった。

習志野の俘虜の生活について、大正七年六月一三日付の『読売新聞』は次のように報じている。

「習志野では、彼等の食用の麵麭《パン》は、皆彼等自身が製造する。そして、自然最も念を入れるから、頗《すこぶ》る優良なるものが出来る。又、石鹼製造の技師が居るが、非常にいいものなので、農商務省からは、わざわざその研究に技師を派遣し、すっかりその製造方法を会得した実例もある。豚の腸詰なども、附近の住民に迄《まで》大歓迎を受け、石鹼も、最近三〇〇〇個騎兵連隊から注文があった。犢《こうし》、羊、豚等の飼育も、頗る好成績である」。

ここでも書かれているように、ソーセージ類も自ら作っていた。習志野にはカール・ヤーンという、もともと肉屋の職人だった水兵がいて、挽肉器や取っ手が両端にある刃が湾曲した包丁(Wiegenmesser)、さらに燻製窯も使って、本格的なソーセージを作っていたのだそうだ。

ソーセージの製法はカール・ヤーンから農商務省技師の飯田吉英という人物に、一九一八年二月から教えられたのだった。これは日本に本格的な腸詰が広まっていくきっかけにもなったのだった。

その時、作られたと思われるのは、いわゆるウィンナソーセージはもちろんのこと、レバーペーストのようなレバーヴルスト（Leberwurst）、また豚肉のゼリー寄せのようなズルツヴルスト（Sulzwurst）といった本格的なものもある。さらには、ブルートヴルスト（Blutwurst）まで教えていたといわれている。ブルートヴルストというのは、ブタの血を固めたソーセージで、私も日本では食べたことがなく、ウィーンのレストランで恐る恐る初めてナイフを入れたのを覚えている。

こうしたドイツやオーストリアに行かないとなかなか食べられない本格的なさまざまなソーセージ類が、大正七年に、捕虜収容所内で作られていたとされるのは驚きだ。

WOHNEN

住

ハエ取り器

ウィーンは日本より緯度がだいぶ北のこともあって、日本の夏につきものの蚊とかハエは少ないだろうと想像しがちだ。たしかに町中では少ないが、水辺があるようなところでは、蚊がいないわけではない。ウィーン大学の私の授業で、日本についての文章を読んでいた時、蚊取り線香という言葉が出てきたが、日本の夏を経験したことがない学生が何人もいて、言葉による説明だけでは想像がつかないようだった。

そこで、やはり本物を見せるのが一番だと思い、日本から蚊取り線香を送ってもらい、教室に持っていって、火をつけ煙を出してみせたことがある。除虫菊の独特のにおいと、渦巻き型のきわめて合理的なかたちに、学生たちはとても興味を示していた。

また、日本の家屋だと、蚊やハエが入ってこないように、必ずといってよいほど網戸が付いているが、ヨーロッパでは、むしろ網戸があるほうがめずらしい。日本の戸はふつう引き戸で、左右に開閉するから網戸は付けやすいが、ドイツやオーストリアのガラス戸は、しばしば内開きに室内側に開くので網戸は付けにくい。

この内開きの窓は、構造的にきわめて優れているものの、日本で普及しないのは、内開きのため網戸が付けにくいことにもよるらしい。ただ、どうしても網戸を付けたければ、ロールタイプのものを窓の外側に付ければよいわけで、そうした網戸もドイツやオーストリアでは、探せばあるのだが、実際に網戸を付けている家庭は意外なほど少ない。

ドイツやオーストリアでは、よく窓辺にきれいなゼラニウムの赤やピンクの花がたくさん飾られている。これも、窓が外開きでなく内開きのためだから可能なのだが、なぜほとんどがゼラニウムなのかといえば、独特のにおいをハエが嫌うからだと聞いたことがある。

しかしその程度のことでは、ハエは防ぎきれない。実際、私がウィーンで住んでいたアパートでは、夏になるとシャンデリアの下がった居間の真ん中には、つねに数匹のハエが飛んでいた。シャンデリアは、電気を消していてもきらきらと光っているので、昼間でもその周りを飛んでいる。ウィーンでは「ハエたたき」のことを、方言でFliagenprackerとも言ったりする。毎日ハエたたき代わりに、新聞紙を丸めての戦いが私にとっての夏の日課だった。

ハエを追ってドタンバタンと毎日音を立てている日本人は、アパートの下の階の住人には、不思議に思えたかもしれない。どうも彼らは、ハエが室内に入ってくることを、日本人ほど気にしてはいないようなのだ。

昔からそうだったのだろうかと疑問に思っている時に、面白い資料を見つけたことがある。かつてウィーンには、路上でハエ取り器を売り歩いていた子どもたちがいたというのだ。その名は「ハエ取り小僧」とでもいうのがいいのだろうか、ウィーン方言でFliagn-faunga-Buam と呼ばれていた。

このハエ取り器はどのようなものかというと、日本で昔よく見かけた、ハエ取りリボンと似た捕まえ方をするものだ。ただ、色や形はまったく違う。ウィーンのハエ取り器は、約三十センチほどの縦長のピラミッド型をしたものだった。底には約十センチ四方の白い紙の枠があり、その上に二等辺三角形の、どぎつい赤い色の紙が四枚張られていた。この赤い紙にハエ取りモチが塗られていて、ハエがとまるとくっつくというものだった。

家の中で使う時は、食卓でもどこでも置くことができたので便利そうだが、欠点は、しばらく使用するうちに、たくさんのハエがくっついたままになり、中にはまだ足をばたばたさせていたりするのもいるわけで、食事の時の食欲をそぐということだった。

この簡単なハエ取り器の先端の尖ったところを、いくつも棒に結び付け、肩からかついで子どもたちは売り歩いていた。お客がきたら、その一つをさっと取り外して売ればよかった。底だけは白く塗られていたので、遠くから見ると、まるで赤い色の蜂の巣でも背負って歩いているように見えた。

彼らは、たいてい貧しい家の子どもたちで、ほとんどが裸足だった。ウィーンの中心部からは少し離れた下町の、小さな家内工業のような家でハエ取り器は作られていた。夏の蒸し暑い日には良く売れたのだという。一個六クロイツァーという値段の安さも手伝ってのことだった。子どもたちは甲高い声で、ハエを「フリーゲン」と発音するのではなく、「フリーアグン」と「リー」のところを長く伸ばして、「ハエ取りがあるよー！　ハエ取りがあるよー！」と売っていた。それは、第一次世界大戦より前のことだった。

シュレーバーガルテン

少しずつ春が近づいてくると、ウィーンの人たちがカフェなどで話している話題の中に、シュレーバーガルテン（Schrebergarten）という言葉が、しばしば聞こえてくるようになる。ガルテンというから庭に違いないが、シュレーバーとは一体何だろう。

『謝肉祭』といった作品を書いたことでも知られる作家ゲルハルト・フリッチュの文章の中に、「シュレーバー」について記した、次のような個所がある。

「彼はとても有名になったが、だが一体誰なのかまでは知られていない。少なからぬ人たちは、schreben という大昔に使われた動詞があり、それがシュレーバーガルテンという言葉の中に残っているのだと思っている。だが、そうではない」。

フリッチュが書いているように、シュレーバーガルテンというのは、人の名前からきている。それはどんな庭（ガルテン）かというと、郊外の家庭菜園的なものを指して言う。別荘というほどの広さはないが、ウィーンの郊外に行けば、いたるところで見られる。

クラインガルテンという言い方もするが、さきほどのフリッチュの文章の続きにもあるように、「ウィーンでは『シュレーバーガルテン』という言い方が、一番古くてポピュラーだ」。

週末などに、自分のシュレーバーガルテンにちょっと出かけていって、庭や小さな畑の手入れをするという人たちがたくさんいる。彼らにとっては日常の過ごし方の大切な一部になっている。

日曜にはショッピング街は閉まっていて人気がなく、休みなのに、ウィーンの人は一体どこに消えたのかと思っている日本人にとっては、ひとつ謎が解けるかもしれない。ウィーンには約二万五千のシュレーバーガルテンがあり、二百数十の団体もできているのだという。

シュレーバーガルテンについて歌ったウィーナーリートもある。作詞はワルター・ピセッカー、作曲はカール・ホディナだ。

そこには小さなあずまやのような建物と花壇がある
目に入ってくるのはスミレの花
道具を入れた小屋と肥料の袋
土掘り用の機械もある
ちょっと小山のようになったところの上には小人たちの置物

変ホ長調、四分の四拍子だが、歌うというより語りかけるような静かな曲だ。古めかしい歌の多いウィーナーリートの中で、比較的新しい歌だ。

ウィーンの郊外にはこうしたシュレーバーガルテンが、たしかにあちこちにある。とくに周辺部の十区から二十三区にかけてが多く、旧市街の一区や、そのすぐ外側の四区から九区にはまったくない。ただ、三区にもあるのだと言われ、調べてみると、モーツァルトが埋葬されたことで知られる聖マルクス墓地のところの高速道路の向こう等に、小さなシュレーバーガルテンがあった。

シュレーバーという名前を付けた通りの名も好んで用いられている。公式にシュレーバーという名が付いている道路が二か所ある。シュレーバー・ガッセというのが二十二区のアスペルンにあり、さらにドクターの肩書きを付けたドクター・シュレーバー・ガッセという通りが十三区と二十三区の境目に近いあたりにある。だが、どちらも菜園が広がっているという場所ではない。

ところが、公式名称ではないものの、土地の人たちからシュレーバー・ヴェークなどと呼ばれているところは他にもいくつもあるのだそうで、十区のオーバーラー、十二区のアルトマンスドルフ、十九区のノイシュティフト・アム・ヴァルデにはシュレーバー・ヴェークとみんなが呼んでいる道があり、たしかにその付近一帯は家庭菜園が広がっているところだ。

これだけあちこちに、シュレーバーという名前が付けられているのだから、きっとシュレーバーは、こうした家庭菜園を考え出した人で、オーストリア人に違いないと思ってしまう。ところが、そのどちらも間違いだ。

シュレーバーの正式名は、ダニエル・ゴットリープ・モーリッツ・シュレーバーといい、オーストリア人ではなく、一八〇八年ライプツィヒに生まれたドイツ人だ。ライプツィヒ大学を卒業した医者で、日本の襷《たすき》に似たような肩ベルトやO脚やX脚の矯正器具を考案したりしたが、そもそも家庭菜園などを推奨したことはなかった。ただ『医学的室内体操』といった本を出し、ライプツィヒに最初の体操協会を創ったり、また戸外での運動を推奨したりはしていた。シュレーバーは一八六一年に亡くなっている。

三年後の一八六四年、学校長だったエルンスト・ハウシルトが、子どもたちの運動トレーニングのための広場をつくり、そこをシュレーバープラッツと名付けた。ハウシルトは一八六六年に亡くなり、その二年後、やはり教師だったカール・ゲゼルは、そのシュレーバープラッツに、子どもたちのための耕作や園芸の場所をつくった。そして次々と子どもや家族のための小さな菜園ができていき、翌一八六九年には、もう約百の小菜園が登場するようになる。そして、そうしたところが、シュレーバーガルテンと人々から呼ばれるようになったのだった。

クラインガルテン

週末に、町中の喧騒を離れ緑に囲まれた中で過ごすことは、都会に住む人なら誰でもあこがれる。ウィーンの人たちは、別荘というほど立派なものではないにしろ、シュレーバーガルテンと呼ばれるものを郊外に持ち、土曜や日曜には家庭菜園の土いじりを楽しむ人も多い。

シュレーバーガルテンは、法律上の正式名称は、クラインガルテン（Kleingarten）という。オーストリアの「連邦クラインガルテン法」には第一条の冒頭に定義が書かれている。「この連邦法の意味におけるクラインガルテンとは、百二十平方メートル以上六百五十平方メートルまでの土地で、生業に利用するものではなく、保養のために用いられるものをさす」とある。三百坪ほどを基本区画として分譲される日本の高級な別荘地のような広さはないものの、それでもちょっとした別荘気分が味わえるところだ。

さらに各州には個別の法令があり、一九九三年に改正されたウィーンの「クラインガルテン法」の第一条第一項では「この法は、緑地・保養地・クラインガルテン、及び通年にわたり住居として用いられる緑地・保養地・クラインガルテン、ならびに現状においてクラインガルテンとして利用されている土地に適用される」と書かれており、年間を通じて住居地としてクラインガルテンを利用することも可能になっている。

しかし、もともと緑を大切に思うからこそ、クラインガルテンが作られているわけだから、建物が土地の多くを占めてしまっては何の意味もないことになる。そこでウィーン市の法令では、住居に使用する場合でも、建物は総容積二百五十立方メートル以下、高さも五・五メートル以下でなければならないと規定している。

こうしたクラインガルテンは、森や畑などを含めたウィーンの緑地全体の面積からすると約四パーセントにすぎないが、しかしこれはウィーンのブドウ畑の広さとほぼ同じ程度になる。ウィーンの人たちは、ザルツカンマーグートとかセンメリングに立派な別荘を構えるより、できるだけ近いところに自分の緑を確保して、ちょっと自由な時間を過ごそうとしているのだ。

だが、今でこそ、のんびりとしたクラインガルテンの風景だが、第一次、第二次世界大戦当時は生きていくために必要な食料確保のため、なくてはならない所になっていたのだった。

ラインツ動物公園の入口近くにあるフリーデンスシュタットという地区も、クラインガルテンと呼ばれるものが、第一次世界大戦前後から広がっていた。とくに戦争による困窮の時期、まず食べ物のことが第一の問題であり、たとえ住居はみすぼらしくとも、ジャガイモや野菜がとれる土地に二、三本の果物の木があって、何羽かのニワトリと一匹のヒツジでもいれば、それは夢のような生活だった。

しかしそうは言っても、多くの人々は土地を借りる金などなく、買うことなどは問題外だった。そこで、ウィーンの森の近くやドナウ河の畔の近くの公有地に勝手に住みついてしまった人たちもいたのだった。そうした土地で一番大きかったところが、ラインツ動物公園近くの、既に木々が伐採されたあたりだった。

一九一九年、第一次世界大戦による負傷者たちの代表が、首相カール・レンナーに、傷病帰還兵のための住居区画をつくるために、土地を譲ってほしいと求めたが、よい返事はもらえなかった。そこで、彼らはどうしたかというと、強引にその土地に住みついてしまったのだった。

　これは大きな問題となったが、この年の五月、初めて社会民主主義者としてウィーン市長になったヤーコプ・ロイマンは、戦争被害者たちへの援助を積極的に行うべきだと主張し、そうした住居区画の建設について国会での同意も取りつけたのだった。そして七月には「オーストリアの土地に関するクラインガルテンと小区画土地の賃貸規則」が制定されることになる。これは二十世紀初めからしだいに増え始めていたシュレーバーガルテンの法的基盤になるものだった。

　統計では、一九一四年にはウィーン全体で十五万平方メートルのクラインガルテンがあったが、翌年には四十五万平方メートル、一九一七年には百二十六万平方メートルだった。そして一九二三年には九百万平方メートル、一九二四年には九百五十万平方メートルと、一気に面積が広がっていく。

　ウィーン市も市役所の中に住宅地開発部門を発足させ、そこでの建築家の責任者に、ミヒャエラープラッツに面したロースハウスで知られるアドルフ・ロースを任命したのだった。ラインツ動物公園前のフリーデンスシュタット一帯の住宅区画の着工は一九二一年九月三日だった。それを記念する石碑が今でも立っている。

　ロースはここに建てる住宅の設計もしている。小さな住まいだが、将来改築や増築が容易なように考えられた建物だった。ロースの構想によって当時約七十戸の住居が建てられたが、この計画にはオーストリアで初めての女性建築家グレーテ・リホツキーも加わっていた。

　彼女は住宅建設にかかわるだけでなく、住民のためにランプから鎌まで安価で調達できるよう世話をした。建築作業は住民たち自身が協力して行ったし、また庭で飼っているヤギの乳を年間一万リットルも売り、生活の足しにするなど最大限の努力をした。こうした歴史があったことは、現在の緑豊かな静かな一帯からは想像できないが、それはウィーンでクラインガルテンが急速に広まっていく時代のことだった。

玄関マット

　ウィーンの住まいの玄関前には、どの家庭でも、かならずといってよいほど、靴の汚れ落とし用のマット（Fußabstreicher）が置かれている。たしかに、外からやってきた人は、土足のままで入ってくるのがふつうだし、道路にも、犬などが落としたものがよくあったりするのだから、玄関マットは必需品だ。

　とはいっても、家に入る時に靴を脱ぐ習慣のある日本人からすれば、気休めくらいの効果しかないと思える。客用にスリッパを用意することもないわけではないが、有名なデザイナーの名前が入ったような高価なものはまず目にしない。あるとしても、スーパーなどで売っている、日本円にすれば百円か二百円くらいの、安い客用スリッパだ。

ただ、玄関でそうした客用スリッパに履き替えるように言われることは、ごくまれなことだった。私の住んでいたアパートにやってくるオーストリア人は、玄関マットで形ばかり靴底をこすってから、そのまま何のためらいもなく、土足のままで部屋の中に入ってきたものだ。「靴のままでいいですか」と尋ねるのは、日本の家屋や習慣をよく知っている、いわば日本通の人だけだった。

しかし、昔からヨーロッパの道路は、汚物などが流れる、どぶのようなところだったのだから、そこを歩く人たちは大変だった。古い銅版画には、長いドレスの女の人の靴がよごれないように、道路のぬかるみに板を渡して、チップをもらう子どもの絵が描かれたものもある。

旧市街の一角のブルートガッセ (Blutgasse) という通りは、十三世紀から十四世紀頃には、コートグルント (Kothgrund) とか、コートゲッスル (Kotgässl) と呼ばれていた。このKotというのは、まさに排泄物、糞尿をさしている。窓から道路に汚物がそのまま捨てられていた時代を、あらわしている通りの名前だ。

そうした通りを歩いて建物の中に入ってくるのだから、靴の汚れはひどいものだった。次第に石畳で舗装されるようになっても、靴の汚さは相当なものだったことが想像される。まだ靴拭きのマットなどない頃だったが、このブルートガッセの建物には、面白いものが今でも残っている。入口の螺旋状になった階段を上りかけるところの壁に、鉄の手すりが埋め込まれている。これだけだったら何のことはない。どこにでもありそうだ。しかし、その手すりの下を見ると、ちょうど階段の始まるところの壁の下の部分に、縦横二、三十センチほどの小さな窪みが掘られ、横に棒のようなものが埋め込まれている。

どうして、窪みに棒があるのか、今ではすぐに分かる人は少ないが、これも実は靴の汚れ落とし(Fußabstreicher)なのだ。横に渡した棒に靴底をこすりつけて、汚れを落とそうというものだ。こうしたものは、ウィーンでも残っているところは少なく、かなりめずらしい。

そもそも履物といえるようなものを、人間が履くようになったのはかなり古いが、装飾的な意味あいが加わってくるのは、四世紀頃になってからだといわれている。そして中世になると衣装とともに、靴にもさまざまな装飾がほどこされ、十五世紀頃には、柔らかな革、ビロードや絹を材料としたものがつくられるようになる。

だが、そんな上等な靴を履いても、道路は汚物のぬかるみのようだったわけで、高価できれいな靴が汚れないようにと、靴の下にもうひとつ、トリッペ(Trippe)あるいはチョピンと呼ばれる木靴を重ねて履いたのだった。トリッペは、大体は木で出来ていて、足の甲のあたりに革が付いている、ちょうど木のサンダルのようなものだった。

またもうひとつ中世に流行した靴に、鳥のくちばしのように先端の尖ったシュナーベルシュー(Schnabelschuh)というものがあった。フランスの伯爵が自分のちょっと変わった足型を隠すために履いたとも言われているが、もともとは十字軍の遠征によって中近東あたりからヨーロッパに入ったものだそうだ。十二世紀頃、そして特に十四世紀から十五世紀には大流行したものだ。この靴のつま先は次第に伸びていって、そのままでは歩けないほどに長くなる。そこで先端に紐をつけて引き上げ、その紐をかかとに結び付けなければとても実用にはならないほどの長さにまでなった。

日常的な靴だけでなく、騎士が鎧や兜を付けた時にも、鉄製などの先の鋭く尖った靴が履かれたのだった。しかしそれで敵を蹴るためではない。そもそもまともに歩くことすらおぼつかないわけで、とても戦うことなどできない。だから馬に乗る時だけは履いていたが、馬から下りる時は、先端部分が取り外せるようになっていたのだった。

ふだん、こうした先の長い靴を履く時には、しばしばトリッペが役に立ったのだという。むしろ、トリッペを下に付けたほうが歩きやすかったのだ。

それぞれの時代の、モードの流行は、今から見ると不思議に思えるものもたくさんあるが、中世に大流行したこのシュナーベルシューなども、ひとつの典型だろう。ただ、それまでは左右の区別のなかった靴が、シュナーベルシューの登場によって、右と左とそれぞれ別の、対称形になったのだそうだ。

最初は貴族たちのあいだに広まり、次第に富裕層や聖職者たち、さらには農民までも履くようになる。真珠や鈴などが付けられたものも登場する。尖っているだけではなく、次第に先が長くなっていったわけだが、いかに長く大きな靴を履いているかで、身分の高さや豊かさが分かったのだ。例えば男爵なら二フィートまでと決まっていたからだ。「贅沢な暮らしをする」という意味の慣用句に auf großem Fuß leben というのがあるが、それは、この先端の尖った靴の大きさに由来しているのだという。

共同トイレ

ウィーン大学で教えていた頃、学生に招かれて、彼の住んでいるアパートを訪ねたことがある。たしか、十六区のオッタクリングの一角だったと思う。古びた四階建ての建物だったが、他の学生と共同で借りているのだということだった。

驚いたのは、水道やシャワーの設備はあるものの、個別のトイレが部屋の中になかったことだ。フロア全体の人たちで使う共同トイレが廊下にあった。そしてトイレを利用するためには鍵を持っていかなければならなかった。フロアの人だけが利用できるようにと、ふだんは鍵がかかっているからだった。そして、廊下の一隅には共同水道の名残のようなものが残っていた。

こうした建物は、十九世紀後半の典型的なものだということは聞いていたが、実際に目にするのは初めてだったので、とても興味深かった。

十九世紀後半はウィーンの都市改造期であり、リング通りがつくられ、その近くには多くの立派な建築物が建っていった。会社群生時代とも呼ばれる時期で、裕福な市民のために立派なアパートも数多く建てられたが、しかしその一方で、都市改造にともなう労働者たちの住まいも必要になっていた。こうした労働力は、主としてハプスブルク帝国の各地からやってくる人々によって供給されていたわけで、そうした労働者たちのために、一八四〇年から一九一八年までの間に、ウィーンには約五十万の住居がつくられた。それまでの、二階建ての低い建物に代わり、四、五階建ての賃貸アパート(Zinshaus)が続々と建っていったのだった。

道路に沿って区画が網目のようにきちんと分けられた労働者向けの住居が、次々と建てられたのだが、しかし急激に増えていく人口には追いつかなかった。そこでできる限り多くの住居を供給しようとして、それぞれの住居をむしろ小さくするということが行われたし、またアパートの家主たちは家賃を上げていった。そのため家賃を払えない人は、ただでさえ狭い部屋の一部分を、夜寝るためだけに借りるということもしていた。そうした人々は、ベットゲーヤー(Bettgeher)と呼ばれていた。

揶揄的に賃貸営舎(Zinskaserne)などと呼ばれたものの、外観だけは飾られていた。田舎からやってきた、貧しさに慣れた人たちにとっては、素晴らしいところと思えたのだった。ウィーンという大都市に住めたわけだし、水を汲みに、あるいはトイレに行くために戸外まで出る必要はなかったからだ。

ただ、それも田舎の暮らしと比較してのことであって、トイレも、各階に共同のものが一個所程度しかなく、水は蛇口をひねれば出るといっても、各階の廊下にある、ウィーンではバッセーナ(Bassena)といわれる共用水道があるだけだった。そこで、こうしたアパートのことはバッセーナ住居(Bassenawohnung)とも呼ばれる。廊下の水道のあるところは、自然と、住人たちの集まる場所となる。井戸端会議ならぬバッセーナのお喋り(Bassenatratsch)という言い方もされる。

ウィーンに住みついた人たちにとっては、十九世紀のこうした衛生状態が決して良くはない住居環境であっても、よりよい生活のための、ひとつのステップだという意識があったのだろう。しかし、こうした住まいの持つ問題点について、現在の応用美術館の礎を築いたルドルフ・フォン・アイテルベルガーと、有名な建築家ハインリヒ・フォン・フェルステルは、一八六〇年に次のように述べている。

「賃貸住居は、ウィーンにあって、安価な住居を生み出すために考えられたものではない。それは、投資の対象なのである」。「そうした思惑からつくられた賃貸住居は、外見はできる限り、めかし込んでいなければならない。住まいを探すウィーンの人々を外観の華やかさでその建物に足を踏み入れるように、そして高い家賃を払うようにと誘うためだ」。

これは、後にアドルフ・ロースが、ウィーンを評して「ポチョムキン都市」と呼んで批判したのと、通じる部分があり興味深い。都市全体がそうであったともいえるが、ドイツ語の言い回しで、よく使われる「見かけ倒し」(Außen hui, innen pfui)の典型的なものだった。

賃貸住宅の建物のファサードには、さまざまな彫像や飾りで装飾が施されて仕上げられていた。一見凝ったように見えるこうした建物装飾も、実はしばしばウィーナーベルクの煉瓦工場などで、でき合いのものとして製造されていたものだった。とりわけ家主の住む二階部分は、belle étage と呼ばれ、張り出し窓（Erker）や、カリアティードという女性像などで飾り立てられていた。家主たちは、住居部分を立派に仕上げるよりも、ファサードにさまざまな装飾を施すほうが、ずっと安上がりだということを十分心得ていたからだ。

建物の内部に入ってみれば、一般の人たちに貸す部分は、外のファサードの華やかさとは打って変わって、必要最小限のものしかなかったのだ。どの建物も似たりよったりで、道路とは反対側の中庭に面したところに細長く狭い廊下があり、廊下には共同水道と共同トイレとがある。そして廊下沿いに各戸へのドアが並んでいた。

ドアを開けると、すぐに台所がある。その奥には、狭い部屋がひとつあるだけ、というのがごく普通の造りだった。だから、狭い居室には窓があるものの、台所には戸外の光は差し込まず薄暗いままの空間になっている。台所といっても、水が出るわけではなく、廊下の水道まで取りに行かなければならなかったのだ。そしてもちろん、シャワーや風呂などはあるはずもない。こうした狭くて暗い、日本風に言えば1Kの住居（Ein-Zimmer-Wohnung）に、二十世紀初めには、約五十万人近い人々が暮らしていたのだったという。

行列と椅子

ウィーンでは、レストランの入口や窓口などで行列ができているのを、あまり見たことがない。日本では「行列のできる」というのが、人気のバロメーターのように思われているし、日本人は行列に並ぶということに抵抗感はないのだろう。

でも、ウィーンでは行列が見られることがあまりないこともあって、人が並んでいるのを見ると、また空いている時に来ようと、つい思ってしまう。むしろ一流のレストランなどは、予約をしておいて出かけるのがふつうだから、行列などできるはずもない。

しかし、ウィーンでも人が並んで何時間も待つことがあるのだと知ったのは、五月から六月にかけて開催される「ウィーン芸術週間」の予約の切符を買おうと出かけた時だった。また、国立歌劇場のオペラで、プラシド・ドミンゴなどといった超一流の歌手が歌うような時は、前売券売場には長い列ができていた。

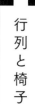

日本では、人気のある公演だと、徹夜で何日か過ごして切符を手に入れるといった光景がよく見られるのだが、ウィーンでは始発の路面電車が走り出す前に、前売券売場にやって来れば、まず手に入るのだという話も聞いたことがある。

ある時、とても前人気の高いオペラを見ようと思い、朝まだ暗いうちから起きて、早朝の電車に乗り、前売券売場に出かけたことがある。もうかなりの数の人たちが並んでいたが、驚いたのは、彼らの持ってきている椅子だった。日本なら、簡単な折り畳み式の椅子に腰掛けるのがせいぜいだが、ウィーンの人たちは違っていた。肘掛まであるような大きな椅子にゆったりと腰掛けて、新聞を読んでいる人までいるのだった。

簡単な木製の椅子は、標準ドイツ語ではシュトゥール（Stuhl）といい、背もたれや肘掛のついた、いわば安楽椅子といったようなものをゼッセル（Sessel）と呼ぶので、オペラの切符を買うために並んで座っている人を見て、ドイツ人は、ウィーンの人は「ゼッセル」に座って前売券売場に並んでいると驚くかもしれないわけだ。

同じ言葉でも、ドイツとオーストリアとでは、表しているものが違っている。そこで例えば、病床にあったシューベルトが、亡くなる少し前、友人のフランツ・フォン・ショーバーに宛てた手紙に、「僕は病気だ。もう十一日間も何も食べていないし飲んでいない。ぐったりしながら、椅子からベッドに戻るんだ」と書いている。

ここでシューベルトが書いた、「椅子」という言葉はゼッセルだ。しかし、標準ドイツ語から思い浮かべる、ゆったりとしたソファーのような安楽椅子ではなく簡素な椅子にシューベルトは座っていたのだということだ。

食堂にあるような簡単な椅子であっても「ゼッセル」と言うので、それに座ると言う時に、付けられる前置詞も違ってくる。ドイツなら「中に深々と」という感じから in という前置詞を使うが、ウィーンでは、たんに「椅子（の上）に」ということで、auf という前置詞を使う。

また、クッションの入ったゆったりしたソファのような椅子のことを、ウィーンではフォテー(Fauteuil)という言葉を使う。

オーストリアの有名な現代作家、トーマス・ベルンハルトの文にも「私の母は、ちょうど私の隣の椅子に(auf dem Sessel)座っていた」というのがある。その一方で、これも有名な作家のドーデラーは「メルビッシャー氏はヤンから親切に勧められ、向かい合ってフォテー(in einem Fauteuil)に座っていた」と書いている。

フォテーとはフランス語からの外来語で、少し洒落たような感じがある。もともとはクッションの良くきいた、さわり心地のいい、ふんわりとしたソファのような椅子のことだが、仮に、少しくたびれかかったフォテーだとしても、気持ちの良さは変わらないのかもしれない。

ウィーナーリートの『ヘルナルスの小さな喫茶店で』という歌は、そんな感じが良く出ている。ウィーンの町の中心からは離れたところの、いわば場末の喫茶店の様子を歌った歌だ。その一部には次のような歌詞がある。

　フォテーにはビロードはなくなって
　ピアノのペダルも取れてしまっています
　そこではシャンパンをクラッハルと呼ぶんです
　大きなホテルならもっと上品でしょうが
　ここは、そんなところより、ずっとずっと素敵です気どって聞こえるフランス語からの外来語が、あちこちに入った歌だが、それにもかかわらず、最もウィーンらしい歌のひとつとなっている。

　言葉の違いは、それぞれの国の文化の違いをはっきりとあらわしているが、ドイツと同じドイツ語を国語としながら、またひとつの別の国の文化をつくりあげているのが、オーストリアだ。

ドレーキップ窓

　中庭や道路に面した窓辺から、外をじっと眺めているおばあさんを、よく見かけることがある。とくに何を見ているというわけでもなさそうだ。そしてその姿は、いつまでも動かない。まるで時間が止まったような光景だ。

　窓は、屋外と室内を隔てると同時に、おばあさんにとっては、内と外とをつなぐ役割も持っている。

　そして窓は建物全体の印象をかたちづくっていく重要な要素となっている。よく見ると、こうした窓は、二重になっていることもよくある。ウィーンで私が住んでいたアパートは、一九六〇年代に建てられたものだったが、やはりガラス窓が、十数センチほどの間隔で二重に付いていた。

　古い木製の枠の窓だったので、建て付けも狂いが出て隙間もできていたが、それでも二枚のガラス窓があることによって、寒さはかなり違った。冬、零下二十度になることもあるウィーンで、やはり二重の窓は効果があった。しかし最近の建物になると、窓自体が二枚あることは少なく、ペアガラスが使われている。二つのガラス部分の間に真鍮や木製の桟が入れられてアクセントになっているものもある。

　ところで、こうした窓にはもうひとつ大きな特徴がある。どれも内開きの窓なのだ。日本のように引き違いの窓はまったくといってよいほど見たことがない。アルミサッシでできていることは少なく、たいていは木製か樹脂製だ。

　最近では、ペアガラスの窓は、日本でもよく見るようになってきたが、こうした内開きの窓というのは一般的ではない。日本ではアルミサッシの引き違い窓がまだ主流のようだ。それでも日本の窓の開け方もいろいろ出てきていて、上下に開閉する、イギリスやアメリカの住宅に多い、上げ下げ窓も洋風の家では増えてきている。

　さらに北欧の窓には、押し出し窓というのがあり、外側に窓の下の部分を大きく押し出して、窓の全体が反転できるようなものもある。ちょっと変わった窓だが、日本でも輸入住宅で使われているということだ。ところが狭い日本で隣家とほとんど接するように建てた家に、こうした窓をつけてあらためて窓を開けてみると、隣の家の壁にぶつかってしまった、という話も聞いたことがある。

外開きの窓だと、やはり同じような問題が起こる可能性がないわけではないが、それが理由で日本では広まらないということではなさそうだ。むしろ室内側に窓が開くので、窓際に物が置けないためらしい。ただ少しずつ日本でも増加傾向にはあるのだそうで、二〇〇六年の統計では、木製窓のうち約八・六パーセントが内開き窓で、前年比では一・四倍と伸びているということだ。

さらにドイツやオーストリアの内開き窓の特徴として、内側に横に開く開き方と、窓の上部分が内側に倒れて開くという、二つの開き方が可能だということだ。この二種類の開き方は、実際に見たことのない人には分かりにくいので、インターネットのホームページでは、動画で紹介したものもある。

オーストリアやドイツでは、新しい建物の窓といえば、こうした開き方の窓が一般的だ。私の住んでいたアパートは、かなり古かったので内側に傾斜して倒すことはできなかったが、毎週授業に出かけていた、ウィーン大学の新しく建てられた翻訳通訳科の教員控室の窓は、二つの開け方ができた。たしかに、少しだけ窓の上部を開けて換気しようとするには便利だ。

ごくふつうにどこにでもある窓なので、何と呼ぶのかも気にしなかったが、正確にはドレーキップ窓（Drehkippfenster）というのだそうだ。ドイツ語の drehen（回す）と kippen（傾けて倒す）が組み合わさっている。その意味のとおり、ハンドルの操作によって内開きと、内倒しの二通りで窓が開けられるようになっている。

ドレーキップ窓のことを具体的に詳しく日本に紹介したのは、おそらく犬養道子の『ラインの河辺――ドイツ便り』(一九七三年、中央公論社)という本が、最初のものではなかったかと思われるが、そこには次のように書かれている。

「よく言われることで、各国各地の住体験のある人々が口をそろえてほめるのは、ドイツの窓のつくりは世界一だということである」。「ひとつの窓にあらゆる場合に見合うさまざまな動きをさせる点で」。「ハンドルは非常に頑丈なうえ、そういう品の耐久性にかけて並々ならぬ自信をもつこの国の、ほとんど『伝統的な』技術が、十二分の研究とともに生かされて、どう乱暴に扱ってもビクともしない」。

この本が最初に出されたのは一九七三年のことだった。しかしこの本ではドレーキップという名は使っていない。その後、最近になってようやく建築関係やインテリア関連の人には知られるようになってきている。日本でもドレーキップ窓とドイツ語で呼ぶことがあるのが分かったのは、インテリア・コーディネイターの試験問題にも出されたということを知ったからだった。

窓のつくり方、開け方などにも、それぞれの国や土地、そこに暮らす人々の考え方の違いが表れていて興味深い。

牛の目ガラス

シュテファン大聖堂のピルグラムやケルントナー通りの彫像のように、フェンスターグッカーというのは、普通は「窓から外を覗く人」といった意味で用いられ、好奇心をもってじっと窓から外を見る人のイメージがある。

ただ、フェンスターグッカーには、内側から外を見ている人だけでなく、逆に、表の通りなどから窓越しに、家の中を覗き見る人といった使い方もする。

あるところに、日本の「窓際族」のことをフェンスターグッカーと訳してあったが、シュテファン大聖堂のピルグラムなどの姿を見れば、どう見ても、窓際族というイメージはわかない。

窓際族といったことを思いながら、窓から外を覗くということで、ふと思いついたのは、ウィーン美術史美術館にある、サミュエル・ファン・ホーホストラーテンの『窓辺の老人』という絵だ。ホーホストラーテンは、十七世紀オランダの画家で、風景画や日常を多く描いた人として知られている。ウィーンにも住んだことがあり、『窓辺の老人』は一六五三年ウィーンで描かれたものだ。

彼は自画像も描いているが、そのうちの一枚はロシアのエルミタージュ美術館にあり、内開きの窓を開け外を見ながら筆を走らせている一六四七年頃の若い姿の自画像だ。

『窓辺の老人』（サミュエル・ファン・ホーホストラーテン画、1653年）

一方、この『窓辺の老人』では、石造りの家の壁が太い額縁のように構成され、窓の真ん中にある小窓を内側に開き、老人が外をふと覗いている。ホーホストラーテンは、レンブラントとかフェルメールのように有名ではないが、美術史美術館で見て、ずっと印象に残っていた。

この絵を見て気づくのは、窓全体がたくさんの丸いガラスでつくられていることだ。そもそもガラスが窓に広く使われるようになったのは、十五世紀から十六世紀のことだった。しかしその頃は、まだ大きな板ガラスをつくる技術はなかったので、小さな丸いガラスを鉛でつないで使っていたのだ。

ただ、窓にガラスを使ったということでは、その歴史自体は意外なほど古く、一世紀頃のポンペイの遺跡などにもあるといわれるし、三世紀頃のローマ帝国でも窓にガラスを使っていたということだ。その当時、吹きガラス技法も発明された。これは、溶かした水飴のようなガラスを吹いてふくらませるという、現代にも受け継がれている製法だ。

さらに七世紀頃になると、丸くふくらませたガラスを回転させ、遠心力で平らに延ばしていく、クラウン法という製法ができて、建築の中にもガラスが取り入れられていくようになる。さらに大きく平らなガラス板を作るために、吹きガラスで長い円筒状のものを作ってから、それを縦に切り開いて平らに延ばすシリンダー法というやり方が、十六世紀にヴェネツィアで考えられた。

しかしこの製法ではまだ歪みが大きかった。古い建築物がそのまま残っている窓では、ガラスに歪みが見られるのはそのためだ。最初から板状の平らなガラスができるようになるのは、二十世紀に入ってからだ。だから、十七世紀頃の窓は、ホーホストラーテンの『窓辺の老人』の窓のように、まだ直径十センチから十五センチほどの丸いガラスを鉛でつなぎ合わせて作った窓がほとんどだった。

このような丸いガラスを、ブッツェンシャイベ（Butzenscheibe）という。Butzeは果物の芯とか液体が固まったものといった意味でも用いられるが、このガラスは回しながら作るので、真中が盛り上がってできあがる。また、その形から牛の目（Ochsenauge）ガラスと呼ばれることもある。

丸い形状のものは、よく「牛の目」と言われ、建築では屋根近くの採光用のはめ殺し窓や、教会の円蓋に付けられた明かり採りも、同じように呼ばれる。また窓ではないが、丸い目のような模様のある蝶もOchsenaugeという名が付いている。日本では、蛇の目蝶と言うそうだ。

こうした、丸いガラスを組み合わせた窓は、十七世紀頃の窓の特徴だったのだが、最近では、わざわざ凝って、古びた感じを出そうと、こうした窓ガラスを付けることもあるし、探せばガラスではないプラスチック製の「牛の目ガラス」も売っているのだという話を聞いた。

牛の目ガラスでは、もちろん外の景色はゆがんで見える。しかしガラスを窓に使うようになったことは、ただ外とを隔てるためや、風を入れるための窓とは異なり、多くの光を採り入れようとか、外の景色を眺めようということで、窓の持つ役割が、それまでの中世以前とは変わっていったわけだ。

というのも、中世以前の、ガラスがはめられていない一般の家の窓は、ガラスの代わりに、紙や布、羊皮紙が張られたりしていたし、中には魚の浮袋を平らに延ばしたものが使われた。さらに、動物の角が用いられたとも書かれている本を見つけた。

動物の角は、例えば削ってスプーンにしたりして重宝していたようだが、どのようにして窓のガラス代わりにしたのかというと、角を三か月ほど水に漬け、柔らかくなったところで巻き戻すように剝いで裂くのだ。そして明かりが透けるほどまで滑らかに薄くした角は、ガラスよりずっと安かったし、長持ちもしたのだそうだ。

エレベーター

ウィーン大学のNIGと呼ばれる新館は、リング通り沿いの本館から、ブロックを一つ隔てたところに建っていて、私が勤務していた頃は五階に日本学研究所があった。建物自体は何の変哲もないビルだった。一九六〇年代に建てられたということで、特に目立った特徴もなかった。正面の入口を入った階段の左右にエレベーターがあり、左は教員専用だったが、右側のは学生をはじめ誰でも乗れるエレベーターだった。

ただ、このエレベーターは、今まで見たことがない変わったものだった。ドアが全くなく、ケージが次々と途切れることなく動いている。左側は上に昇り、右は降りてくる。全く停止することがないので、学生たちは、動いているケージにひらりと飛び乗ったり、飛び降りたりしている。挟まれたという話もほとんど聞かなかった。日本だと、きっと挟まれる事故が起こってすぐに問題になりそうだ。しかしオーストリア人は意外に敏捷《びんしょう》らしいと、妙なところで感心した。

最初は、乗るのを少しためらったが、慣れてくると、どこにでもあるような教員専用のものは、まったく使わなくなり、もっぱら止まることのないエレベーターにばかり乗るようになっていた。しかし大学新館のこのエレベーターは、二〇〇七年七月に停止してしまったということを聞き残念に思っている。

こうしたエレベーターは、正式には循環式エレベーター(Umlaufaufzug)というのだそうだが、学生たちは、みなPaternosterと呼んでいた。「パーテルノステル」というのは、「我らが父」(Vater unser)という意味で、「主の祈り」といわれるキリスト教の祈りの言葉からだ。「天にまします我らが父よ。願わくば御名の尊ばれんことを」と始まる「主の祈り」は、キリスト教の幼稚園や学校に通った日本人なら知っている。

このエレベーターが、なぜ「主の祈り」と呼ばれるかといえば、数珠のように丸くつながったロザリオに似ているからで、お祈りはそれを繰《く》りながらするからだ。

途切れることなく、ぐるぐると回り続けているエレベーターは、アメリカにはまったくといってよいほどないそうだ。もっぱらヨーロッパのものだということだ。一八七六年ロンドンの郵便局で、荷物運送用に用いられたのが最初で、一八八〇年代に人を乗せるようなものがつくられ、一八八五年に、ハンブルクに設置されたのがドイツ語圏初のもので、ウィーンでも二〇世紀に入った頃から、多くつくられるようになっていく。

ドイツでは、PaternosterでなくKehrlipfとかLipfzelleと呼ばれたこともあるそうだ。lipfenというのは、持ち上げる(heben)といった意味なのだと言われる。

もともとエレベーターは、既に建っている建物の中庭に後から付けられたり、螺旋状の階段の中央の吹抜け部分を利用して付けられることもあった。古い建物に新たな設備として、十九世紀末から二十世紀初めに設置されたものもある。今でも当時のエレベーターが残っているところでは、ユーゲントシュティールのデザインが見られるものもあったりする。エレベーターの中にちょっとしたベンチが置かれていて、そこに座ってゆったりと昇っていくと、時計の針が百年ほど戻ったような錯覚に陥ることもある。

しかしパーテルノステルは、もっと多くの人たちを次々と運ぶ必要のあるところに付けられた。ただ、それでもケージには必ず、「定員二名」と書かれている。五、六人ほど乗れそうだと思ってしまうが、二人だけ乗せて悠然と動いている。

文学者もこうした循環式エレベーターに興味を覚えたようで、ハインリヒ・ベルは『ムルケ博士の沈黙の収集』の中に書いている。

「パーテルノステルに飛び乗った。しかし自分の部屋のある三階では降りなかった。乗り続けていき、四階、五階、六階を過ぎていった。その度ごとに不安が彼を襲った」。そして彼は、最上階からさらに上まで乗り続け、「ケージは何もない空間をギシギシといいながら進んだ。油のついた鎖があり、グリースが塗られた骨組みの鉄が軋《きし》り、上に登って行く向きから、方向を下に変えて」、「ゆっくりと下に降りはじめて、ほっとした」のだった。

また作家、ハンス・エーリヒ・ノサックも、最下部に潜った時のことを書いている。飛び降りようとした時、「体中が緊張した。そして次の階に来た時には、

「主の祈り」という名のエレベーター（1908年のヒュットナー社パンフレットから）

もう一歩前に踏み出していた。ところが最後の瞬間に後ずさりし、さらにもう一つ下の階にいくまで待とうとした。そうしてさらに下へ下へと降りて行った。落ち着け！　と思った。地下に行くだけだ。ホウロウ製の板には、地下は危険なく通過することができる、と書いてあった」。そして真暗な地下に入っていく。「機械は痛風で曲がったようにメキメキと音を立てた」。「それからまたあらためて上に昇り始めた」。

速さは、秒速三〇センチ程と決まっているが、普通に乗ろうとしたり降りようとしたりすると、慣れていなければ速く感じるかもしれない。でもそのまま乗り続けていれば、「主の祈り」とともに、天国も地獄も体験できるわけだ。

中央墓地

秋も深まる十一月初めというと、まず思い浮かぶのは、墓参の季節だということだ。十一月一日は、諸聖人のための日である万聖節、翌二日は、すべての亡くなった人の魂のための万霊節となっている。

この頃は、どこの墓地も、一年でも一番墓参りの人々が多い時期で、とくに中央墓地に向かう市電の七十一系統は、墓に供える花やリースを持った人たちでいっぱいだ。

中央墓地といえば、名誉墓地といわれる区画もあって、音楽家の墓詣でをしようという観光客の姿も多いのだが、観光客ではないウィーンの人々も、のんびりと散歩に訪れたりするのを見かける。どうもウィーンの人たちは、ほかの国の人と比べて、墓地についての感覚が違うようだ。

作家のトーマス・ベルンハルトは、『ヘルデンプラッツ』の中で、「墓地を訪れるのは、何より有益なことです。あれほど教訓になることはないでしょうし、心安らぐこともないのです」と登場人物に言わせている。

墓参でもなく、ほとんどピクニックのように墓地にやってくるウィーンの人も多いのだ。ウィーンの人々にとっては、墓地や死は、それほど遠いところにあるものではないらしい。

ウィーン中央墓地開設百年にあたって、ロック歌手、ヴォルフガング・アンブロスは、なんと『中央墓地万歳』という歌を作っている。その一部分は次のようだ。

中央墓地では、生きていた時には
なかったような気分だ
あらゆる死者たちが
今日、最初の百年目を祝っているのだ
ハッピー・バースデイ　ハッピー・バースデイ

この歌は、一九七五年六月から十月にかけて十三週にわたって、アルバムとしてオーストリアのチャート第一位になっていた。オーストリアならではと言うこともできるだろう。言葉の意味がわからずに聞いた外国人は、これが墓地を歌った歌とは気づかないかもしれない。途中で、「ハッピー・バースデイ！　ハッピー・バースデイ！」と叫ぶように歌う個所もあるので、なおさらだろう。まさか、この歌が、中央墓地誕生百年の祝いの歌とは思わないかもしれない。

中央墓地の開設は一八七四年だが、計画は十年以上前の一八六三年にさかのぼる。当時は、ウィーン旧市街を取り囲んでいた市壁（バスタイ）が取り壊され、リング通りの建設が始まっていた。

多くの人々が帝国の首都ウィーンに仕事を求めて集まってきた。人口の増加にともなって住居の問題も出てくるのは当然だが、それ以外に、墓地の不足といったことも起こってきたのだった。

ウィーンには、現在の帯状道路ギュルテルの外側に、五つの郊外地区のカトリック墓地があった。それらは、北からヴェーリング墓地、シュメルツ墓地、フンツトゥルム墓地、マッツラインスドルフ墓地、そして聖マルクス墓地だったが、新たな大規模な墓地開発がどうしても必要になっていた。

そしてウィーン中心部にとって風下にあたる南東方向が望ましいとされ、いくつかの候補地の中から地質や交通の便なども考慮された結果、シンメリングが適当とされたのだった。

中央墓地の開設によって、その後、他の公共墓地は、例えばマッツラインスドルフ墓地は、ヴァルトミュラー公園に、フンツトゥルム墓地はハイドン公園に、シュメルツ墓地はメルツ公園に、ヴェーリング墓地は同名の公園にと、つくり変えられていった。ただ、聖マルクス墓地だけは、ビーダーマイヤー期の墓地という芸術的歴史的な価値から、新たな埋葬は行われない状態で保存されている。

新中央墓地の場所がシンメリングに決定した後、墓地全体の設計プロジェクトのコンクールが行われた。二十三案の応募があったが、一八七一年の年初の結果発表でカール・ヨナス・ミリウスとアルフレート・フリードリヒ・ブルンチリの案が一位を獲得した。中央にギリシア十字の形が置かれ、それぞれの先端部に円形の場があり、そこからさらに八本の放射状の道が広がるという構造になっている。ヨーロッパで第二の広さの墓地で、今では三百万を超える「住人」が眠っている。

中央墓地の正式な開設日は、一八七四年十一月一日の万聖節だった。この日には鉄道馬車も中央墓地まで走り始めていた。

しかし、ウィーン大司教のオトマール・フォン・ラウシャー枢機卿が記念式典を行ったのは、前日の十月三十一日だった。広く予告されることもなかったので、観衆もほとんどいなかった。当日の記録には、「墓地内で儀式が執り行われている間、近くでは兎狩りがされていて、狩人の撃つ鉄砲の音が、司祭の聖別の祈りの合間に陽気な音で響いてきた」と書かれている。

最初に中央墓地に埋葬されたのは、十三の遺体だった。遺体を乗せた馬車が門を通ると鐘の音が響き渡り、埋葬への参列者があとに続いた。そのうち十二体は共同の墓に葬られたので、独立の墓に埋葬されたのは、一体だけだった。

それは、ヨーゼフシュタットのヤーコプ・ツェルツァーだった。いまでも入口からほんの百メートルほど右に行ったところに彼の墓はある。

「ここにウィーン市民ヤーコプ・ツェルツァーは安らかに眠る」と墓碑に刻まれている。まさに中央墓地最初の遺体なので、区画グループは、ゼロのグループ、第ゼロ列で、墓地番号は第一番とされている。

GEBÄUDE

建築

パヴラッチェン

ブルートガッセのあたりは、いかにも古いウィーンを感じさせる町並みが続いているが、表通りから、建物の中庭に入ってみると、またもうひとつの古いウィーンが現れる。中庭に面した壁面の二階や三階部分には、ごく簡単な外廊下が付けられている。手摺りには花箱が置かれていたりして、殺風景な様子を少しはやわらげているものの、外廊下や手摺りは、実に簡素だ。廊下自体を支えているのも、斜めに棒のような物が付けられているだけだ。

こうした外廊下は、十九世紀にはよくつくられたもので、ブルートガッセに近いところでは、グリューンアンガーガッセ一番地の中庭にもある。このノイブルガーホーフという建物は一八四六年から四八年にかけて上階部分が増築されたものだ。フランス軍がウィーンを占拠した一八〇五年には、元帥ニコラ・シャルル・ウディノが住んだところだが、やはり外廊下がある。

このような外廊下は、ウィーンではパヴラッチェン（Pawlatschen）と呼ばれる。もともとチェコ語の pavlač から来た言葉だ。チェコ語ではバルコニーといった意味で使われる。パヴラッチェンという言い方は、ウィーンが中心で、オーストリアでもリンツのあたりに行くと、もうあまり言われないのだということだ。

誰でも見られるところでは、シューベルト博物館の中庭がわかりやすい。現在の九区の一部にあたるヒンメルプフォルトグルント地区のヌスドルファーシュトラーセの博物館の中庭に入ると、二階部分の廊下が中庭を取り巻くように、ぐるっと回って付けられている。一七九七年、この建物でシューベルトは生まれ、一八〇一年、四歳の時まで住んだところだ。パヴラッチェンで囲まれた中庭は、パヴラッチェンの中庭(Pawlatschenhof)といわれ、ウィーンらしい雰囲気をつくり出しているところでもある。ここで、幼いシューベルトが中庭や廊下で遊んでいたわけだ。

パヴラッチェンは、一八八一年のリング劇場の火事以来建設が禁止されたので、現在残っているものは、いずれも十八世紀末から十九世紀のものばかりだ。

一八三〇年のドナウ河の氾濫のときには、ドナウ運河の水が、現在の二区レオポルトシュタットに溢れ、多くの家が水没した。一階が水浸しになってしまい、住民は二階のパヴラッチェンに集まり、そうした人々を舟で助け出す様子を描いた絵も残っている。

パヴラッチェンは、ウィーン中心部よりもリングの外の周辺部の地区に多く見られるのには、理由がある。十八世紀末から十九世紀にかけてウィーンは人口が急増していく。一八四〇年には一七七〇年の人口の三倍に膨れ上がっている。各地からウィーンへの労働力の流入は、住居の必要性も増大させたが、家主たちはできるだけ安易に稼ごうとして、共用の廊下を建物内に設けるのではなく、ごく簡単なものを外側の中庭に面したところに付けたのだった。各戸も、一部屋(Zimmer)と台所(Küche)しかないのがほとんどだっ

ドナウ河氾濫の時、外廊下で助けを求める人々（F.R. ルスの水彩画）

た。だから、そうした住居は、Zimmer-Küche-Wohnungと呼ばれた。

パヴラッチェンという言葉は、チェコ語から来ていると書いたが、チェコやスロヴァキアからはたくさんの労働者たちがウィーンにやってきていた。煉瓦工として働く人々も多く、彼らは、ボヘミア煉瓦工（Ziegelböhm）と呼ばれた。

そうした労働者たちの労働環境は、かなりひどいものだった。オーストリアの労働運動の創始者ともいわれるヴィクトール・アドラーは、一八八八年『煉瓦工労働者の状況』という文の中で次のように書いている。

どの部屋にも「四家族から十家族が寝ている。男たち、女たち、子どもたちが、皆、ごちゃごちゃに、折り重なるように寝ている。この穴倉のような寝場所のために、彼らは『部屋代』を払わされているのだ」。「貧しい彼らは、シーツも布団もなく寝ている。古びたぼろ布を敷き、汚れた服が掛け布団の代わりだ。シャツを脱いで、裸で寝ている者もいる。一枚だけしか持っていないシャツを大事にしようとするためだ。常に彼らとともに寝ているのは南京虫や虱《しらみ》だ」。

また当時、煉瓦工の仕事をするためにウィーンにやってきたフランツ・ブラベネッチという人が書き一九三〇年に出版された回想記がある。その頃の貧しさや労働の大変さがわかる一部分を引用してみよう。「春、青いズボンと上着を着て、青い作業用前掛けを付け、作業場に出かけていく。その服は、冬まで取り替えずにそのままだ」。「朝、四時には仕事にかかり、日没の後、できあがった煉瓦を倉庫に運ぶ。夏には、十時まで仕事は続いた」ということだが、彼も、もともとボヘミアから来た男だった。「一八八五年、十八歳のとき、東ボヘミアから兄弟と一緒にウィーンにやって来た。クラールという名の親方のところで仕事をもらった。独身の者たちが住む住居をあてがわれた。そこは、まるで古い納屋のような部屋だった。そもそもどのくらいの人が、そこで暮らしていたのかも分からないくらいだった。ベッドの数によって判断できるわけではなかったからだ。というのは、たくさんの若者たちは、パヴラッチェンにも寝ていたからだ」。

ウィーンのパヴラッチェンは、幼いシューベルトが歩いたところでもあり、貧しい労働者たちが寝ていたところでもあったのだ。こうしたいかにも簡素な外廊下を歩いた人々によって、ウィーンの庶民の歴史がつくられてきたのだ。

ドゥルヒハウス

ウィーンの町を歩いていて、建物の大きな入口から中に道路がつながっていることがある。のぞいてみると、奥には反対側の道が見える。奥の道に抜けるために、誰でも通れる通路になっているわけだ。

このように、建物の下をくぐり中庭などを通ってさらに向こうの道に出ていけるところはかなりある。こうした建物はオーストリアではドゥルヒハウス (Durchhaus) と呼ばれる。

ウィーン風の言い回しでも良く使われ、例えば、仕事をしている机のところを無神経にうるさく通り過ぎると「ここはドゥルヒハウスではないぞ!」と叫んだり、右の耳で聞いたことが左の耳からすぐ抜けてしまう、いい加減にしか聞いていない人に「お前の頭はドゥルヒハウスか!」と言ったりする。

建物の中を通り抜けるといっても、例えばカフェ・ツェントラールの奥のフェルステル宮にあるようなところは、ドゥルヒハウスとは言わず、パサージュと呼ばれる。そうしたところは、タイル張りになっていたりして、ショッピングアーケードという雰囲気もある。

ザルツブルクのモーツァルトの生家のあるゲトライデガッセの近くにも、ドゥルヒハウスと呼ばれるものが多い。ザルツァッハ川沿いの狭い場所なので、抜け道がかなりあったのかもしれないが、現在では観光客が多く、洒落た店がたくさん並んでいる。

　ウィーンでは、古いところでは、ミヒャエラー教会のところの、通称ミヒャエラードゥルヒハウスと呼ばれている通路が有名だ。橄欖山《かんらんさん》のキリストのレリーフがあることでも知られている。古めかしい店もあって、このあたりを作家のグリルパルツァーやアブラハム・ア・サンクタ・クララなども歩いたのに違いないし、ひょっとしたら、『愛しのアウグスティン』の歌で有名な、アウグスティンもバグパイプを抱えて通ったのかもしれない、といった想像力をかきたてられる。

ドゥルヒハウスは中を通って奥へ抜けていくことができる建物

　しかし、ドゥルヒハウスというのはあちこちにある。一般的に通りに面して建物を建てていく時、隣り合った建物を離して建てるわけではなく、建物同士を隙間なく付けて建ててしまうので、建物の反対側の通りに行きたいと思っても、大きな区画をぐるっと一回りしなければならないことがよくある。途中に、反対側に抜ける路地がないからだ。

　道を建物が途切れるところまで歩いて行って、道を二回曲がって、ようやく、反対側の目的の場所にたどり着く。私が住んでいたアパートの裏の通りの建物の知人を訪ねた時もそうだった。地図を見ると三十メートルも離れていないのだが、道がないので、表通りを延々と歩いて大回りして出かけて行ったことを思い出す。

昔からそれでは不便だと思ったのだろう。建物の入口を入って反対側に抜けられるようにしてあるものもよくあったわけだ。

作家のフリッツ・シュテューバー＝グンターの短編『ドゥルヒハウス』の冒頭部分を引用してみる。

「この区の往来の最も盛んな主要な道をつないでいるのは、昔から『自由に通行できる抜け道』がある『ヤコブの梯子』という名の二階建ての建物だった。車も通れる横道は、長いことぜひとも必要だとは思われていた。区の議員の選挙の度毎《たびごと》に、対抗する二つの党は、近い時期に横道を開通させることを、彼らの主要計画案として掲げた。しかし、選挙戦が終わってしまうと、多数派となったほうも、少数派となったほうも、この公約を忘れ去ってしまうのだった。そこで、このドゥルヒハウスが、ただひとつの抜け道のままとなった。一日中行きかう人々でいっぱいだった。朝でも昼でも、そして夕方も、信じがたいほど舗装の良くない、狭くて長い中庭は、まさに身の危険すら覚えるほどの雑踏となった。というのも、この区の少なくとも半数の住民が、毎日このドゥルヒハウスを使って抜けていったからだ」。

ドゥルヒハウスは、こうした日常生活に欠かせない通りとして使われたのだ。

もうひとつ、有名な作品でドゥルヒハウスが出てくるものがあるので、引用してみようと思う。カール・クラウスの『人類最期の日々』の第一幕第一場からだ。

『人類最期の日々』は、場の数が二二〇もあり、仮に、実際に上演するなら十日余りかかるという戯曲だが、序幕で、サラエボでの皇太子暗殺事件が伝えられる。第一幕は、それから数週間後、リング通りとケルントナーシュトラーセが交わる、歌劇場に近いシルクエッケと呼ばれるあたりでの話だ。

客　くずせるかね？（十クローネ金貨を渡す）

御者　くずれるかって。全部もらっときましょう。これフランツの金貨でしょう。

家の管理人（近づいてきて）何、フランス人だって？　ああそうか。結局のところスパイだろう。どこから来たんだ。

御者　東駅からでさ！

家の管理人　ああ、ペテルスブルクからか！

群集（馬車を取り囲んでいる）スパイだ！　スパイだ！

（客はドゥルヒハウスの中に逃げ込む）

このように、皇帝の肖像が描かれた十クローネの「フランツ」金貨を、「フランス人」と聞き間違えるシーンがあるのだが、ト書きには、路地という意味のガッセという言葉ではなく、ドゥルヒハウスと書かれている。そのあと赤十字のアメリカ人がイギリス人と間違えられて逃げていくのも、やはりドゥルヒハウスの中だ。カール・クラウスは、表通りの奥の、場合によっては何層にも連なる建物が続くドゥルヒハウスというものを、実に効果的に使っている。

ドゥルヒハウスというのは、ある意味でとてもウィーンらしいともいえる。表面だけ見ていたのではわからない、襞《ひだ》のように続くその奥に、ほんとうのウィーンが潜んでいる。

フィリップホーフ

国立歌劇場の近くにあったフィリップホーフという建物を知っているか、と尋ねても、おそらくウィーンの若い人からは、わからないという答えが返ってくるだけだろう。どんな建物かすぐに思い浮かぶのは、かなりの高齢者にちがいない。

一九四五年三月十二日の爆撃で、国立歌劇場の斜め後ろのフィリップホーフは、二発の爆弾の直撃を受けた。外側の一部は残っていたものの、建物の内側は、ほぼ完全に崩壊してしまっていた。アルベルティーナも爆撃の被害を受けたが、国立歌劇場とは違って、建物そのものが使用不能となるほどではなかった。しかし、フィリップホーフの被害は甚大だった。

フィリップホーフのあったところには、一七八四年に建てられた建物が存在した。二十もの階段があり、二百二十世帯が入るという、当時、ウィーンで最大の賃貸住宅だった。作家のフランツ・グリルパルツァーや、モーツァルトのオペラの台本作家として有名なエマヌエル・シカネーダーも住んだことがある。

この建物は、ノイアー・マルクトに続く通りである、現在のテゲトフシュトラーセを跨ぐかたちで建っていた。つまり当時、テゲトフシュトラーセという通りはなかったのだった。フィリップホーフが建っていた場所から、今はシュテファン大聖堂の尖塔が見通せるが、古い建物があった頃は、シュテファンは見えなかった。

古い建物をウィーンの都市改造にあわせて取り壊し、テゲトフシュトラーセがつくられ、そして一八八四年に、銀行家ヴィルヘルム・ツィーラーの依頼で新しい建物が完成した。建設当初はツィーラーホーフと呼ばれていたというが、すぐにフィリップホーフと名づけられた。

設計者はカール・ケーニヒで、後にウィーン工科大学の学長を務めた人だった。他にもシナゴーグや賃貸住宅を設計したことで知られるが、フィリップホーフは彼の初期の代表作とされている。三階と四階部分を貫くかたちで大きな円柱が通されていて、その上には多くの彫像が付けられ、屋上には円蓋が設けられた堂々とした外観からも、いわゆる会社群生時代の典型的な歴史主義の建物であったことがわかる。

古い絵葉書や写真を見ると、フィリップホーフとモーツァルト像が、描かれたり、写されたりしているものがある。今、ブルクガルテンに立つモーツァルト像は、もともとこの場所にあり、そこにカフェ・モーツァルトもあったのだった。モーツァルト像は、やはり爆撃で被害を受けたため取り外された。そして一九五三年になって、ブルクガルテンに再建されたのだ。

一九四五年の爆撃によってフィリップホーフは無残な姿となってしまったわけだが、その地下には防空壕が設けられていた。この建物や近隣の住民たちの避難所としてつくられたものだった。空襲とともに、たくさんの人々がそこに逃げ込んだ。しかし二発の爆弾に直撃されたため、崩壊した建物の下に完全に埋められてしまった。

空襲が終わった後、しばらくは生存者がいたのではないかともいわれるが、瓦礫に埋めつくされていたため、まったく救出はできなかった。二百人とも三百人ともされる犠牲者の数は、いまだにわからない。

戦後長い間、崩れたフィリップホーフは、そのまま残骸のあとを留めたままだった。ようやく完全に解体されたのは、一九四七年十月になってからだった。だが、遺骨の収集は断念され、そのまま広場となった。

広場に記念碑をつくることについては、長い間議論がされていたのだったが、一九八八年、オーストリア併合五十年にちなんで、この場所に記念碑が建てられた。その頃私はウィーンに住んでいたので、記念碑関連の記事が、新聞や雑誌によく取り上げられていたのを目にしていた。

アルフレート・フルドリカがつくった『戦争とファシズムに対する記念碑』は、おおきく四つのグループからなっている。それぞれ「暴力の門」、「道路を洗うユダヤ人」、「冥界に入るオルフェウス」、「共和国の石」と呼ばれる。広場の前に立つと、まず一対の花崗岩がある。台座は強制収容所のあったマウトハウゼンから運ばれた石だ。その間から見るといくつかの彫像や石柱が見える。

見落としがちなのは、「道路を洗うユダヤ人」で、意味のよくわからない観光客は、ベンチ代わりに座ったりして、ウィーンの人々の顰蹙《ひんしゅく》を買ったものだった。そのため今では、このユダヤ人は鉄条網がつけられて、腰かけられないようにされている。

『戦争とファシズムに対する記念碑』の彫像それぞれが何を意味しているかは、ウィーン市が立てた近くの解説板を読めばわかるのだが、アルフレート・フルドリカ自身が語った言葉を『ファルター』誌の記事で読んだことがあるので、それを記しておくことにしよう。

「『冥界に入るオルフェウス』はフィリップホーフ地下室で爆弾の犠牲になった人々に関連しています。そこに逃げようとした人たちは、地獄に行くことになってしまいました。またオルフェウスは―改まって言えば―歌劇場、アルベルティーナ、演劇博物館、つまりミューズへの敬意なのです。道路を洗うユダヤ人についてですが、誰でも、アウシュヴィッツで何が起こったのかは言うことができるでしょう。それはわかっています。しかしウィーンで何が起こったのか、そのことをウィーンの人々は知らなければならなかったのですし、それをどの子どもも見ることがあったのです。暴力の門は、前線と後背地の戦争です。そして最後に、きわめてオプティミスティックに、大きな花崗岩に刻まれたオーストリア独立宣言があるのです」。

ロースハウス

ウィーン最大といわれる双頭の鷲の像は、ドナウ運河に近いシュトゥーベンリング通りに沿って建つ、かつての帝国国防省の上にあるが、一見、双頭の鷲とはまったく縁のなさそうな建物にも、実は、双頭の鷲がいることがある。ミヒャエラー広場に面したアドルフ・ロースの建てたロースハウスと呼ばれる建物にも鷲がいるのだ。

ミヒャエラー広場は、古くからウィーンの、ひとつの中心だった。シュテファン広場は、シュテファン大聖堂の前であることから、ウィーンの心の中心である一方、ミヒャエラー広場は、古いローマ時代の遺跡がでたことからもわかるように、きわめて長い歴史の中にあり、しかもハプスブルク家の王宮のミヒャエラー門への入口となる重要な場所だったのだ。

ロースハウスの建つ場所には、古くはドライラウファーハウスという建物があったが、この土地をゴルトマン・ウント・サラッチュという会社が手に入れた。

ゴルトマン・ウント・サラッチュは一八七九年創業の店で、もともとグラーベン二十番地に店を構えていた。約百人もの従業員を抱え、紳士服、装身具、肌着を作っていた。扱う商品もかなり高級ものばかりだった。独自の魅力を備えた品が多く、次第に国内だけでなく、ヨーロッパや海外にも輸出されるようになっていた。

ゴルトマン・ウント・サラッチュの顧客は、宮廷や貴族たち、上流階級の裕福な人々だった。帝国王国御用達洋服店の称号を名乗ることが許され、後には皇帝の紋章を掲げる許可も得たのだった。売り上げも順調に伸びていき、新たに本店を建築することとなった。

ミヒャエラー広場に面した土地を手に入れ、建設案を募ったが、満足できるものがなかった。そのため、『ダス・アンデレ』というアドルフ・ロースの出していた冊子に広告を載せていた縁もあり、またロース自身、以前からゴルトマン・ウント・サラッチュの顧客であったこともあって、彼に新たな建物の設計を依頼することになった。

ロースは、建物の設計の依頼にゴルトマンがやってきた時のことを、一九一〇年十月三日、次のように記している。

「それは私の洋服屋だった。このきちんとした男は［……］私のために、毎年、服を作ってくれていて、忍耐強く、一月一日になると計算書を送ってきた」。

アドルフ・ロースは広場に面して、まるで装飾を拒否したような建物を設計した。そのため「眉のない建物」などとも揶揄され、批判が続くことになる。下水の蓋を眺めていたり、入口部分が真っ黒い口が開いている絵まで描かれた、こうした当時のカリカチュアを見ると、いかに批判が大きかったのか想像がつく。

ファサードを飾り立てた歴史主義的な建物でも、植物的な装飾模様にあふれた分離派様式でもないロースの建物は、旧市街の中心部には似つかわしくないと思った人も多かった。ミヒャエラー広場は、ローマ時代からの道だったといわれるヘレンガッセやアウグスティーナーガッセと、ローマ軍の宿営地にまっすぐつながるコールマルクトが交差するという歴史的な場所であったし、しかも目の前には王宮があるからだった。

もちろん十九世紀末から二十世紀初めにかけては、リング通りやその周辺部に、オットー・ワーグナーやオルブリヒなどに代表されるような、歴史主義的な建物とは異なる装飾をまとった新奇な建築物が増えていたのだったが、やはり王宮前の広場に、装飾性をまったくそぎ落とした建物が建つことは、耐えがたかったのではないだろうか。

ロースハウスといえば、装飾のない窓などが注目され、ウィーン市当局をも巻き込んだ騒動にまで発展したことはよく知られている。しかしよく見れば、下層階の大理石の豪華さは並外れたものだ。ウィーンの建物をいろいろと見ても、これだけ立派な大理石で覆われたものはほとんどない。

そして、その大理石の上には、数多くのブロンズ製の紋章が付けられている。正面や左右の壁面の紋章にはいくつかの種類があるのがわかる。これらはいずれも主要な顧客をあらわし、この店の格式の高さを示している。

変わっているのは、羽の生えた車輪から稲妻が出ているレリーフだ。交通や通商のシンボルともされるが、「オーストリア自動車クラブ」の紋章だ。一八九八年、新たにつくられた団体で、当時は自動車自体きわめて高価で、貴族や大富豪しか乗れないものだった。錨《いかり》の紋章は、「帝室王室海軍小帆船隊」をあらわしている。十九世紀後半、西ヨーロッパやスカンジナヴィアにならってオーストリアでもつくられた団体で、海軍の将校たちが中心になって構成されていた。現在のクロアチアのアドリア海の港プーラで、一八九〇年に帆船スポーツ団体として結成された。

その他の紋章は王家などのものだ。ひとつはオーストリア大公の紋章だし、もうひとつは、中央の斜めになった市松状の形からバイエルン王国の紋章だということがわかる。ゴルトマン・ウント・サラッチュはヨーゼフ大公やバイエルン王室御用達でもあったからだ。そしてもちろん、双頭の鷲がつけられたオーストリア・ハンガリー帝国の紋章もある。

しかし、王宮や、帝国国防省のファサードの上に高々と掲げられたような巨大な双頭の鷲ではない。控えめでありながら、見る人にはわかるのだ、とでもいうように、装飾のないロースハウスにあって、一種のアクセントにもなっている。

建物の所有者は、ゴルトマン・ウント・サラッチュから何代も代わっているが、この紋章を見ると、ロースハウスの建った二十世紀初頭にさまざまな想像力を及ぼすことができるだろう。

愚者の塔

ウィーン大学の日本学研究所は、今では、かつてのウィーン総合病院があった場所に移転しているが、私が客員教授として教えていた頃には、まだ大学新館（ＮＩＧ）と呼ばれた、大学本館から一区画を隔てた西側の建物の中にあった。

路面電車で、毎日大学のＮＩＧに行く時に、いかにも古そうな病院が広がっていたのを思い出す。表通りからは見えなかったが、病院の奥に、「愚者の塔」（Narrenturm）と呼ばれる円柱形の建物が建っていた。私がウィーン大学にいた頃から、既にそこは病理学解剖学博物館として公開されていた。

怖いもの見たさ、ということで、博物館に行ってみたことがある。最近の入場者数を見ると、二〇一一年は年間二万六千人を超えているが、私が初めて行った一九八九年には、合計来館者数が、一年間で四千七百八十一人しかいなかった。

中に入ってみると、閑散とした円形の廊下が続き、片側には小さな部屋が並び、もう片方の内側は、中庭に面した窓が並んでいたのを思い出す。

それより、陳列されている標本類は、素人には刺激が強すぎるものばかりだった。さまざまな人体模型が展示されている。ムラージュという解剖学の教材の蠟人形の模型も多い。あるいは、水頭症やシャム双生児、病変部をホルマリンに漬けたものなどが並んでいる。また中国の纏足《てんそく》もあるかと思えば、トルコ軍にウィーンが包囲された頃の、二メートル四十センチもあったとされるトルコ兵の足の骨や骨盤などや、他にもさまざまな病気の頭蓋骨なども並べられている。

博物館の案内に「ここでは遺体の部分が展示されていることにご留意下さい」という言葉が、わざわざ書かれている理由も、内部に入ってみればよくわかる。

今では博物館だが、「患者の塔」という名前からもわかるように、もともとは精神を病んだ人々のための病院だったところで、ウィーン総合病院とあわせて、マリア・テレジアの息子、皇帝ヨーゼフ二世によってつくられた。

彼は、パリの病院にならってウィーンにも大きな総合病院の建設を一七八三年に決定した。だがパリでは、一二〇〇のベッドに対して入院患者は五〇〇〇人もいた。つまり、一つの大きなベッドを四人以上の患者が使うという、今からすれば考えられないような設備状態だった。ヨーゼフ二世は、新たな病院の建設にあたって、患者一人あたり一つのベッドを与えるとして、二〇〇〇のベッドを用意させたのだった。

さらに総合病院の建設と同時に、精神病院の建設を行うこととしたわけだが、そこにも啓蒙君主としてのヨーゼフ二世の考え方があらわれている。

それまで、精神を病んだ人々は、孤児、物乞い、身体障害者と同じように、いわば社会の落伍者と見なされ、さらには見世物のようにもされていた。しかし啓蒙主義の時代、犯罪人と同じように監獄に入れられていた精神病の患者を、病人として扱おうとしたのだ。

そして一七八四年にできあがったのが、五層からなり、半月状の中庭が二つ設けられた円筒状をしている「愚者の塔」だった。各階に二十八部屋ずつの病室が並べられ、それぞれの部屋には小さなスリットのような窓がある。

円形の廊下は、ぐるっと一回りできるようになっている。病人が止まることなく際限なく歩くことができるようにするためだともいわれる。建設当初は、各部屋にドアもつけられていなくて、患者は自由に廊下を歩くことができたのだった。一般に、病状の安定した患者は下層階にいて、叫び声をあげたり凶暴だったりする患者については、上層階に鎖でつながれていた。

ただし、看護人には患者を叩くといったことは禁じられていた。しかし治療は、今からすれば未熟なものだった。瀉血《しゃけつ》をして悪い血を体外に出したり、催吐剤《さいとざい》や下剤で体内の液体のバランスを保つといったことや、さらに雷を使った治療も試みられていたのではないかとされている。

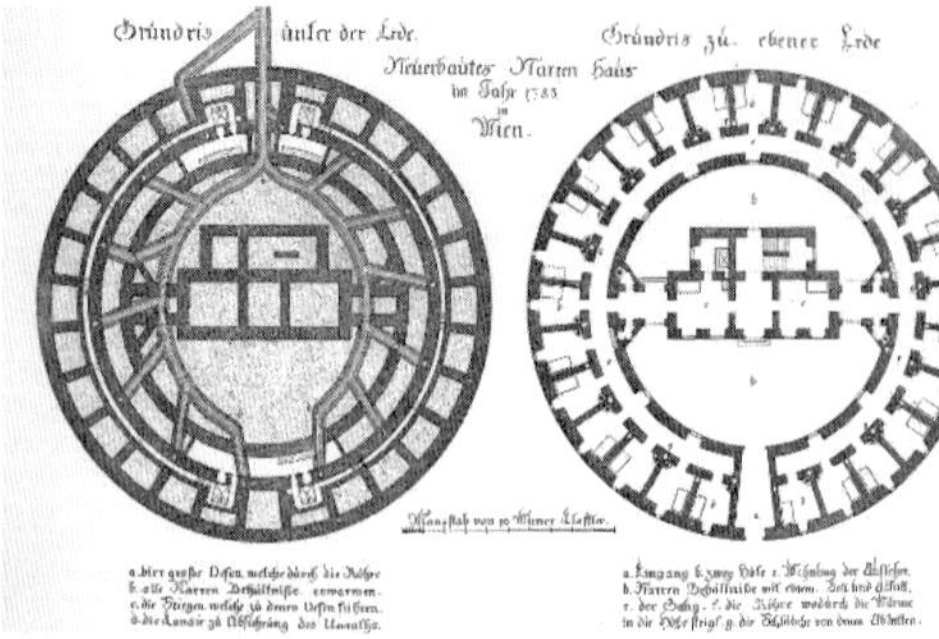

「愚者の塔」内部の見取り図

近代的な治療法でないことが行われていた場所と思うと、たしかに異様な建物にも見えるが、各部屋が見渡せるといった点では合理的な設計だった。イギリスのベンサムの「パンオプティコン」にとても似ていて興味深い。ただ、ベンサムのパンオプティコンは、一七九一年に書かれたもので、ウィーンの「愚者の塔」のほうが、かなり早いということになる。

「愚者の塔」は建設後十年以上も、建物の周囲に壁がつくられていなかった。壁ができるのは一七九五年になってからで、建物のまわりから「愚者たち」を覗こうとする人たちの視線をさえぎるためだった。

「愚者の塔」は、その後、ウィーンの北のクロスターノイブルクの病院やシュタインホーフの病院にその役割を譲り、第一次世界大戦後、看護師や医師の宿舎や倉庫として使われていたが、一九七一年から病理学解剖学博物館となったのだった。

ウィーンの人々は、皇帝フランツ・ヨーゼフの好物だったケーキのグーグルフップフ(Guglhupf)に「愚者の塔」が似ていることから、この塔を皇帝ヨーゼフ二世のグーグルフップフとも呼んだりするが、「愚者の塔」については、まだ解明されていない謎も多い。

各階の部屋の数が、なぜ三〇といった、区切りのいい数でなく二十八なのか。また円形の建物の周囲は六十六クラフターなのか、といったことが問題とされる。それは皇帝ヨーゼフ二世とフリーメイソンや薔薇十字会とも関係があるとされ、ある説によれば、六十六はアラビアの伝統では神の数字であり、二十八は密教的神知論では、病める人を治す神といった意味なのだという。

ユーゲントシュティールの教会

ウィーンを代表する教会といえば、ゴシックのシュテファン大聖堂、バロックのペーター教会やカール教会といったものがあげられる。カール教会は、フィッシャー・フォン・エルラッハの代表作であり、バロック建築の傑作だ。

カール教会は、一七一三年、マリア・テレジアの父である皇帝カール六世の命によって造られたから、カールという名を得ていると思われがちだが、この名は、もともと聖人カール・ボロメウスによっているのだ。

カール・ボロメウスは、一五六五年、ミラノの大司教となった人物で、一五七六年ペストがミラノで流行したとき、自らの危険をも顧みることなく患者たちを援助し、亡くなった人々を埋葬するようにと努めたのだった。このようにカール教会は、一六一〇年、聖人に列せられたカール・ボロメウスからその名が与えられているのだが、ウィーンには主要な教会として、もう一つ、カール・ボロメウスにちなんだ教会がある。

それは中央墓地の第二門を入って、真直ぐに十分ほど歩いて行ったところに建つ教会だ。死者を弔う墓地の教会ということで、カール・ボロメウスという名が付けられたのだろう。途中には、名誉墓地といわれるところもあって、ベートーヴェンやシューベルト、ヨハン・シュトラウス、ブラームスなど、有名な音楽家の墓が集まっている。その一角は、寒い冬でも観光客の姿を見ない日はない。

さらに少し歩いていけば、カール・ボロメウス教会に着くのだが、なかなかそこまで足を延ばす人はいない。広大な中央墓地を回るバスもあって、墓参者の便宜のために三十分間隔で運行されているが、ちょうど墓地の中央に位置する教会のすぐ近くは通らない。

しかし教会に入った人は、きっとその内部の装飾に驚くに違いない。二十世紀初頭のウィーン風のユーゲントシュティールの意匠に満ちているからだ。

教会の建設は一九〇八年から一一年にかけてだった。中央墓地の開設は一八七四年だったわけだから、教会がつくられるまでに三十年もの間があいている。

墓地の開設時から、もちろん、中央部に教会を置くことは考えられていたのだが、なかなか建設されず、ようやくユーゲントシュティールが最盛期を迎えた時期に建てられることになったのだ。そのため、ウィーン風の独特のデザインが随所に見られる教会が出現することになったのだった。

ユーゲントシュティールの教会といえば、ウィーンの西のはずれの丘に建つ、オットー・ワーグナー設計のシュタインホーフ教会が、よく知られていて、ここは一九〇三年から〇七年にかけて建設されている。一方、中央墓地のカール・ボロメウス教会は、オットー・ワーグナーの弟子のマックス・ヘーゲレが、二十七歳の若さで設計した。

教会の位置を平面で見ると、円と十字からできているのがわかるが、それは永遠と救済をあらわしている。半円状に延びるアーケードは、教会建設よりも前の一九〇五年から〇七年につくられたもので、七〇〇を超える納骨用の壁龕《へきがん》がある墓所として用いられている。教会自体は五十八・五メートルの高さがあり、教会の隅の上には、福音史家のルカ、ヨハネ、マルコ、マタイの像がある。後ろの塔は、鐘楼と時計塔になっている。しかし鐘は第二次世界大戦の時には溶かされて兵器に用いられたし、教会の屋根も爆撃で被害を受けたのだった。

　時計の文字盤は少し変わっている。十二時の位置には十字架がつけられ、一時から十一時は数字ではなく文字がある。書かれているのはTempus fugitというラテン語だ。日本語でいえば「光陰矢のごとし」といったところだ。

　堂々とした二十二段の階段を上って中に入ると、内部は直径二十三メートル近い空間が中央にあり、上部の高さは三十九メートルだ。この青い円蓋はイグナツ・デュルによるもので、二万一〇〇〇のモザイクでできていて、合計で二キロもの金箔が張られた星が輝いている。その数は九九九個ある。

　教会内部には、ゲオルク・ライゼク、カール・フィリップ、テオドール・シャルモン、ハインリヒ・ハウスライトナー、アントン・ハーン、フランツ・クルーク、アドルフ・ポールなど、当時のユーゲントシュティールの作家たちの作品が数多く見られる。照明、聖水盤から、天井、壁や床の模様にいたるまで、ウィーンのユーゲントシュティールだが、中でも特に注目しておかなければならないのは、レーオポルト・フォルストナーのステンドグラスだろう。

クリムトのストックレー邸の仕事も行ったフォルストナーは、オットー・ワーグナーのシュタインホーフ教会内の作品でも知られている。カール・ボロメウス教会のステンドグラスも、典型的なウィーンのユーゲントシュティールのひとつであるといってよい。

さらに主祭壇の上に目を向けると、そこにはハンス・ツァツカが、最後の審判を描いている。よく見ると、この教会の定礎を行った市長カール・ルエーガーの姿が左下に描かれているのだ。ルエーガーは教会の完成を見ることなく一九一〇年に亡くなっていて、彼の棺は、この教会の地下にある。

そこで、この教会はしばしば、ドクター・カール・ルエーガー記念教会と呼ばれることもある。天使たちに導かれ天に昇ろうとしている、白い死の装束を着たルエーガーを、画家ハンス・ツァツカは描いているのだが、彼はさらに、ルエーガーのそばに、ルエーガーの後、ウィーン市長となった、まだ存命のヨーゼフ・ノイマイヤーの姿までも描いたのだった。

シシー礼拝堂

自然に親しむために、ウィーンの森へ多くの人々が訪れるようになるのは、十八世紀末頃になってからだった。その頃になると、森の中に館を建てる裕福な貴族もいた。地名になっているコベンツル伯爵(一七四一―一八一〇)の館は、当時、ライゼンベルクと呼ばれたあたりに建てられたのだった。コベンツル伯爵は音楽愛好家としても知られていて、モーツァルトも彼の館を訪れている。

「そこは、私の住んでいるウィーンから一時間のところのライゼンベルクというところです。以前に一度来たことがありますが、今回は数日間滞在しています」。「このあたりの森はすばらしく、とても快適です」と、モーツァルトは父に宛てた手紙に書いている。

そのコベンツルの館をのちに手に入れたのは、ヨハン・カール・ゾーテンという人物だった。彼は、オクトゴンや、生命の樹の環が現在あるあたりから少し南に行った森の中に、小さな礼拝堂を建てた。

ゾーテンは、皇帝フランツ・ヨーゼフと、シシーと呼ばれたバイエルンの公女エリーザベトとの一八五四年の婚姻を記念して、礼拝堂を建築することを思い立った。この建物はシシー礼拝堂と名付けられることになる。

一八五四年四月のフランツ・ヨーゼフとエリーザベトの結婚は、オーストリアにとって、まさしく世紀の婚礼だった。四月二十日にミュンヘンを発ったエリーザベトは、ドナウ河を下り、二十二日、ウィーンのヌスドルフに到着する。新たに妃となるエリーザベトを見ようとする人々は、ドナウの岸辺にあふれていたが、それだけでなくレーオポルツベルクの丘の上からもエリーザベトの船を一目でも見ようとした人たちもいたほどだった。

そうした熱狂的な祝福の中、シシーの婚礼の機会に、ヨハン・カール・ゾーテンは、建築家のヨハン・ガルベンに礼拝堂の設計を依頼した。小御堂はネオゴシック様式でつくられることになる。典型的なネオゴシック様式であるヴォティーフ教会は一八五六年四月に建築が始まったばかりだったし、ウィーン市庁舎の建築は一八七二年になってからだったので、シシー礼拝堂は、ウィーンで初めてのネオゴシックの建築物であった。

ガルベンの設計による礼拝堂は、一八五四年から五六年にかけてヨーゼフ・カスタンの施工で建築され、五六年の七月に完成した。皇帝と皇妃の名前の由来である聖人たち、すなわち聖エリーザベト、アッシジの聖フランツ、聖ヨーゼフにささげられた。建築当時から、イギリス風の庭園に囲まれた小さな礼拝堂は、建築的にも注目されたし、ウィーンの人々が森を訪れる時によく立ち寄ったということだ。

ただ、ヨハン・カール・ゾーテンは、ここを自分と妻フランツィスカの将来の墓所とするつもりで建てたのだった。事実、一八八一年、ヨハン・カール・ゾーテンが非業の死をとげた時、そして妻のフランツィスカが一九〇三年に亡くなった際には、この礼拝堂の中に葬られたのだった。シシー礼拝堂と呼ばれているにもかかわらず、ここを皇帝や皇妃エリーザベトが訪れたことはなかった。

ゾーテンの妻が葬られてからしばらくすると、礼拝堂はゾーテン家の手を離れ、次第に注目もされなくなり、第二次世界大戦を経たのちには、建物自体の傷みがひどく、壁は剝げ落ち、窓は壊れ、屋根も崩れ、荒れるにまかせるといった状態になってしまっていた。取り壊しも検討されたが、一九七五年、政府が文化財保護ということで保存することとなった。だが、その後も長期間修復されず、窓や扉を封鎖するといった状態が長く続いていた。

二十世紀も終わりの頃の地図を見ても、この礼拝堂が書きこまれていることはほとんどなかったし、まれに建物の廃墟のような印があったとしても、シシー礼拝堂という名前は記されていなかった。二〇〇二年になって、公益団体のクラトリウム・ヴァルトが買い取り、周囲の整備とともに本格的な修復に取りかかる。修復費用の百十万ユーロは、ウィーン古都保全基金や寄付などによっている。

二〇〇二年秋、修復作業の過程の中で、礼拝堂の建設者だったヨハン・カール・ゾーテン、フランツィスカ・ゾーテン夫妻の棺と遺体が発見された。建物の修復作業のため、一旦掘り出され、翌二〇〇三年の秋、礼拝堂のすぐ近くに設けられた墓所に、あらためて埋葬されたのだった。

修復は建築家のハンス・ホッファーの構想のもとで行われたが、すべて壊れたところを元通りに直すのではなく、天井の一部をガラスに替え、空が見えるようにしている。また色彩を変えた照明が行われたり、ビデオを写し、オーディオサウンドの効果が出るマルチメディア的な利用など、さまざまなイヴェントでの使用を考慮に入れたものにされている。

ハンス・ホッファーは、シシー礼拝堂は「都市と田舎の境界に位置している」「建築的なクロスオーバー」なのだと述べている。

ベルヴュー館

精神分析で有名なジークムント・フロイトは、現在の九区、ベルクガッセ十九番地に住み、そこで診察も行っていた。そして毎日のようにリング通りのあたりを散歩していたといわれる。彼はとても散策好きだったようだ。休日には、娘のアンナとともに、ハイキングの服装をしてウィーンの森によく出かけていた。

グリンツィングからヒンメルシュトラーセを登りきるあたりに、ベルヴュー・ヘーエ(Bellevue Höhe)という、ウィーン市内が一望できる、素晴らしい眺めの場所がある。バスなら、38Aでいったんコベンツルまで行き、そこからヘーエンシュトラーセ沿いに西にヒンメルシュトラーセを少し下ってもよい。ここは通称「蝶の小道」とも呼ばれる自然豊かなところで、十分ほど歩いていくと、ベルヴュー・ヘーエに着く。標高は三八八メートルだ。

今は草地が広がっているだけだが、かつて、ベルヴュー館(Schloss Bellevue)というホテルが建っていた。フロイトは、夏の間よく滞在し、次のように様子を書いている。

「ベルヴューでの生活は、誰にとっても快適である。ライラックやキバナフジの後、次はアカシアやジャスミンが香る。そして垣根の野ばらの花が咲く。それは見る見るうちに起こっていく」。

ベルヴュー館は精神分析の歴史にとっても、きわめて重要な場所だ。彼は、この館で見た夢をもとに、初めて自らの夢の分析を詳細に行ったのだ。それが『夢判断』の中の「イルマの注射の夢」だった。その歴史を想起させるようにと、ウィーン市街に向かって開けた草地の一角に、記念碑がひっそりと建っている。

「ここで、一八九五年七月二十四日、ジークムント・フロイト博士には、夢の秘密が明らかになったのだ」と、フロイト自身の記した筆記体のままの文字が、記念碑正面上部に刻まれている。これは、フロイトが長年の友人であり同僚でもあったヴィルヘルム・フリースに宛てた一九〇〇年六月十二日付の手紙の一部だ。

碑の下の部分の活字体の文字から、フロイトが、さらに次のような言葉を前後につけてフリースに手紙を出していたのがわかる。

「そもそも他日、この建物に付けられた大理石板に、『ここで、一八九五年七月二十四日、ジークムント・フロイト博士には、夢の秘密が明らかになったのだ』という言葉が読まれるようになると、君は思うか。今のところ、それについての見通しは僅かだ」。

フロイトは「見通しは僅か」と言ったが、その言葉通りに、建物にフロイトの言葉の大理石板が付けられることはなかった。フロイトは一九三八年ロンドンに亡命し、第二次世界大戦で壊れたベルヴュー館は、取り壊され、再建されることはなかった。

フロイトの弟子たちは、記念碑を設置しようとしたが、その努力は長い間、実ることがなかった。さらにベルヴュー館自体がなくなってしまった後では、有名なウィーンの森とはいえ、観光客もあまり来ない、いわば辺鄙《へんぴ》な場所にフロイトの記念碑を建設することに意味があるのか、といった意見も出ていたのだった。

そこで、皮肉な提案をする人も現れた。観光客の多い旧市街の、例えばローテントゥルム通りあたりの建物の壁に、フロイト記念板をはめ込んだらどうだ、というものだった。さらにその記念板には、「ここで、一八九五年七月二十四日、ジークムント・フロイト博士には、夢の秘密が明らかになったのではない」と最後を否定で締めくくっておけば、嘘をついたわけではないし、わずかな文の変更に気づかない観光客は、よろこんで写真を撮っていくだろう、といったことまで言う人もいたのだった。

そもそも、フロイトについての記念碑設置に関して、ウィーンでは、動きが鈍かったと言ってもよいだろう。彼は、亡命後の翌年一九三九年に亡くなったのだが、ベルクガッセ十九番地の建物に「心理分析の創始者」という記念板が付けられたのは、戦後八年経った一九五三年で、この建物は七一年に記念館として開館している。

また、ウィーン大学本館の中庭にフロイトの胸像が置かれたのは一九五六年で、台座にはソフォクレスの『エディプス王』から「有名な謎を解き大いなる人物となった」という一節が古いギリシア語で書かれている。しかしこの胸像の設置場所は分かりやすいとは言えなかった。

二十世紀もあと四分の一を残す頃になってから、フロイトの顕彰がようやく目立つようになる。一九七七年になって、ベルヴュー館のあったところに、ヴィルヘルム・ホルツバウアー設計の記念碑が設置された。八一年には生誕百二十五年の記念切手が出され、八六年、五十シリング紙幣に肖像が描かれた。

さらに一九八五年にヴォティーフ教会前の公園がジークムント・フロイト公園と名付けられ、記念の石碑が置かれた。この石碑に書かれたΨとAは、ギリシア文字の「プシー」と「アルファ」で、フロイトが精神分析(Psychoanalyse)のことをあらわす省略によく用いたからだ。その下には「知性の声はか細い」(Die Stimme des Intellekts ist leise)という、フロイトの『幻想の未来』からの言葉が刻まれている。

ただ、設置当時、碑に書かれていた言葉は「理性の声はか細い」(Die Stimme der Vernunft ist leise)だった。このような間違いが起こるのもウィーンなのだ。誤りに気づいて、ようやく九〇年代になってから、理性(Vernunft)は、知性(Intellekt)と正しく直された。

『幻想の未来』の中で、「知性の声はか細い」という言葉に続いて、フロイトは次のように書いている。「しかし、それは聞き入れられるまで止むことはない。数えきれないほど繰り返し拒否されたのち、最後には聞き届けられるのだ」。

テセウスの神殿

ウィーンの春は遅い。日本なら四月といえば桜の季節で、日本列島を桜前線が北上していく頃だが、ウィーンでは、まさに名のみの春といってもよい年が多い。とくに、復活祭が遅い年だと、いっそう春が待ち遠しい。それでも四月頃になると、リング通り沿いの公園を散歩している人が目につくようになる。

国会議事堂の前にあるフォルクスガルテン（Volksgarten）に入ってみると、少し前に三年ほどかけて修復され、きれいに磨きなおされた、ギリシア風の神殿が、太陽の光を浴びてまぶしいほど白い。この白さにも次第に見慣れてきた。しかし昔を思い出すと、灰色に汚れた小型のギリシア神殿が、どうしてウィーンの中心部の公園に建っているのか、不思議に思っていたものだ。

フォルクスガルテンのテセウスの神殿（Theseustempel）は、パウル・ヘルマンという人の書いたサスペンス推理小説の一節にも登場する。

「私はすぐに声の聞こえたほうに走っていった。左側に明るく照らし出された建物の輪郭がわかった。その前には像が立っていた。テセウスの神殿だ。古代ギリシアの建築物を小型化して模したもので、このウィーンの公園に十九世紀前半に建てられた」と書いてある。

フォルクスガルテンのテセウスの神殿については、ちょっとした解説書を見ても、ほとんど詳しい説明はなく、ただ、ギリシアのアテネのテセウスの神殿を模して、一八二〇年から二三年にかけてペーター・フォン・ノビレによって建設された、といった記述がある程度だ。

しかし、リング通り沿いの反対側にある国会議事堂は、ギリシア神殿風の外観をしているものの、十九世紀後半の建物だ。ギリシア風、ゴシック風、ルネサンス風などの擬古的な様式を用いて、リング通りを中心にウィーンには数多くの建物が建てられていったのは十九世紀後半で、都市改造の中で起こっていったことだ。それらはリング通り様式ともいわれるものだった。

十九世紀前半に建てられたテセウス神殿は、そうした都市改造期のものではない。この建物を建てさせたのは、オーストリア皇帝フランツ一世だったのだ。フランツ一世が、小さなテセウス神殿建設を思い立ったのは、次のような事情によっている。

フランツ一世は、四番目の妻カロリーネ・アウグステと結婚後、一八一九年四月、ローマに新婚旅行に出かけた。その時、彫刻家のアントニオ・カノーヴァのアトリエを訪れている。そして彼の、ケンタウロスと戦うテセウスの像を収める場所として、テセウスの神殿が建築されたのだった。

　ただ、カノーヴァはこのテセウスの像を、もともとは皇帝ナポレオンのために制作していたのだが、引き取り手がなくなったため、結局はオーストリアの皇帝の手に渡ったのだと言われている。

テセウスの神殿（1819 年建築）

　フォルクスガルテンに建つ、少し小さめのテセウスの神殿は、幅十四メートル、長さ二十四・七メートル、高さ十・五メートルだ。この中に、ケンタウロスと戦うテセウスの像が置かれたのだった。当時の設計図や古い絵などを見ると、たしかに神殿の中に、テセウス像があったのだということがわかる。いわば、ウィーンにおける当時の彫刻展示館のような場であったのだった。
　しかし、アントニオ・カノーヴァの、ケンタウロスと戦うテセウス像がここに置かれていたのは、一八九〇年までだった。この年、新たにウィーン美術史美術館が完成し、その主階段の踊り場に置かれることになったからだった。この像は、現在も、ウィーン美術史美術館を訪れる人を真っ先に出迎える、美術館を代表する有名な彫刻作品のひとつとなっている。

現在のフォルクスガルテンのあるあたりは、旧市街を取り囲む市壁の一部があったところだったが、一八〇九年のナポレオン軍のウィーン侵攻の際に破壊されてしまった。もともと皇室庭園として考えられたが、その後、一八二五年には市民に開放され、「フォルクスガルテン」という名称が通用するようになったのだった。

先ほど引用した、サスペンス推理小説にもあったように、テセウスの神殿の前には、一体のブロンズ像が立っている。「若きアスリート」(Jugendlicher Athlet)と呼ばれているが、「勝利者」、「若さの記念碑」という名で呼ばれることもある。台座には、「わが若さの力と美」と刻まれている。彫刻家ヨーゼフ・ミュルナーの制作だ。彼は、ウィーン市庁舎裏手にある「鉄の兵士像」(Wehrmann in Eisen)の作者としても知られている。

鉄の兵士は、第一次世界大戦時、戦場に赴く人たちのために鉄の釘を打ちつけ武運と安全を祈ったものだったが、オーストリアは敗戦し帝国は崩壊してしまう。

そして敗戦後、今度は、オーストリアのスポーツ選手たちが数々の苦難にもかかわらず活躍を続けていることをあらわそうと、一九二三年、ミヒャエル・ハイニッシュ大統領の手によって、健康そうな若い男の裸体像が除幕された。

ところが、裸体像は好ましくないとされ、一九三四年には、イチジクの葉が付けられてしまったのだった。そしてその葉が外されるのは、第二次世界大戦の終結を待たなければならなかったのだそうだ。

ラートハウスマン

ウィーンを代表するリング通り沿いの建築物の中で、その高さから特に目立っているのはウィーン市庁舎だ。この建物はフリードリヒ・シュミットの設計によって、一八七二年から八三年にかけて、ネオゴシック様式で建築された。

五月から六月のウィーン芸術週間には、ウィーン市のシンボルカラーの、赤と白の長い旗がたくさん掲げられ、祝祭らしい雰囲気をつくりだしている。

幅が一二七メートルもある、左右対称の均整のとれた堂々とした建物だ。中央の塔の高さは九十七・九メートルで、その上にはラートハウスマン(Rathausmann)と呼ばれる騎士像が立っている。

市庁舎の塔の上に像を載せることを考えたのは、設計者のシュミットだった。そのための石膏像のモデルをフランツ・ガステルが作り、実際の制作にあたったのは、当時まだ二十七歳の若さのアレクサンダー・ネーアだった。職人の親方ルートヴィヒ・ヴィルヘルムが資金を出し、市に寄贈したものだ。

像は、マクシミリアン一世の甲冑を見本にしてつくられた、重量が一・八トンもあるものだ。約六か月かけてできあがったラートハウスマンは、蒸気式のケーブルウィンチで一八八二年十月二十一日引き上げられた。ネーアは完成にあたって次のように記している。

「新たなる市庁舎の塔へ『鉄の男』を設置した際の塔の完成の思い出　アレクサンダー・ネーアウィーン一八八二年一〇月この実直なる仕事に神の御恵みのあらんことを」

ネーアも書いたように、ラートハウスマンはよく「市庁舎の鉄の男」(Der eiserne Rathausmann)とも呼ばれるのだが、像の中の骨組は鉄でできているものの甲冑は鉄製ではない。厚さ四ミリの銅板で作られた「銅の男」なのだ。だからごく接近した写真に写ったラートハウスマンは緑青《ろくしょう》色をしている。

地上から約一〇〇メートルの塔の上に立つ男は、嵐にも耐えなければならないので、強風でも倒れないようになっているそうだ。また、長い旗の棹は鍛造された鋼鉄製で、金色に輝く星がついていて避雷針の役割も担っている。一九一〇年には実際に落雷したこともある。その際、五十五歳になっていたネーアは先端まで登って修理をしたのだという。

ラートハウスマンは、一八八二年以来、風雨にさらされて立っていたのだが、一世紀以上経《へ》た一九八五年、修繕のために地上に降ろされた。その際、複製が作られ市庁舎前の広場の一角に設置されたので、現在は巨大なレプリカのラートハウスマンを間近で見ることができる。それを見るとよくわかるが、中世の騎士の甲冑をつけた彼は、普通の人の背丈である一・七メートルの二倍の大きさの、三・四メートルもある。足に履いているのは中世のシュナーベルシュー(Schnabelschuh)という先の尖った靴で、今のサイズでいうと、六十三にもなる。

三・四メートルの男が、旗を掲げて持っているから、実際には全体で五・四メートルの高さで、地上から旗の先端までの高さは、一〇三・三メートルになるのだ。

この高さに関しては、よく知られた言い伝えがある。

ウィーンの新たな市庁舎の建設にあたって、フランツ・ヨーゼフ皇帝はウィーン市長に対して、「市庁舎の塔を建てるがよい。だが、わがヴォティーフ教会（Votivkirche）の塔より高くはならないように」と言ったという話だ。

実際に、皇帝がそう言ったかどうかは分からない。ただヴォティーフ教会は、一八五三年、フランツ・ヨーゼフ皇帝が暴漢に襲われたが、無傷で事なきを得たことを感謝して、一八五六年から七九年にかけて建設されたものなのだ。

したがって、フランツ・ヨーゼフ皇帝が「わがヴォティーフ教会」と、もし仮に言ったとしても、その言い方自体は不思議ではない。教会の塔の上には、しばしば十字架が付けられるが、ヴォティーフ教会には十字架ではなく皇帝の冠が付けられているのも、そうした意味があってのことだ。

だが、いずれにしても、ヴォティーフ教会の高さは九十九メートルだったので、市庁舎の中央の塔の高さは九十七・九メートルと、教会より一・一メートルだけ低く抑えられて造られたはずだった。それにもかかわらず、ラートハウスマンが置かれ、旗まで加えれば、結果的にヴォティーフ教会より四・三メートルも高くなったのだった。当時のウィーン市長側のトリックのようなものだとも言われる。

このことに関しては、さらに十九世紀も末に近くなった時代状況を考えるべきだと説明されることもある。つまり、王権に対して市民の力が強くなっていく時代であったということだ。またそうした意味合いを含んだ、次のような逸話もある。ラートハウスマンが完成し、それを設置する時、フリードリヒ・シュミットやアレクサンダー・ネーアたちが塔の上部にある足場に集まり、三つのグラスにワインを注いで祝いの言葉を述べた。

三杯のワインは、それぞれ「皇帝のため」、「祖国のため」、そして「ウィーン市民のため」に飲み干された。そのあと昔からの習わしに従って、グラスを中庭めがけて投げ落とした。

最初の二つは粉々に割れてしまったが、最後のグラスだけは無傷で見つかったのだそうだ。そのグラスとされるものは、現在、博物館に保存されている。

ネーアは、後になって述べたという。

「それが何を意味していたのか、私たちは今もちろん分かります。皇帝はもういません。当時の祖国は、もはやありません。しかし、ウィーン市民は、今も、そしてこれからも、いつづけるのです」。

NATUR UND JAHRESZEITEN

季節と自然

ばらの騎士たち

春たけなわの頃になると、町のあちこちで丹精をこめたバラの花が咲きそろうようになる。自分で土いじりをするのではなく、ただ花を見たいのなら、近いところではフォルクスガルテンなどでも、色とりどりのバラの花は楽しめる。

でも、もうちょっと本格的にバラの観賞をしたければ、ドナウを渡った二十二区のヒルシュテッテンに行くと、バラ園（Rosarium）が春から秋まで、開かれている。一万五千株のバラがあり、種類も約千五百にものぼるのだそうだ。

ここでは花をテーマにしたさまざまな催しが開かれるし、三千本の植え込みの木で作られた迷路で子どもたちが遊んでいる。迷路の長さは九百メートルになるが、迷路全体の形はウィーン市の公園管理局のシンボルマークである蝶のデザインに似せていることに気がつく人は少ないかもしれない。

さらにウィーン市内から南へ足をのばすと、バーデンの町では、「バーデン・バラ週間」が六月に開かれ、ドーブルホフ公園には約三万株のバラが咲き競う。この公園とヴァイカースドルフ宮殿では、バラの舞踏会も催される。ここのバラ園は、オーストリアのバラ愛好家の間では、知らない人はいない栽培家ルドルフ・ゲシュヴィントの育種したバラが多くあることでも有名だ。

一八二九年ボヘミアに生まれたルドルフ・ゲシュヴィントは、バラ栽培にかんする書物をドイツ語で初めて書いたとされる。彼が一八八六年に出版した『バラの交配と苗木の栽培』という本は、現在でもリプリント版が出され、読み続けられている。

ゲシュヴィントは一八六〇年から一九一〇年頃までの間に約百四十種類もの品種を作り出している。特に知られているのは、「ゲシュヴィントの勲章」という白く縁取られたピンクがかったものや、深い赤みの「ゲシュヴィントの最美」という名のものだ。

バラは「花の女王」といわれ、古代ギリシアから愛のシンボルであり、愛の女神アフロディテは、白いバラとともに海から生まれてきたのだった。今でも、白いバラは純粋な愛をあらわし、また赤いバラは情熱的な愛をあらわすのだとされている。

詩などに詠われることも多いが、オペラを思い起こすと、リヒャルト・シュトラウスの『ばらの騎士』(Der Rosenkavalier) では、若い騎士オクタヴィアンが、使者として、花嫁となるゾフィーに、銀のバラを届ける。銀のバラを届けるというのは、作者のホーフマンスタールの創案だと言われている。

余談だが、ウィーンでは不思議なことに、スーパーで、オクタヴィアンがゾフィーに贈ったような、銀のバラの造花を売っていた。面白かったので、殺風景な部屋の飾りぐらいにはなるだろうと思い買ってきて、ウィーンのアパートの暖炉の上にしばらく置いておいたことを思い出す。

ところで、バラと音楽ということでは、カール・ミレッカーのオペレッタ『ガスパローネ』の中の「深紅のばら」のメロディーがすぐに浮かぶ。

深紅のバラを持ってきました、美しい人よ
それが何を意味するのか、おわかりでしょう
私の心が感じること、それを言葉では言えません
でも、深紅のバラがそっと、ほのめかしてくれるのです
ひそやかな思いが花にはあるのです

また、カール・ツェラーの『小鳥売り』でも、「チロルでは、ばらに心を託して」という曲がよく知られていて、

チロルでは、バラを贈るということは
何を意味しているのか知っているのかい
それはバラを贈るだけではない
自分自身もその中にこめているのだ

と歌われる。

もちろんバラを贈るのは、チロルに限ったことではないわけで、ウィーンではカフェなどにも、花売りの男が、バラの花をかかえてあらわれる。もちろん手にしているのは、銀のバラではなく、赤いバラだが、こうした花売りのことを、冗談半分で「ばらの騎士」と呼んだりもするのだそうで、何人もの花売りが来れば、「ばらの騎士たち」が来たと言う。

しかし、「ばらの騎士たち」という言葉は、庭で花の手入れに余念のない人々の口から

も出てくる。しかし彼らは、ふざけて言っているわけではない。しかも、「ばらの騎士」とは言わず、「ばらの騎士たち」(Rosenkavaliere) と、かならず複数形で言う。

いったい何を指して「ばらの騎士たち」と言っているのかというと、バラと一緒に植えるとよい草花のことだ。園芸家のあいだではごくふつうに使われる言葉だが、こうした意味は、一般のドイツ語の辞典にはまったくといってよいほど書かれていない。

ラヴェンダー、ヒエンソウ、セイヨウオダマキなどは昔からよく使われていたし、ノコギリソウ、ハゴロモグサ、トウダイグサなどの黄色い花は、赤いバラによく合う。どんな色のバラにも邪魔にならないのは、マーガレット、マドンナリリー、コゴメナデシコなどの白い花だ。こうした花を一緒に植えると、バラが一層引き立つのだという。しかしいずれにしても、あまり茂ってしまうようなものや、バラの栄養を横取りしてしまうものは好ましくない。それらはあくまでも、花の女王のための騎士たちであるのだから。

マロニエ

詩人H・C・アルトマンは、ウィーンの樹木について、「アカシアとマロニエは、ウィーン的な木だ」と詩に書いている。

プラーターのハウプトアレーを走る馬車（1905年）

たしかにアカシアやマロニエは、街路樹としてよく植えられている。アカシアは、正式な植物名ではニセアカシアとかハリエンジュといわれるもので、もともとはヨーロッパの木ではない。十七世紀頃に入ってきた伝来種だが、ウィーンで街路樹として盛んに植えられるようになるのは一九七〇年代になってからだった。

他に街路樹としてよく見られるのは、プラタナス、カエデ、トネリコ、ボダイジュ、エノキ、サンバーストなどだ。日本の並木の代表的な木であるイチョウもないわけではなく、六区のヴェープガッセに行けば見ることができるが、それほど一般的ではない。

サンバーストは日本では聞きなれない名だが、シェーンブルナー・シュトラーセや、新しくなったマリアヒルファー・シュトラーセに植えられている。エノキは十九世紀末には好まれたが、生長が遅くボダイジュの倍近くかかることもあり現代では少なくなっている。ボダイジュはベルヴェデーレの並木が有名だし、十八区のゲルストホーフやテュルケンシャンツ公園などでも多く見られる。

リング通り沿いの並木は、プラタナスとヨーロッパカエデが多い。十九世紀末のリング通りができあがった頃の写真では、まだ細い木々が並んでいるだけだが、今ではプラタナスは夏には日差しを遮る心地よい木陰をつくっている。葉が落ちた秋には無数の丸い実が下がっているのが印象的だ。カエデは世界中で百五十を超える種類があるが、ウィーンで見られるのは、主としてヨーロッパカエデとセイヨウカジカエデだ。ヨーロッパカエデのほうが葉先が尖っているので区別がつく。

秋になると黄色に色づいてきれいなことは確かだが、日本の紅葉してはらはらと散っていく葉と違い、大きな葉が、ばさっと落ちてくるので、紅葉をめでるといった情趣はなかなか湧いてこない。それも致し方ないことなのかと、プラタナスやカエデの葉が寒風の中で落ちていくのを見ると思う。

マロニエは、十六世紀にヨーロッパに入ってきた木で、ウィーンではフェルディナント一世が一五三七年、プラーターにマロニエの並木道をつくらせたのがよく知られている。現在はハウプトアレーという名だが、当時はたんに、ランガー・ガング（長い道）と呼ばれていた。

フェルディナント一世は狩猟を好み、しばしばプラーターに出かけたが、そのため、のちにルストハウスと呼ばれた狩の館まで四・五キロ以上もある道をつくり、マロニエを植えさせた。また後のマクシミリアン二世は、現在のプラーターシュトラーセにあたる道沿いに狩人たちを住まわせた。そこは当時はイエーガーツァイレと名付けられていた。

プラーターは皇帝の狩猟地として、立ち入りが厳しく制限されていた。十七世紀には幾分緩和されたとはいえ、入ることができたのは高位の貴族たちだけだった。彼らはこぞってプラーターに出かけたが、それでも馬車から降りることは許されず、車上から緑を眺め鳥のさえずりを聞いていたのだった。

その頃のマリア・テレジアにまつわる逸話が残っている。まだ女帝になる前のマリア・テレジアがプラーターを訪れた時、ひざの上に抱えていた子犬を誤って馬車から落としてしまった。プラーターの森番ヨハン・フランツ・ベルンリーダーは、子犬をさっと拾い上げ、「妃殿下、将来とも御注意あそばされますように」と丁重に言い、子犬を手渡した。このことがマリア・テレジアの記憶に残っていたらしく、のちになってからも、このベルンリーダーの言葉を、決まり文句のように口にすることがあったのだと言われている。

プラーターを一七六六年市民に開放したのは、マリア・テレジアの息子、ヨーゼフ二世だったが、彼はプラーターのハウプトアレーのはずれにあったルストハウスも新たに建て直させた。それ以来、ルストハウスまでのマロニエ並木のハウプトアレーは、市民たちが休みの日に好んで出かけていくところになった。それは今でも変わりがない。

そんな様子を歌ったローベルト・シュトルツ作曲の歌がある。

一週間に日曜日はたった一日だけ
素敵な日曜日のあとは
いつもどおりの月曜日
せっかくの日曜なのだから

家になんかいないで
さあ出かけましょう［……］
今日は、馬車でハウプトアレーに出かけよう
ほら、すごく楽しい日になるよ
いそいで白馬を馬車につなぎます
さあ馬車に乗って天国のようなところまで

プラーターといえば、春、マロニエの花の咲く頃も良いが、木々の葉の色づいた秋のプラーターも格別の趣がある。

登山

ウィーンの人が、近いところで、どこか高い山に行きたいと思った時、まず思い浮かべるのは、シュネーベルクだろう。ウィーンから南西へ約百キロしか離れていないが、標高は二〇七六メートルあり、天気がよければ、ダッハシュタインからハンガリーの平野まで見渡せる。作家のグリルパルツァーが「東アルプスの王」と呼んだ山だ。

ふもとのプッフベルクからは登山鉄道がある。サラマンダーというニックネームの、黄

色の斑点のあるデザインのディーゼル列車だ。イモリに似た種類の爬虫類のイメージだということだ。約十キロの距離を最高時速十五キロで、のんびりと標高差一二〇〇メートルあまりを登っていく。最大斜度が千分の百九十七にもなる急勾配で、アプト式が取り入れられている。軌道の幅は一メートルと、日本のＪＲなどより狭い。

休日には、蒸気機関車も運行されていて人気があるそうだ。機関車が客車を押しながら登るというやり方だが、斜度がきついので機関車自体、前より後ろのほうが背丈のあるといった変わったスタイルになっている。蒸気機関車で登ると、一時間二十分もかかる。

この登山鉄道は、一八七二年に計画されたもので、一八九五年に着工され一八九七年に完成している。山の上の駅の標高は一七九五メートルで、オーストリアの鉄道で最高地点にあたる。

シュネーベルクを訪れた皇帝フランツ・ヨーゼフは「究明されることのない魔法の山」と言ったと伝えられている。山の上の駅からそう遠くないところに教会があるが、フランツ・ヨーゼフの皇妃エリーザベトを記念して、エリーザベト教会と名づけられている。一九〇一年完成のユーゲントシュティールの教会で、毎年夏には、登山者が参加する山上のミサが行われる。

また、この駅の近くの山上の教会が見えるところに、子どもたちのための遊び場もつくられている。五千平方メートルもあり、ザイルを使っての山登りや、ロッククライミングの真似事ができる小さな建物があったりして、子どもたちが楽しそうに遊んでいる。親たちはベンチに座って、子どもたちが遊んでいるのを、のんびりと眺めている。

二〇〇〇メートルもある山にも、今では身軽な服装で簡単にやってくることができるようになっている。しかし、登山鉄道のない時代には、こうした山を訪れるのは、かなり大変なことだった。

十八世紀から十九世紀にかけての頃、次第に自然の中へ出かけるということが、比較的裕福な人々の間に広まり、ウィーンの森や、さらには少し離れた山、例えばシュネーベルクのような山に登ろうという人たちも現れたのだったが、そうした登山のための服装というのも、特に決まってはいなかった。

経験豊かな人からアドヴァイスを受けて、登山旅行用に服を作り直すといったことが行われていた。一八〇〇年頃にも、夏、シュネーベルクに登るためには、暖かい服装がよいと勧められていたそうだ。山頂あたりでの天候の急変も考えられたためだ。

谷は湿潤で寒いことが多く、乗馬用の上着を着て、さらにオーバーコートも必ず持参しなければならなかった。コートは、寒さや雨のためだけに役立ったばかりではなく、夜、毛布のかわりに掛けて寝ることができたからだった。当時、山に近づくと宿屋といえるようなところはほとんどなく、農家のわらの上で寝るのがふつうだった。

町中で、流行っていたファッション性のあるコートは、ふさわしくなかった。夜、それを掛けて寝ることなどできなかったためだ。こうしたことは、きちんとした宿屋ができるまで続いていたが、後になるとフード付きのコートが勧められるようになる。寒い時に重ね着できる替えズボンも必ず荷物の中に入れなければならなかった。

　だから、昔の旅行は、移動の時間がかかるだけでなく、その他も、とても手間のかかることばかりが多く、また多額の費用も必要だった。まだ鉄道ができる前の頃、シュネーベルクあたりまでは、ウィーンから全行程を徒歩で行ったということだし、ウィーンを出発する段階で既に、お供を雇って、着替えの衣類や、携帯食料などを持たせたのだ。靴も底のしっかりとした、濡れても大丈夫な牛革の編み上げ靴が履かれていた。

　十九世紀に書かれた旅行案内には、「シュネーベルクでは、おしゃれなど、きわめて不適切なことだ。傘などは、まさしく無用のものだ」と書いてある。牛革製の背嚢《はいのう》を背負い、ガラス製の水筒にも、牛の革が巻かれていた。コップも軽い革製のものが用いられ、さらに手には携帯用のランタンと、鉄が下についたサンザシの杖を持つ。こうしたことが当時の、シュネーベルク登山に必要な装備だった。

　十九世紀半ばになると、女性たちも旅行に出るようになったが、その大きなきっかけとなったのは、世界旅行をしたイーダ・プファイファーだった。シュネーベルク登山についても、女の人のためのアドヴァイスが書かれるようになる。一九四二年、シュネーベルクの山案内人フリードリヒ・コッホの書いた文には、次のような個所がある。

「御婦人がたのためには、ズボン、麦わら帽子、編み上げ靴を勧める。さらに杖の役割をするのに十分な強さを持った大きな日傘があるとよい」。

　服装というより装備といったほうがよい、いでたちだった。それだけ、旅行や登山は大変なことだったわけだが、その後、鉄道が次第にでき、旅行などが比較的たやすく行われるようになると、旅行用の服装も、モードのひとつとなっていく。

クリスマス・マーケット

ウィーンで、「クリストキンドルマルクト」(Christkindlmarkt)と呼ばれるクリスマスのマーケットといえば、市庁舎前の公園で行われるものが一番有名だが、それ以外の場所でも、たくさんのクリスマス市が開かれている。

シェーンブルン宮殿のものも有名だし、さらに最近では、ベルヴェデーレ宮殿、それにマリア・テレジア広場、またウィーン大学の一部が入っている、昔病院があったところでも、「クリスマス村」(Weihnachtsdorf)という名で、クリスマス市が開かれている。

その他にも、フライウング(Freyung)の、アルトウィーナー・クリストキンドルマルクトもよく知られている。

フライウングのクリスマス市では、ふつうのクリスマス市のように、クリスマスツリーに付けるいろいろな飾りも売られているし、焼き栗や焼きポテトが食べられたり、プンシュや温かいグリューワインなどが飲める。それは他と変わりがないが、凝った工芸品などが出ているのは、少し違うかもしれない。

「アルトウィーナー」という名前が示すように、実は、ここは百五十年以上前にもクリスマス市が開かれていたところだ。現在では、民俗音楽や人形劇の上演もあり、雰囲気を添え、すっかりウィーンのクリスマス風景をつくる場所のひとつになっている。

フライウングは、古くからローマ人たちも使っていた通りだったといわれ、ウィーンの中でも最も古い場所のひとつとされている。今はないオッタクリング川という小さな川も流れていた。

この地に一一五五年頃、アイルランドの僧が僧院を造ったとされている。彼らのことを、ウィーンの人たちは、「ショッテン」(Schotten)と呼んだのだった。しかし、ショッテンとは、本来スコットランド人のはずではないだろうか。なぜ、ショッテンと言われたかというと、アイルランドのことは、当時ラテン語でScotia maiorと呼ばれ、その一方、今日のスコットランドはScotia minorと呼ばれていたからで、ウィーンの人たちは、それほど厳密な区別はしなかったのだ。今でもショッテントーアといった地下鉄の駅があるのも、この時代の命名に由来した名称なのだ。

アイルランドの僧たちは、ヨーロッパ大陸に、かなり進出していたということだ。ドイツのレーゲンスブルクがその中心であったとされている。彼らは、行政管理能力や経済問題にも秀でていて、ウィーンにも訪れていたのだった。

ショッテンと呼ばれたアイルランドの僧たちは、教会や、巡礼者のための宿泊施設も建

19世紀、アム・ホーフ広場のクリスマス市（V.カッツラーの水彩画）

てた。そこは病院の役割も担っていた。二百もの住居も建設されて、一帯はかなりのにぎわいを見せる地区になっていたし、さらに僧院付属の農園、ブドウ畑、製粉所までも持っていた。

しかし、彼らアイルランド人がウィーンにいた期間は、二百数十年だった。彼ら自身は、ドイツ語を話そうとはしなかったのだ。また、ドイツ語を話す修道僧を受け入れようともしなかった。もっぱらラテン語を話していたのだ。学校もあったのだが、そこでの言葉もラテン語に限られていた。

修道院は、次第に孤立していくことになり、またさらに僧たちのふしだらな行状も取りざたされるようになっていく。そして最後のアイルランド僧がウィーンを去ったのは、一四一八年のことだった。その後は、ベネディクト派が修道院を引き継ぐことになる。

ところで、フライウングという地名だが、この名は、ショッテン修道院の持っていた不可侵的な特権、つまりウィーン市法が及ばないということに由来しているのだとされている。しかしその権利はマリア・テレジアによって廃止された。この特権は、古くはすべての教会にあったが、中世後期になると、ウィーンではショッテン修道院とシュテファン教会、それに王宮礼拝堂だけが持っていたもので、教会に助けを求めてきた人を護る庇護権のことだ。

ただ、フライウングという名は、十七世紀頃に初めて使われるようになったようで、それ以前は、フォア・デム・ショッテン、またはアム・シュタイフェルトと言われた。あるいは、アウフ・デム・ミスト（Auf dem Mist）という、地名には思えないような名で呼ばれたこともある。ミストとは、汚物やごみのことだ。つまりここは、ごみや汚物の捨て場だったのだ。

さらに、アム・ビューエル（Am Bühel）とも呼ばれたことがある。ビューエルは、小高い丘やこぶを意味する古高ドイツ語の buhil にまでさかのぼる言葉だが、ここで山のようになったのは、汚物やごみだったわけだ。

一六八三年、トルコ軍が襲来した頃にも、この場所には大きな穴が掘られ、ウィーン中のごみが捨てられ、また墓地が不足していたため、戦いや疫病、飢餓などで死んだ人々の遺体までもが埋められたのだった。

しかしその後、十八世紀になると、歳《とし》の市《いち》が開かれるようになり、シュトラニツキーがハンスヴルスト劇を初めて演じたりした。特に、十八世紀末から十九世紀半ばの頃に開かれていたフライウングのクリストキンドルマルクトは、移動劇場もつくられたし、奇術師、熊などの猛獣使いや曲芸師なども登場していたということで、現代にも勝るような、ウィーンのクリスマスの時期の一大風物詩だった。

カエルの像

ウィーン十八区ヴェーリングの一角に、テュルケンシャンツ公園がある。テュルケンシャンツ(Türkennschanz)という名がついているのは、一六八三年、ウィーンを包囲したトルコ軍が、ここに土塁を築いたからだということになっている。しかしそれよりずっと以前から、テュルケンシャンツと呼ばれていたという記録もあり、それは十六世紀の第一次のトルコ来襲に由来しているからだろう、とされている。

シュティフターやシュニッツラーといった作家、エメリヒ・カールマンなど音楽家の銅像もあるのだが、しかし、この公園の中で最も目立たない像のことを取り上げてみよう。公園の一角にカエルの小さな像が座っている。どうしてカエルの像が、こんな所に置かれているのか不思議に思ったものだ。でも最初に見た時は、自然を生かした公園だからだろうか、といったことくらいしか考えなかった。

その後、とくに思い出すこともなく過ぎてしまったのだが、しばらくして、このカエルは、実は、もともと気象観測器の最上部の部分に付けられていたもので、何の意味もなく、ただ公園に置かれていたわけではないことを知った。

十九世紀終わりから二十世紀初め、ヨーロッパ各地の町には、多くの気象観測器（Wettersäule）が設置され、中にはかなり立派なものもあった。気象用のデータを取るためということもあったが、その土地の人々や、そこを訪れた人に現在の気温や湿度、気圧などを知らせる役割もあった。

当時の測定器は、既に今と同じように、気温、湿度、気圧の三つの測定器が並んでいるのが普通だった。興味深いのは、第四の測定器として、気温測定用に最高・最低気温がどうであったかがわかる温度計がついているものもある。

気象観測器のメーカーの、一八九五年のいわば宣伝カタログが残っているのを見つけたので、そこから少し引用してみよう。

「気象学が天気の予報に関して成し遂げた重要なる進歩と、気象学に関する大いなる関心によって、小規模な気象観測装置や公に設置される気象測定器の要望は、次第に増大している。そうした機器の設置は、いたるところで歓迎されている。気象測定器は保養地等では不可欠のものとなっている。公共の広場、公園、学校の建物、あるいは町の教育の施設等にとって、気象測定装置を備えた建造物は、教育的な目的以外にも、素晴らしい装飾となる」。

この会社は、バート・フェスラウ、バーデンといった保養地だけでなく、ウィーン市庁舎前の観測器も製造していた。市庁舎広場のものは、一八九〇年に建てられた、高さ五メートルもある堂々としたものだった。先端には、風見鶏や風向計、風力計も付けられていた。しかし戦争で壊されてしまった。戦後一九五五年に、ランナー＝シュトラウス像の近くに、マリア・ビリヤン＝ビルガーのデザインで新たにつくられたものが、あるにはあるのだが、あまり知る人はいない。

ウィーン全体で、一九三八年には十基が公園などに設置してあったとされているが、しかし、ほとんどが戦争によって破壊されてしまい、ほぼそのままの形で残っているのは、バウムガルトナー・ヘーエにあるオットー・ワーグナー設計の病院の前にあるものくらいかもしれない。それは、もちろんユーゲントシュティールのデザインで、上には大きな時計がどの方向からも見えるようにはめ込まれている。

市立公園には、現在、一九九九年に再建された大きな気象観測器がある。遠くから見ると、たんなる時計塔のようだが、近づくと、温度計、湿度計、気圧計などが付いているのがわかる。一九一三年建設のもののデザインによっている。

しかし古くは、市立公園には一八八〇年につくられた、古典的様式の大きな気象観測器が建てられていた。当時の記録には「クアサロン前のプラタナスのところに、多様な機器と時計を備えた、いわゆる気象小屋（Wetterhäuschen）ができた」とある。

また、一九一三年に新たな気象観測器が建てられた時の新聞記事の一部分を引用してみよう。

「シュタットパルクの池の岸辺の牧歌的な新たなパヴィリオンは、素晴らしい公園の極めて美しい装飾のひとつと呼ばれるであろう」。古い「気象小屋」は、「シュタットパルクのクアサロンの前に建設されることになっているヨハン・シュトラウスの像にその場を譲り渡さねばならないということだ」。

ところで、ウィーンのテュルケンシャンツ公園につくられた気象測定器も、高さ二メートル以上ありそうなものだった。当時の写真が残っているし、また絵葉書にも写っている。絵葉書を見ると、一九〇八年と書かれている。やはりユーゲントシュティール風の植物模様が印象的だ。絵葉書の日付は、一九〇八年だが、記録をたどってみると、一九〇一年のウィーン市の文書に、次のような文言が見つかった。

「一月二十九日、市参事会は、テュルケンシャンツ公園のために気象測定器を三千クローネンで購入することを承認した。この気象測定器は、ロトゥンデの一八九八年記念展示会に出されていたものであった。気象測定用機器が取り付けられており、最上部には大きなアマガエルが設置されている」。

テュルケンシャンツ公園の片隅にいたアマガエルの像は、第二次世界大戦の戦火の中で、気象測定器の部分が完全に破壊されたものの、それでも生き残り、今、ひっそりと公園の中に座っている。

生命の樹の環

グリンツイングのあたりでは、コベンツルガッセとヒンメルシュトラーセが並行している。少し坂を上っていくと、ヒンメルシュトラーセはコベンツルガッセから離れて、緑に囲まれた瀟洒な高級住宅が続く通りになっていく。さらに登ると、道路に沿ってブドウ畑が広がっている。

登り切ったかと思うところで、ヒンメルシュトラーセは広い道路と合流するが、これはウィーン市境に近いウィーンの森の上を抜けるようにつくられた、ヘーエンシュトラーセという道だ。ブドウ畑ごしに、ウィーンの市街が見渡せる。

アム・ヒンメル付近は、十八世紀の末頃から、人々が一日がかりで出かけていく場所として知られるようになっていた。当時は、近くにいくつかの池もあったのだといわれている。今は気軽にちょっとしたハイキングでやってくる人も多い。

すぐ脇に、オクトゴンという八角形のカフェレストランがあり、さらに奥には、樹木が円形に植えられた場所がある。まるで円形のアリーナのようだ。直径は百メートルを少し超えている。木の種類はさまざまで、大きさもまちまちだし、一見すると統一が取れていないように思える。

しかし、これは「生命の樹の環」(Lebensbaumkreis) と呼ばれるもので、雑然と並んでいるのではなくて、外側には順番が決められた三十六本の樹木が植えられている。内側には四本の樹があり、一年の時期をあらわしているのだということだ。樹木と一年の日との関係は、古いケルトの人々の自然にたいする見方にまで、さかのぼるのだと説明される。

内側の四本は、十二月二十二日をあらわすブナ、三月二十一日のオーク、六月二十四日のシラカバ、九月二十三日をあらわすオリーヴだ。

つまり、堅固なブナが冬至、力強いオークが春分、明るい色のシラカバが夏至、耐久性のあるオリーヴが秋分の頃の木として、時計と反対回りにおかれ、それらの木々が「ケルトの十字」を形づくっている。

外側の木々も、十二月二十二日のブナのすぐ外には、十二月二十三日から一月一日までの木であるリンゴの木が立っている。それから一年分の木々が円を描くように三十六本植えられているのだ。

やはり反時計回りに、リンゴ、モミ、ニレ、イトスギ、ポプラ、ヒマラヤスギ、マツ、ヤナギ、ボダイジュ、ハシバミ、ナナカマド、カエデ、クルミ、ポプラ、マロニエ、トネリコ、シデ、イチジクと十八本、十七種が並ぶ。イチジクは六月十四日から二十三日までの木なので、そのすぐ内側にあるのは、六月二十四日の木、シラカバだ。

六月二十五日から七月四日までの木は、再びリンゴで、ここからまた十八本の木々が半円を描いて植えられていく。ただ、それまでの半円では、ポプラが二度植えられていたが、残りの半円では、後半のポプラ一本は、イチイになっているところが違っている。

つまり、六月二十五日から十二月二十一日までの木の並び方は、リンゴ、モミ、ニレ、イトスギ、ポプラ、ヒマラヤスギ、マツ、ヤナギ、ボダイジュ、ハシバミ、ナナカマド、カエデ、クルミ、イチイ、マロニエ、トネリコ、シデ、イチジクだ。外周の木々は全部で三十六本ある。

生まれた日、洗礼を受けた日、あるいは結婚した日が、どの樹木の日なのかということで、一種のホロスコープのようにして、自分の性格や運勢を占ってみたりするのだそうだ。一例をあげてみると、五月十五日から二十四日、あるいは十一月十二日から二十一日に生まれた、マロニエが自分の「誕生木」である人は、理性と感情がうまく調和した家庭的な信頼のおける人だ、といったように言われる。

そうしたことを、木の近くに埋め込まれたスピーカーが、まるで樹木が話すようにして語るといった仕掛けもある。また春から秋にかけての土日や休日には、木々の近くのスピーカーを一斉に使って音楽を流すといった催しもあるのだそうだ。

例えば二〇一三年五月には、十一日はベートーヴェンの『運命』と『田園』、十二日はキース・ジャレットの『パリ・コンサート』、十八日はストラヴィンスキーの『春の祭典』と『火の鳥』、十九日は『第三の男』、二十日はアルベニスの『スペイン組曲』、二十五日は『スター・ウォーズ』などが流れたということだ。

ところで、円形の樹木の数に関してだが、半円分の十七種類の木々に内側の木の四本を加えると、全体で二十一になる。これにもケルトの数の神秘にもとづく意味があるのだとされる。というのは、もともとケルト人は数字の三と七を聖なる数としていたので、それから生み出された数、すなわち掛け合わせた二十一も聖なる数につながるからだ。とくにケルト人たちにおいては、木々は、大地の自然と天との間を取り結ぶものとされ、生の豊かさ、すなわち生命力そのものであるともみられたのだった。

　この多くの種類の木々には出てこないのは残念なのだが、ケルト人とのつながりが、よく語られるのはヤドリギだ。

　ヤドリギは、カシの木などに寄生して、冬の木々が枯れた中でも青々として、生命力のイメージと結びついていて、ケルト人たちは神聖視していた。悪魔を寄せ付けない力や健康、豊穣へとつながるとされた。現代でも、クリスマス頃、白い実の付いたヤドリギが赤いリボンで結ばれて家のところに掛けられることもある。また、ヤドリギの下で口づけをした恋人たちは幸福になるという言い伝えもあるが、実はこれはイギリスやアメリカから「輸入」されたものだそうだ。

スケートリンク

ウィーンの冬の楽しみとして、戸外のスケートをあげる人もいる。たしかに、ウィーンには毎冬、何か所かスケートリンクがつくられる。コンツェルトハウス横のホイマルクトのスケートリンクはよく知られているし、最近では、市庁舎前の広場に、毎年スケートリンクができている。

クリスマス市が終わってしまうと、雪の中に閉ざされたような広場だったのだが、一月下旬には大きなスケートリンクが出現し、子どもたちも楽しそうに滑っている。

市庁舎前やコンツェルトハウス横のリンクはすぐに目につくが、気づきにくいところにもリンクはある。それは、十七区ヘルナルスの、エンゲルマンのスケートリンクだ。

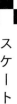

建物の屋上にあって、道路からは見えないので、気づかない人も多いのだが、しかしウィーンのスケート好きで、エンゲルマンのリンクを知らない人はいない。ここは数多くのヨーロッパ選手権やワールドカップの優勝者、オリンピックの金メダリストが練習をしたリンクだからだ。

エンゲルマンというのは苗字で、名はエドゥアルトといった。このエドゥアルトは父と子と同じ名前だった。父のエドゥアルト・エンゲルマンは織物業の工場を営んでいた。彼は、一八六八年、ウィーンを訪れたジャクソン・ヘインズのスケートにとても感激したの

ウィーンスケート連盟100周年の記念切手（1967年）

だった。

ヘインズは、近代フィギュアスケートの父ともされる人物で、ウィーンでは、皇帝フランツ・ヨーゼフ臨席のもとに、ワルツ、マーチ、マズルカなどに合わせたスケートを行った。観衆は熱狂的な拍手を送ったのだと言われている。

エドゥアルト・エンゲルマン（父）は、当時アルスガッセと呼ばれた現在のイョルガーシュトラーセにあった自らの土地に、散水設備を作って氷を張り、菩提樹の木の周りをスケートリンクにしたのだった。そこで家族がスケートを楽しみ、また友人たちも招いたのだということだ。

一八七一年には、スケートリンクの営業許可もとり、さらにその後、もう一つのリンクを増設した。また、二つのリンクの間を滑っていかれるようにもした。この間を結んだ滑走路は、「スエズ運河」というニックネームが与えられていた。

エドゥアルト・エンゲルマン（父）は、なるべく長い期間、良い氷の状態を保とうと、リンクの上に遮光幕をかけるということも行った。また、自ら緑色の作業用の前掛けを付け、雪かき棒のような道具を使って氷の表面を平らにしたり、氷が削れてしまったところには水差しで水を注いだりした。

また一八八〇年頃には、氷用の鉋《かんな》も導入し、滑走面をより滑らかにしようとした。さらに手回しオルガンで、音楽を流すといった工夫もした。

そうした中で育っていったのが、同名の男の子、エドゥアルト・エンゲルマン（子）と娘のクリスティーネだった。彼らは、まさに氷の上で成長していった。夏にはローラースケートをしたり、スケートリンクに水を五十センチほど入れてカヌーなどを浮かべて漕いでいた。

彼は一八九二年から九四年にかけて、三度にわたってヨーロッパ選手権で優勝している。まだワールドカップのなかった頃だ。彼は、ウィーン工科大学で学びマリアツェル鉄道の電化などで活躍しているが、そのエンジニアとしての知識を生かし、人工の氷でできた野外スケートリンクを作ったことでも知られている。

父エンゲルマンの努力で、ヘルナルスの鏡のように滑らかなスケートリンクは有名だったが、父からそれを引き継いだエドゥアルト・エンゲルマン（子）は、できるだけ長い期間、屋外リンクが使えるようにと研究を重ねたのだった。

そして一九〇九年、世界初の屋外の人工氷のスケートリンクが作られることになる。その年の三月、自然の氷を使ったスケートシーズンの終わりとともに、リンクは取り壊された。そして氷を作るための冷却用の管を敷き詰めたが、その総延長は十二キロメートルにも及んだのだった。

十一月十日、人工の氷による新たなスケート場が完成する。当日の温度は摂氏六度だったが、無事、氷も融けることなく滑り始められた。これは、世界で初めての屋外人工アイススケートリンクだったのだ。

そこで、スケート選手たちは、氷が融ける心配をすることなく、冬の間ずっと練習に励むことができるようになったわけだ。それから約半世紀にわたって、ウィーンは、スケートの分野で世界の中心地になっていく。

第一次世界大戦の後にも、リンクは拡大され、また改良されていき、一九三二年までには観覧席が設けられ、機械室も大幅に大きくなった。さらにスピーカー設備も付けられた。

そして氷の面が三〇〇〇平方メートルあるリンクとなったが、三六年には室内練習場も完成し、滑走可能期間が飛躍的に延びたのだった。また室内には、温水を使ったセントラルヒーティングも設置された。

しかし、第二次世界大戦末期の一九四五年のウィーン空襲で激しい爆撃にあって破壊されてしまう。その当時を振り返って、トルーデ・ノイホルトという人は回想記に「たくさんの住居が破壊されました。カルヴァリエンベルク教会やマリア教会にも命中してしまいました。シリングガッセのエンゲルマンの人工アイスリンクもすっかり壊されてしまったのです。イョルガーシュトラーセでは、爆撃のあと路面電車の線路が曲がって数メートルもの高さに伸びていたのです」と書いているように、エンゲルマンのアイスリンクは跡形もなくなってしまったのだった。

アイスホッケー

オーストリアはウィンタースポーツの盛んな国だ。オリンピックでも、夏の大会より冬のオリンピックのほうが、ずっと活躍が目立つ。アイスホッケーも、もともと強かったのだが、ここ十年あまりは出られなかった。しかし二〇一四年のソチ大会には、二〇〇二年以来久々に登場していた。

スポーツ一般では、夏の間はサッカーが最も人気のある競技だが、冬になるとチーム競技としてはアイスホッケーの人気が高い。多くの人々が観客となり、なおかつルールも比較的単純で分かりやすい、といったこともその要素にはあるのだろう。

そもそも氷の上を滑ったり、ボールのようなものを打って遊ぶのは、古くからあったことで、ウィーン美術史美術館にあるブリューゲルの名作『雪中の狩人』をよく見ると、中央右の凍った池で滑っている人や、スティックでボールを打っている人が描かれている。冬の氷上での楽しみとしてのボール遊びの歴史も長いことがわかる。

第二次世界大戦が終わった年の一九四五年から四六年にかけての、まだ瓦礫だらけの町の中でも、暫定的なものであるにせよアイスホッケーのウィーン大会が開かれていたという記録もある。その時、優勝したのはアイスホッケークラブ・エンゲルマン（Eis-hockeyklub Engelmann）だった。ヘルナルスのイョルガーシュトラーセに本拠地を置いていたが、空襲によって、アイススケート場も破壊されてしまっていたため、ホイマルクトのスケートリンクに移って活動を続けていたのだった。

そして次のシーズンにはウィーンのリーグ戦が復活し、オーストリア・チームは一九四六年、チェコで開かれた大会にも出ているし、四八年にはスイスのサン・モリッツでのオリンピックにも参加している。

敗戦後すぐに復活していったオーストリアのアイスホッケーだが、その近代的スポーツとしての成立はそれほど古い話ではない。アイスホッケーリーグというものがオーストリアにつくられたのは一九二三年で、その前年の二二年に、アイスホッケークラブ・エンゲルマン（EKE）の母体となったペッツラインスドルフ・スポーツクラブ（Pötzleinsdorfer Sportklub）がつくられている。

ペッツラインスドルフといってもなじみがないかもしれないが、ウィーンの森にかかるあたりの昔からの地区名で、今では十八区ヴェーリングの一部だ。そのアイスホッケークラブの名がペッツラインスドルフ・スポーツクラブ（PSK）だった。しかし彼らは練習場所に、エンゲルマンのアイスリンクをもっぱら使っていたこともあって関係が深くなり、一九三二年からはアイスホッケークラブ・エンゲルマン（EKE）となったのだった。

実は、ペッツラインスドルフ・スポーツクラブ（PSK）がアイスホッケーを始めた、この一九二二年は、オーストリアのアイスホッケーが大きく変わった年だった。それ以前は、固いゴム製のパックが用いられてはいなかったのだ。直径七センチほどの小さなボールでプレーされていた。

　つまり、それまでは、今のアイスホッケーとは、まったく別のゲームといってよいやり方で行われていたということだ。そもそも名前もアイスホッケーではなく「バンディー(Bandy)」と呼ばれていたものだった。

　バンディーのルールは、アイスホッケーよりサッカーなどに似ている。氷のフィールドの大きさは、長さが九〇メートルから一〇〇メートル、幅四十五メートルから六十五メートルもあって、長さ六十一メートル、幅三十メートルのサイズのアイスホッケーよりずっと大きかった。試合は四十五分ハーフで行われ、プレーヤーの数も十一人ずつとサッカーと同じだったのだ。

　バンディーはイギリスからヨーロッパ大陸に広まり、二十世紀初めにはかなりポピュラーなスポーツだった。北欧やロシアではいまでも盛んに行われているというが、日本ではあまり知られていない。

　ウィーンで、バンディーが行われるようになったのは、ちょうど世紀末の一八九九年のことだった。ゴールは幅三・六五メートル、高さ二・一八メートルだが、ペナルティーシュートを蹴る位置はサッカーより一メートル長く、十二メートルある。

　ゴールポストの大きさは、サッカーほど大きくはなかったものの、サッカーボールよりずっと小さなボールは、ゴールしやすかった。一九〇一年二月十七日の、ウィーン対プラハ戦は三対十七だった。また一九〇八年から〇九年のシーズンに行われた対ライプツィヒ戦では、三十七対一とウィーンは大敗している。しかしこの年には、エンゲルマンの人工のアイスリンクも完成して、練習もよく行われるようになっていく。

ただ、今のアイスホッケーとは異なり、キーパーはスティックを持っていなかった。ゴールに向かって打たれる丸いボールを、手でつかむか、あるいは体で止めるしかなかった。この約七センチの丸いボールは、中心がコルクで、その周りは糸で巻かれていた。

だから一九二〇年代末に、オーストリア・アイスホッケー連盟の雑誌『アイスホッケー・スポーツ』に書かれた言葉によれば、「バンディーは『遊び』で」、固いゴム製のパックを使う「アイスホッケーは『戦い』」なのだった。二十世紀、大衆と呼ばれる人々は「遊び」でなく試合を「観戦」する興味も持つ時代になっていた。

さらに、第一次世界大戦後の経済状況から人工スケート場のために氷を作ることが制限されたり、照明の禁止が求められたりもした。一九二〇年代の暖冬の影響もあり、次第に、バンディーよりも狭い面積の氷の面を作ればよいアイスホッケーに代わっていったのだとも言われている。

水飲み場

ウィーンの夏は、平均気温にすると最高でも二十六度くらいなのだが、年によっては異様に暑くなることもあって、二〇一三年には、最高気温が三十七度とか三十八度にまでなり驚かされた。

そのため昔と違って、ウィーンでも冷房が必要だと思うことが多くなっているが、やはり、のどが渇いた時の一杯の水は救いになる。

ウィーンの水はアルプスを水源としているので、ヨーロッパの中でも、最もおいしい水が飲める都市だ。ドイツやフランスなどと違って、カフェでコーヒーを頼むと、銀色のトレーにコーヒーと、それにグラスに入った水が添えられて出てくる。そのグラスの上には、スプーンが乗せられていなければならない。そうでなければ、ウィーンのカフェとは言えないのだそうだ。しかもこの水は、水道の水だ。

もちろん高級なカフェやレストランで、ミネラルウォーターを注文すれば出てくる。幾つかのミネラルウォーターの種類を置いているし、注文すれば、ウエイターが、まるでワインボトルを見せるように、ミネラルウォーターのラベルを示して、「エヴィアンですが、よろしいでしょうか」と言ってからグラスに注いでくれる。ただし、二人分で七百五十ミリリットルだと、十ユーロくらいは覚悟しなければならない。

しかし、ウィーンの場合には、むしろ水道の水で十分だろう。日本の水よりも少し硬水に近いが、ドイツの水道のように、カルキ分が多いため、グラスに注いでからしばらくすると、白く沈殿物が堆積《たいせき》するようなこともない。

ドナウ河は氾濫を繰り返す川で、水に苦しめられた歴史を振り返ると、今のウィーンは隔世の感がある。町の中にたくさんある泉や噴水を見ていると、十九世紀末の近代水道の敷設以来、ウィーンは水に恵まれた都市になったのだと思う。

水関連では、ここ数年の間に、ウィーンには大きな構造物が出現している。大きな水飲み設備がつくられているのだ。ウィーンの中心部の英雄広場やカールスプラッツに、銀色に輝く円柱状の水飲み場が現れた。そこでは、誰でも無料でアルプスから流れてきた新鮮な水道の水を飲むことができる。

給水塔といってもよいような大きな設備で、三メートルの高さがあり、直径も一メートルなので、遠くからもよく見える。水色で書かれている文字を見ると、飲料水（Trinkwasser）とあり、さらに上には、「水を飲みましょう！」（Trink Wasser!）と書かれている。二つの言い方で、洒落ているのだ。

最初に置かれたのは、二〇〇八年、サッカーのヨーロッパ選手権の時だった。オーストリアとスイスが共同の開催国となったので、ウィーンにもサッカーファンが押し寄せた。その時、ウィーン市の環境顧問官は次のように語っていた。

「ウィーンの飲料水は、その高い質によって世界的に知られています。そのことは、サッカーのヨーロッパ選手権において国内外からの数万人のファンによって認められることになるでしょう」と語り、さらに「私たちは、サッカーファンのみなさんのために」「熱い日々に、渇きをいやす理想的な飲み物を提供します。そしてそれは無料なのです」と述べている。

サッカーのヨーロッパ選手権にあわせて導入されたこの給水設備は、全部で十基あり、移動式だった。一台の重さは五〇〇キロで、一日に五〇〇〇リットルの利用が想定されていた。さらに熱くなったサッカーファンのためにミストの装置も付いていて、ファンがたくさん集まりそうな場所に設置されたのだった。

しかし一日五〇〇〇リットルも大量に消費される水はどこから供給されたのかというと、給水塔を、道路にある消火栓の上に設置して、そこから水を取っていたのだった。ウィーン全体で、消火栓は一万二〇〇〇あるので、そのうち十個所だけを利用したわけだ。

ウィーンの町の中の、水飲み設備というのは、実は意外なほどたくさんあり、約九〇〇を超えている。最近では、スマートフォンでも、どこで水が飲めるか地図検索もできるようになっていて便利だ。

英雄門付近に置かれた水飲み装置
（Wien Wasser 所蔵写真）

水飲み設備の形もさまざまだが、最もよく見かけるのは、伝統的な形をした鋳鉄《ちゅうてつ》製のアルトシュタット型水飲み場（Altstadttrinkbrunnen）と呼ばれているものだ。原型は十九世紀末から二十世紀初頭につくられたが、現在設置されているものは、後ろのレバーを押してから離せば一定時間で自動的に水が止まり節水になるといった新しい技術が生かされている。

このアルトシュタット型は、ふつうは黒っぽい塗装だが、シュヴァルツェンベルク広場にあるのは、ウィーン市が水道管敷設三〇〇〇キロを記念して一九八八年、金色に塗装して設置された。

また数は少ないが、少し変わったものとして、「水の彫刻家」ハンス・ムーアがつくった水飲み場がある。ブロンズ部分と、大理石部分とからできていて、柔らかな造形となっている。ただ自然石なので、色や模様は場所によってかなり違う。上部に出てくる水の水量が調節されていて、ウィーン（Wien）のW、あるいは水（Wasser）のWと見えるように、小さな噴水として噴き出す仕掛けだ。

アルトシュタット型の高さは、どれも地上から先端まで一一二センチ、蛇口までは約六四センチと決まっている。ムーアの水飲み場も、高さは約一五〇センチだ。子どもでも使いやすいように設定された高さだ。しかし、古めかしいアルトシュタット型も、新しいムーアの水飲み場も、共通の工夫がある。

どちらも地面のところには、金属製の水受けが埋め込まれている。これは蛇口から流れる水を受ける他に、もうひとつ別の役割がある。夏の暑さで水分が欲しくなるのは人間だけではない。犬ものどが渇くのだ。ウィーンでは犬は、かけがえのない友だ。そこで、この水受けは、大切な友達である犬のためにつくられているのだ。

首相のクリスマス・メッセージ

ゲシュタポはドナウ運河沿いにあったホテル・メトロポールを徴発《ちようはつ》し、ウィーンにおける本部としたが、一九四五年三月の空襲によって大きな被害を受けた。だが一九四五年の一月には、既に多くの収監されていた者たちは他の収容所に移されていたのだった。四月六日までにゲシュタポの係官も撤収し、ナチス突撃隊による建物全体の破壊も計画されていたが実行はされなかった。崩れ落ちた建物は、その後も長い間、瓦礫の山のように残されることになる。

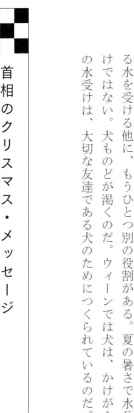

当時の様子が分かる資料は少ないのだが、実は映画『第三の男』の一シーンに、かつてのホテル・メトロポールの残骸が写っている。

アメリカの通俗小説作家のホリー・マーティンスがクルツ男爵の家を訪ねていくシーンで、マーティンスの後ろの瓦礫の山がゲシュタポ本部があった前の付近だ。クルツ男爵が住んでいる建物は、モルツィンプラッツ三番地の建物だ。この建物は現在も残っているが、ファサード等の壁面は大幅に改修されていて、『第三の男』撮影当時とは印象がまったく違う。『一九四五年後に失われたウィーンの都市景観』という本の表紙にもなっているので、マーティンスが見上げた当時との比較ができる。

ゲシュタポ本部の跡地に、レーオポルト・フィグル・ホーフ(Leopold Figl Hof)という現代的な建築物が建てられるのは、戦後十八年も経ってからだった。一九六三年に建設が開始され六七年に完成している。この建物は、一九四五年十二月からオーストリア首相を務めたレーオポルト・フィグルの名をとり名付けられている。フィグル自身、一九三八年、捕えられゲシュタポ本部の建物内に拘束されていたことがある。

モルツィンプラッツの広場側から見ると、ファサードにアルフォンス・リーデル制作のレリーフがある。左にMCMXXXVIII(一九三八年)、右にMCMXXXXV(一九四五年)とローマ数字で書かれ、その間には、ゲシュタポに捕えられ拷問を受け殺害された人々や刑具が描かれている。

ゲシュタポ本部の後に建てられる建物は、やはり特別な意味合いがある。あまり気づかない記念碑として、ドナウ運河沿いの入口上のプレートがある。そこに名のあるホセ・リサール(Jose Rizal)とは、フィリピン独立運動の英雄で、ホテル・メトロポールに一八八七年に滞在したことが記されている。

さらにドナウ運河通り沿いから建物の裏手のザルツトーアガッセ側に行くと、一九三八年から四五年にかけてのオーストリアの自由のための闘いの犠牲者たちの記念館への入口がある。扉にはエルンスト・ヴェンツェリス制作のレリーフがあり、中に入っていくと床のモザイクには多くの足跡がある。大きな男の足跡、それより小さな女の足跡、さらに小ぶりの子どもの足跡が続いていく。ナチスの力の前に、人間としての権利、尊厳を奪われ、牢獄や強制収容所で命を落とすことになる、もはや戻ることのない人々の足跡なのだ。

記念館の中には、二十ほどのコーナーに分けて、さまざまな資料が展示されている。また、ウィーンの地名板を模した「一区、民主主義が破壊された場所」(1., Platz der Zerstörung der Demokratie) という表示板もある。

この建物にその名をとどめるレーオポルト・フィグルの言葉として、特に有名なものが二つある。ひとつは、一九五五年のオーストリア独立に関する条約調印時の「オーストリアは自由だ!」といった言葉だが、もうひとつは、一九四五年のクリスマスに際してのメッセージだ。

敗戦後、半年を経過して冬になり、クリスマスを迎えたオーストリアは、戦争の傷跡が残る瓦礫の中で、物資や食料の欠乏に苦しみ、窓に入れるガラスもなく、寒さに凍えていた。その時、首相に選ばれたのがレーオポルト・フィグルだった。彼は、オーストリアを代表するような政治家で、「レーオポルト・フォン・エスタライヒ」とも言われたし、親しみをこめて「ポルドル」とも呼ばれた。

クリスマス前、フィグル首相はラジオで短い言葉を述べたとされるのだが、実はその録音は残されていない。録音用のテープが消去され再利用されてしまったためではないかとも言われる。

ただ、「フィグル首相のクリスマス・メッセージ」(Leopold Figls Weihnachtsbotschaft)というものが、歴史的な記録としてテレビやラジオで放送されていたのを、私はウィーンにいた頃聞いたことがあった。不思議に思って調べてみると、実はフィグル自身の録音には違いないのだが、戦後二十年経った一九六五年に録音されたものだと分かった。

一九六五年の戦後二十年、独立十年の記念式にあたって、フィグル首相の、かつての「クリスマスのメッセージ」をスピーカーから流す企画が持ち上がり、既に病床にあった元首相に、一九四五年のクリスマスを前に述べたとされる言葉に近いものを録音してもらったのだった。

だから、厳密な意味では「本物の」メッセージではない。しかし彼が、これに似た表現を話したというのは事実だったということだ。本物とは何かが分かりにくい、また詩が真実になるウィーンらしい話だ。事実より真実が大事だということだろう。

一九六五年、スピーカーから聞こえる次のようなフィグル元首相の言葉を、集まった人々は感動して聞いたのだった。そして、フィグル自身、自分の述べた言葉を聞き、涙を流したのだ。

「クリスマスにあたって、皆さんにあげられるものは何もありません。皆さんのところにクリスマスツリーがあったとしても、一本のロウソクもあげられないのです。一個のパンも、石炭も、そして窓に入れるガラスもありません。私たちは何も持っていないのです。私が皆さんにお願いできるのは、ただひとつです。このオーストリアを信じてほしい、ということだけです」。

VERKEHR UND TELEFON-KOMMUNIKATION

交通と通信

ドナウ蒸気船会社

ＤＤＳＧとは、オーストリアでは知らない人はいないドナウ蒸気船会社のことだ。オーストリア人は、ふつう略語で言うが、それは正式名称が長すぎるからだ。省略して言わなければ、Donau-Dampfschiffahrts-Gesellschaft となる。ドイツ語の長い複合語の例としてよく使われるのが、さらに船長（Kapitän）まで加え、ひと続きで書いた Donaudampfschiffahrtsgesellschaftskapitän（ドナウ蒸気船運輸会社船長）だが、いずれにしても長すぎるので、みんな会社名はＤＤＳＧとしか言わないわけだ。

ところで、ドナウの流れにまかせて下るだけでなく、上流に向かって船を走らせたいということは古くから考えられていた。ローマ人たちもたくさんの屈強な漕ぎ手で漕がせようとしたこともあったが、ドナウの流れを遡るのは難しく、本格的にはやはり蒸気機関の登場を待たなければならなかった。

ドナウ河のウィーン近くで初めて蒸気船を試しに走らせたのは、ハンガリー出身のアントン・ベルンハルトという人物で、一八一八年七月二十一日のことだった。三十五トンの外輪船で、時速約九キロで走ったということだ。甲板には、大きな蒸気機関や歯車などが所狭しと並び、乗った人は歯車などに巻き込まれたりしないように、機械類からできるだけ離れて船の端にいなければならず、乗客を乗せた実用には適さないものだった。

一八二三年になって、ウィーンでドナウ蒸気船会社（Donau-Dampfschiffahrts-Gesellschaft）がつくられ、フランツ一世号とアントン大公号の建造に取りかかったが、エンジンの製作がうまくいかず、二六年に会社は解散してしまう。

その二年後、イギリス人のジョン・アンドリュースとジョゼフ・リチャードが船の建造許可を得て、一八二九年、第一ドナウ蒸気船会社（Erste Donau-Dampfschiffahrts-Gesellschaft）が設立された。この会社はドナウ河の蒸気船会社としては、一番最初ではなく、二番目なのに、「第一」と名付けているのは変だが、それにもかかわらず、会社名はその後ずっとそのまま使われていくことになる。しかし略称としては、ＤＤＳＧで通っていく。

この第一ドナウ蒸気船会社の新造船は、一八三〇年七月二十六日に進水式が行われ、やはりフランツ一世号と命名された。全長四十八メートル、幅六・二メートル、二百四十馬力だった。試験航行は九月に行われ、プレスブルクそしてブダペストまでの、三百キロの航行に成功した。そこでウィーン－ブダペスト間の定期船航行が開始されるようになったのだ。

さらにウィーンのヌスドルフからドナウ上流に向かっての運行も、一八三七年から始まった。皇帝フェルディナント一世の妃の名をいただくマリア・アンナ号が九月十三日に就航している。

一八八〇年頃は、ＤＤＳＧの歴史の中でも最盛期で、蒸気船だけでも一八八隻を所有し、ドナウ河だけでなく支流にも船を走らせていたので、郵便物の輸送にも大きな役割を担っていた。そこで当時はＤＤＳＧ独自の切手まで発行されていた。

　これは切手マニアの間でも貴重なものだそうだ。二つの錨が描かれて、楕円の縁取りに沿って Erste k.k. pr. Donau Dampfschiffahrt-Gesellschaft との文字が書かれている。日本語に訳せば「第一帝国王国公許ドナウ蒸気船会社」というところだろう。十九世紀の最後の四半世紀にはＤＤＳＧという略語も、すっかり定着した。しかしその後のオーストリアの歴史はＤＤＳＧにも大きな影を落としていく。

1912 年建造のシェーンブルン号とドナウ河（2008 年発行の記念切手）

　そうした歴史を身をもって伝えているような船がある。それは現在ドナウ運河に浮かぶヨハン・シュトラウス号だ。長い間、運河沿いでレストランとして使われてきたこの船も、もちろん実際にドナウ河で運行されていた船だった。ＤＤＳＧが一九一三年にリンツで建造し、当初はフランツ・フェルディナント大公号と名付けられていた。

　フランツ・フェルディナント大公号は、全長六十四メートル、幅七・八メートル、七百四十馬力の船だった。この船はウィーンとリンツ間の、いわば急行用の豪華船としてつくられた。従来は約三十の町に止まりながら九時間十五分かかっていたが、停船地を五つだけに限定し七時間半で運行された。

しかし豪華船フランツ・フェルディナント大公号の人気はいまひとつだった。二時間弱の時間短縮は、乗客にとってそれほどの意味はなく、急いで行きたければ、むしろ列車を利用したほうがよかった。

さらに豪華船ということで、料金も通常より高かったのも客離れにつながった。ホテル・ザッハーの伝説的ともいえる「別室」(chambre séparée) のような豪華でエレガントな客室も、あまり効果はなかった。

DDSGがどうしたものかと迷っている間に、第一次世界大戦が始まり、フランツ・フェルディナント大公号は、お忍びの人たちを運ぶことはなくなり、軍隊の輸送用に使われることになる。豪華な「別室」を占拠したのは将校たちだったのだ。

第一次世界大戦による帝国の崩壊後の一九一八年、大公の名前は消し去られ、ヨハン・シュトラウス号と改名され運行されていた。しかし第二次世界大戦末期の一九四五年、リンツの近くで連合軍の爆撃を受けて沈没してしまう。戦後にドナウ河から引き上げられ修理されて、その後長い間、客船として利用されていたが、一九八五年にウィーンのレストラン会社に売却されたものだったそうだ。

自動車学校

ウィーンの道路を走る車を眺めていると、青地にLの文字が白抜きになったマークを付けている車がある。Lのマークのすぐ横にFahrschuleと書いてあり、教習用の自動車学校のものだということがわかる。よく見かけるので、ウィーンには自動車教習所がどのくらいあるのだろうと思って調べてみたことがある。

ウィーン市内だけで、約五十もの自動車学校がある。それだけ自動車学校があるにしては、練習コースというものを見たことがない。不思議に思って、ウィーンの人に、どこに練習用のコースがあるのかと尋ねてみた。すると、日本のような自動車学校の練習コースはないのだという。教習所で基本的なことを習ったあとは、いきなり車に乗り込んで、路上練習をするのだそうだ。

だから自動車学校は、大きな敷地もいらず、数も五十近くあるわけだ。ちょっとしたビルの中に自動車学校はあり、やはり、Lのマークの看板が出ている。ドイツ語でなく、英語やクロアチア語、トルコ語で教えるものもあるのだという。

オーストリアの運転免許は、運転できる車の種類によって、A、B、C、D、Eなど、アルファベットでの分類になっている。例えば、Aはオートバイなど二輪車、Bは乗用車、Cはトラック、Dはバス、Eはトレーラーだ。ただ、CとDにはC1、D1という区分があり、C1は七・五トンまでのトラック、D1は十六人乗りまでのバスだ。

ところで、そもそも自動車教習所を始めたのは、ルドルフ・ケンプフという人物で、ドイツのアシャッフェンブルクに開いた。最初は「自動車運転者学校（Auto-Lenker-schule）」と名づけられた。一九〇四年十一月のことだ。ウィーンで本格的な自動車教習所がつくられるのは、ずっと後になってからだった。

一九一八年十月一日付の新聞『ノイエス・ウィーナー・タークブラット』に広告が載っているのだが、それは次のように書かれている。

「帝国・王国州学校局によって認可された、自動車運転についての最初の専門学校。第三区、マルクサーガッセ三十番地。電話三五一九。運転手訓練教育、自家用車を運転される方のためのコース、軍隊準備速習コース。全卒業者は優れた試験成果。無料での職業紹介。第一級の推薦状。学校所有の車庫・修理工場有」

この広告を読むと、いくつかの興味深いことがわかる。まず自動車学校は官庁の学校局の管轄であったことだ。また、軍隊での輸送手段としての自動車は、軍馬などを用いるよりはるかに効率的だと考えられるようになっていた。さらに、自家用車を持つ人のための特別なコースがある。ここでは自家用車を運転される方（Herrenfahrer）という、今では耳にすることがないような言葉が用いられている。たしかに、かつての馬車と同様、自動車といった当時はきわめて高価なものを持つ人は、ふつうなら御者と同じように、お抱えの運転手もいたに違いないからだ。

ウィーンの人々が、自動車が実際に走るのを目にしたのは、一八九二年十一月だった。ドイツでゴットフリート・ダイムラーが製造した自動車(Kraftdroschke とドイツ語では呼ばれた)がウィーンの町を走ったのだ。

オーストリアで最初に、私たちがふつう自動車と考えるものをつくったのは、当時ウィーン随一の馬車製造会社のローナー社で、一八九六年だった。

ローナー社は、一八七三年当時一万台もの馬車を製造するオーストリア帝国最大の馬車製造会社として知られていたが、一八九八年には、プラーターのロトゥンデで開かれたフランツ・ヨーゼフ皇帝記念博覧会に二台の自動車を出品している。

ローナー社よりも前に、ジークフリート・マルクスが一八七〇年、自走式の手押し車をつくっていたし、また彼はガソリンを燃料として使用した人物としても知られている。一八七〇年製作の車は現存していないが、やはり一八九八年、フランツ・ヨーゼフ皇帝記念博覧会出品の自動車は、オーストリア自動車連盟が所有し、ウィーン科学技術博物館に貸与され展示されている。

ローナー社の名は単独では、世界的に有名にならなかったかもしれないが、エッガー＝ローナーの一八九九年製造の自動車は、マルクスの車と同様ウィーン科学技術博物館に展示されているし、また同じく展示されている一九〇〇年製造のローナー＝ポルシェという車は、自動車好きの人にはかなりよく知られている。

ローナー＝ポルシェは、二気筒十二馬力の車で、なかには客席が進行方向でなく後ろ向きになっている、ちょっと変わったスタイルのものもつくられた。ローナー社が若いフェルディナント・ポルシェとともにつくった、ローナー‐ポルシェは、一九〇〇年のパリ万国博覧会では、センセーションを巻き起こしたものだった。

二十世紀に入ると、ウィーンでもモーターショーが開かれるようになる。また一九〇二年にはパリ‐ウィーン自動車競走が行われ、その機会にプラーターで、かつて行われていた花の馬車行列をまねて、花で飾った自動車や自転車の行列（Automobil- u. Radfahrer-Blumencorso）もあった。

一九〇六年頃になると、既に数千台の自動車がウィーンには走っていた。ところが一九〇八年までは、ウィーン中心部の旧市街では自動車や自転車の乗り入れが禁止されていた。その理由は、歩行者と馬車の安全のためということだった。一九〇八年に自動車が入れるようになったのだが、そのための条件としては、賠償責任保険を法的に導入することと、ひき逃げに対する刑罰を明確にすることだった。

マルティンホルン

ウィーンの町で見かける救急車は、青色灯を付けただけで、サイレンを鳴らさずに走っていることがある。これは、ドイツなどと異なって、音と光の両方を併用しなければならないことにはなっていないからだそうだが、サイレンを鳴らした時の音は、日本の「ピーポー、ピーポー」とはだいぶ違う。

ドイツ語の擬音語で言うとすると、「ピーポー」ではなく「ターテュー、ターテュー」(Tatü Tatü)となるが、そもそも音程自体が日本のものとは違っている。

日本の救急車のサイレンの音は、九六〇ヘルツと七七〇ヘルツの繰り返しだから、音階では「シ」と「ソ」に近い音だ。しかし、「ターテュー」の音はもっと高い。「ラ」と「レ」の繰り返し音に聞こえる。

確かに調べてみると、四四〇ヘルツと五八五ヘルツの音なのだということだ。

こうした音を、日本人はふつう、緊急車両の「サイレン」と言うが、ドイツ語圏では「マルティンホルン」(Martinhorn)あるいは「マルティンスホルン」(Martinshorn)と呼ばれている。サイレンではなくホルンだと言われてみれば、「ウーウー」といった音とは本来違うし、音を出す道具の形状もラッパのような形をしている。

そもそも、救急車などの緊急車両が近づいているので道を開けるようにと、周囲に知らせるための方法は、古く馬車などが使われていた時代からないわけではなかった。車の上に、旗のようなものを掲げたりもしたが、それだけではよく分からなかったので、馬車の前で、ラッパを吹き鳴らしながら、何と自転車に乗って男が走ったりしたこともある。あるいは、馬車に乗った男が鐘を手に持って打ち鳴らすことも行われた。

交通量の増大などによって、緊急車両の走行を、もっと明確に周囲に知らせることが必要になり、一九三二年に作られたのが、「マルティンホルン」と呼ばれる警笛だった。マルティンという名前が付いているのは、何となく不思議だ。消防などの守護聖人は聖フローリアンで、聖マルティンではなかったはずだ、などと思って、よく調べてみると、マルティンというのは、ドイツのラッパなどの製作会社の、マックス・B・マルティン社に由来しているのだそうだ。

この会社は一九三二年に、警察や消防とともに、複数の音の出る警笛用ホルンを開発した。その後この警笛が、緊急車両の警笛として、法律でも決められるようになったため、通称として「マルティンホルン」という名前が一般化したのだ。現在でもこの会社はドイツにあり、マルティンホルンという名前は、登録商標になっている。

警笛音には、「ラ」と「レ」の単純音の他に、複合音を使い濁った音に聞こえるものもあるが、マルティン社では、そうしたものもつくっている。「ラ」にあたる音を四四〇ヘルツでなく四三五ヘルツと四五〇ヘルツを合わせて出し、「レ」にあたる音を五八〇ヘルツと六〇〇ヘルツを合わせた音としているため、騒音の中でも聞き取りやすい濁った音となっている。そして「ターテュー、ターテュー」と四つの音が同じ長さで、約三秒弱の間に鳴らされるということも決まっている。

ただ、個々の音の長さに関しては、第二次世界大戦以前のものとは、ほんの少し違っているようだ。一九三八年五月七日に決められた、ドイツの警察ならびに消防の緊急車両の警告音に関する規則によれば、「ラ」と「レ」の組み合わせは同じだが、長さが少し違っていて、「タテュー、タテュ、タテュ、タテュ、タテュー」と八分の九拍子のように鳴らされ、現代の四分の二拍子の鳴らし方とは違っていた。

ところで、救急車などを見て、すぐに気づくのは、赤色灯ではなく青色灯が使われていることだ。この青色灯に関しても、一九三八年の規則にある。規則には「直径一二〇ミリ」の「コバルトブルーの」ものでなければならないと細かく決められている。

しかし、なぜ救急車などの警告灯が赤でなく青色なのか、長い間不思議に思っていた。何人かの、オーストリア人やドイツ人に聞いてみたが、赤より青のほうが目立つからだろう、といった答えをする人がほとんどだった。

ところが、ドイツの元警部だった人が書いた文章の中に次のような個所があるのを見つけ、ようやく納得がいった。

「青色灯はすでに一九三七年から道路交通規則に決められていた。青色であるのは、『赤』、『黄』、『緑』は、既に交通信号に用いられていたためだった」。

だが、オーストリアの救急活動の歴史を見ると、マルティンホルンや青色灯の導入は、本格的には、第二次大戦後の一九五〇年代になってからということになっている。それにもかかわらず、実は、第二次世界大戦以前からオーストリアでも、マルティンホルンや青色灯が用いられていたことがあるのだ、という話を耳にした。

その理由は、一九三八年のドイツのオーストリア併合に関連がある。一九三八年三月十二日にはドイツ軍がオーストリアに入りウィーンに向かい、またそれに続いて、ドイツ警察もオーストリアに入り、治安の確保などを担うことになっていたからだった。一九三八年の併合に伴って、オーストリアはオーストリアではなくなり、ドイツ帝国の一地方として、オストマルクと呼ばれるようになっていたのだった。

フィルテルテレフォン

古い時代がそのまま残っているようなウィーンでも、さまざまな変化はあるもので、私がウィーンに暮らしていた頃とは、ずいぶん違ったことも多い。

三十年ほど前は、車は一家族に一台しかないのが普通で、テレビも家に一台だけというのが一般的だった。インターネットや携帯電話などもなかった。自動車に設置した移動型の自動車電話はあるにはあったが、よほどの金持ちに限られていた。

しかし今では、車も二台あったり、テレビも部屋ごとに置かれ、さらに子どもたちでも携帯電話を持つのが普通になっている。

二〇〇六年のウィーン・フィルのニューイヤー・コンサートでは、マリス・ヤンソンスが、エドゥアルト・シュトラウスのポルカ『電話』(Telephon)を指揮したが、その時、楽員から渡された電話は、もちろん携帯電話だった。

シュトラウス兄弟が活躍していた時代、新たな文明の道具として登場した電話は注目を集め、エドゥアルトだけでなく兄ヨハンも、類似した題名のポルカ『電話で』(Durchs Telephon)を作曲している。ヨハン・シュトラウスのイーゲルガッセの家にも電話が設置されていたというが、本人はあまり使用しなかったと伝えられている。

また、皇帝フランツ・ヨーゼフの執務室の机の上にも、一八八七年、電話機が置かれることになった。しかし皇帝が電話に手を伸ばすことはなく、机上の飾りでしかなかったのだということだ。たしかに、便利ではあっても、シュトラウスは短い手紙のほうを好んだし、皇帝も臣下を通じて連絡をさせたということなのだろう。

ウィーンでは、既に一八八一年六月三日、電話開設認可は出されていた。当初はシュテファン大聖堂から十五キロと決められていた。そして十二月一日に電話が開通する。その時、電話が置かれたのは百五十四か所だった。その中には十二月八日に火災が起こるリング劇場も含まれていたが、火災発生の時、とっさに電話の利用を思いつく者はなく、大惨事につながることになるのだった。しかしその一年後には、電話加入者が千を超え、急速に電話網は拡大していくことになる。

ところで、私が約三十年前にウィーンで借りた住まいには、もちろんダイヤル式の電話はあったが、まだ当時は、海外への通話料が特に高く、日本へは一分間で千円を超えるほどだったので、よほどの用事がなければ日本には電話をしなかったものだ。

ただ、その電話機には、ダイヤルの他に、ボタンが付いていた。大家の説明では、「ダイヤルする前に、まずボタンを押せばいい」ということだった。ところが、翌日、いざ電話をかけようと思っても、全然かからない。発信音すら聞こえない。しばらくしてから、もう一度試してみると、今度はかかった。時によってかかる場合と、かからない場合があるのだ。

不思議に思って、大学の隣の研究室のM先生に、なぜか電話がかからないことがあるのだが、と尋ねると、「それはフィルテルテレフォン (Vierteltelefon) だからでしょう」と教えてくれた。

フィルテルテレフォンという言葉は初耳だった。一つの回線を何軒かで分け合っている、回線共有電話のようなものだということだった。つまり、隣家のどこかが電話している時は、まったくかけられないし、また、かかってもこないわけだ。

まずボタンを押して、独特の、クラック・クラック・クラックという音がしてからダイヤルするという電話だ。このような電話があることを初めて知ったが、日本ではこうした電話だと長電話が問題となり、近所とのトラブルになりそうだとも思ったものだ。

フィルテルテレフォンというのは、オーストリア独特のものだということだ。フィルテルといっても、必ずしも四台の電話で一回線というわけではなく、二台で一回線のこともあるし、場合によっては、リンツでの例があるそうだが、電話機八台で一回線ということもあった。

なぜ、こうした回線共有の電話が考えられたかというと、それは電話設置希望の急激な増加があり、開始一年後に約千だった電話が、一八九五年には一万九千を超えていく一方で、通話料の高さから電話をかけることは、さほど日常的なことではない、ということがあったからだ。そこで、回線共有という考え方が編み出されたのだった。

一九〇五年、ウィーンのマイドリングの中心部で、初めて回線を、二台の電話、あるいは四台の電話で共有するフィルテルテレフォンが始まっている。その後、第一次世界大戦後の一九二九年から三三年にかけての経済不況の時代には、一回線を一台の電話とすることをあきらめて、フィルテルテレフォンで我慢しなければならないこともあった。また、第二次世界大戦後にも回線増加が間に合わず、相変わらずオーストリアではフィルテルテレフォンが一般的だった。

一九八六年デジタル化が始まった時にも、まだ約百五十万台がフィルテルテレフォンだった。これは全体の五十六・三パーセントにあたった。一九九三年になっても、まだ八十八万五千の電話は自分だけの回線を持てなかった。その後四年間で急速にフィルテルテレフォンから、独自回線を持つものに切り替わっていき、一九九七年段階で残っていたのは六万七千となった。

ようやくすべてが切り替えられ、オーストリアのフィルテルテレフォンの時代に終わりが告げられたのは、一九九九年のクリスマスの時だった。あの煩わしく、また懐かしいクラック・クラックという、オーストリアの二十世紀の電話音は、聞かれなくなったのだった。

ツィルムルバフィ

ZYLMURBAFIという文字列が何のことか、すぐにわかる現代のウィーンの人は、たぶんほとんどいない。試しに何人かの人にクイズのように聞いてみたが、何に関連したことか即座に答えられた人は誰もいなかった。

今では、本当にみんな知らないのだろうかと思ってインターネットを見てみると、掲示板に面白い書き込みをしている人がたくさんいた。ZYLMURBAFIとは何かについて、かなり愉快なことが書かれていたので、いくつかを紹介してみようと思う。

「神話の中に出てくるおまじない」、「オリエントの支配者の名前」、「化学結合の言葉」、「ダイエット方法の名」、「フィットネスプログラムの名前」、「祖先がアフリカの人名」などというのもある。ZYLという文字のつながりに着目した人は、ZYL…という文字がつながっている言葉はZylinder（シリンダー）以外には多分ないのだから、シリンダー関連の技術用語に違いないと書いている。

　また中には、何らかの頭文字を表しているのではないかという意見もあるし、さらに、それぞれの文字のアルファベットの順番から、26, 25, 12, 13, 21, 18, 2, 1, 6, 9となり、金庫を開けるための数字だろうという意見もある。文字のつながり全体を逆にしたIFAB-RUMLYZというのもどこかで聞いたような気がするから、何らかの暗唱用の言葉ではないかと書いた人もいて、議論百出だ。だが、残念ながらどれも正しくはない。

　実は昔、ウィーンの電話機のダイヤルのところに書かれていた文字がZYLMURBAFIなのだ。数字の前にアルファベットが付けられ、B 22 4 25のような電話番号が使われていたことがあるからだ。そこでダイヤルのところに数字と並んでアルファベットも記されていたのだ。IFABRUMLYZなどの文字がどういった理由で選ばれたかに関しては、判別しやすさということによっているのだそうだ。

　だから、これらの文字は、アメリカなどで、アルファベットが数字代わりになるようにと、電話に記されていたのとは、まったく違っている。アメリカの電話機には昔から、2にABC、3にDEF、4にGHI、5にJKL、6にMNO、7にPRS、8にTUV、9にWXYと文字も書かれていた。QとZがないが、英語では使用頻度が少ないためだ。

　しかし最近では、携帯電話でもそうだが、7にQ、9にZも書き込んでいるようになっている。この文字の今の使い方は、例えばAppleなら27753となり、この番号をアップル社が持っていて、客が掛けやすくするため利用されている。日本では、歯科によくある6480「ムシバゼロ」のような語呂合わせ的な使い方がもっぱらだが、それとはまったく違っているわけだ。

だがウィーンの電話機にあったZYLMURBAFIでは一〇文字しかないので、アメリカ的な使い方はできない。ウィーンの電話では一九二七年から数字の前にアルファベットを付加することが行われ、第二次世界大戦後の一九五七年まで行われた。

どの文字を付加するかには、一定の基準があったとも言われる、アルファベットの種類の違いは、ウィーン中心部からどの方向にあるかによっているというのだ。そこで手元にあった一九四五年発行の『ウィーン道路名辞典』に載っている当時の区役所などの電話番号を調べてみた。

すると確かに、中心部から北の、カメリーターガッセの二区の区役所はA-41-5-35、イエーガーシュトラーセの二十区の区役所はA-41-0-37となっている。一方、南西にあたるシェーンブルナーシュトラーセの十二区の区役所はR-30-5-90で、南にあたる十区ラクセンブルガーシュトラーセの区役所はU-40-0-82ということから、時計と反対回りにつけられたらしいこと

数字とアルファベットが併記された電話機
（Telecom Austria 所蔵写真）

がわかる。しかし十八区の区役所がA-13-5-85というように例外もある。ただ、その後のアルファベットのつかない電話番号の最初の数字は、反時計回りに、ちょうど路面電車の系統番号の最初の数字と同じになっていることが多かったのは確かだ。

私が住んでいたアパートの電話は4で始まっていたが、路面電車では43系統、44系統、46系統などが走っているところだった。今では、そうした関連がなくなっている電話番号もあるが、まだかなりの所であてはまるようだ。だから電話番号を聞けば、どのあたりに住んでいるのか、わかることが多い。

ただもうひとつ、古くは、オーストリアのウィーンでは電話機の番号の並び方が国際的な基準とは異なった独自の方式が採用されていて、煩わしい問題があった。通常はダイヤルは1から0までの順で時計と反対方向で並んでいるはずだが、その頃のウィーンの電話機は、右上にある0から始まっていて、真下には0ではなく9があったのだ。

0から9でなく、1から9の順で並べて、最後に0をおくように変えることは、従来の番号に、それぞれ1を加えてダイヤルしなければならない。わずらわしいが、国際的な標準の並び方への変更だった。さらにそれと同時にアルファベットIFABRUMLYZも廃止されたのだ。

IFABRUMLYZの順で、Iは0、Fは1、Aは2、Bは3、Rは4、Uは5などの数字にあたるわけだったが、これも、Iが1、Fが2、Aが3、Bが4、Rが5、Uが6と変更になった。

わかりにくいので例をあげてみる。U45-2-55だったとすると、新しい番号は、Uが6で数字にはそれぞれ1を加え、656-3-66となったわけだ。

こうした変更は、一九五七年三月十八日から行われ、電話局は利用者に変更早見表を配ったのだそうだ。そして、またたく間のうちに古い電話機は消えていった。それは、のんびりと物事が進むウィーンとは思えないほどの速さで、わずか数週間の間で行われたのだという。

馬はキュウリのサラダを食べない

電話といえば、発明者としてグラハム・ベルの名前があげられるのが普通とおもっていたが、ドイツやオーストリアでは、電話の発明の話題のときに必ず登場するのは、フィリップ・ライス(一八三四―七四)という人物だ。音を電気信号に変えることによって遠くまで伝えることを考えたのだった。

彼は、人間の耳にあたる空気振動を受け取る装置として、豚の腸の薄い皮を使うことを思いつき、また、音を再現するものとして細い線を巻きつけた編み棒のついたヴァイオリンを利用した。うまく音が伝わるかどうかの実験は、仲間が詩を読み、装置を通して聞いたライスが、聞き取ったことを復唱する、というやり方でまず行われた。

でも、もしライスが詩を暗記していたとすれば、仲間の声を本当に聞き取ったのかどうかわからないということから、意味を考えれば奇妙な文を、聞き取れるかどうかで実験をした。そこで言われた文が「馬はキュウリのサラダを食べない」(Das Pferd frisst keinen Gurkensalat) だった。

ライスは、馬が食べるということは分かったが、何を食べるかまでかは聞き取れなかったという話だ。しかし不十分ながらではあるが、これは電話の発明の第一歩だった。そこで、ドイツ語圏では、電話の歴史に関しては、ベルではなく、まずフィリップ・ライスの名があげられるのが普通だし、「馬はキュウリのサラダを食べない」という不思議な文も、かなりよく知られている。

ライスの実験は一八六一年十月に行われた。ベルが電話を発明したとされる一八七六年より早い。ライスは一八七四年に世を去っているが、しかしTelephonというギリシア語をもとにした電話の概念を作り出したのだった。

その後、電話は次第に広まっていくが、最初の頃は受話器から笛のような大きな音を出して、電話交換手を呼ばなければならなかった。電話機はもちろんダイヤルなどなかったわけだから、相手と話したい時には、通常は交換手がどうしても必要だった。

一八七〇年代末に、電話交換手という仕事が登場する。初めは男が務めたというが、男の声よりも女の人の高い声のほうが聞き取りやすいということもあって、十九世紀末をはさんでの十年ほどの間に、急速に若い女性の職業として定着していく。

彼女たちは「交換嬢」(Fräulein vom Amt) と呼ばれた。「こちら局です。ご用件は?」(Hier Amt, was beliebt?) というのが決まり文句だった。言葉づかいなども訓練された良家の子女でないと、交換嬢にはなれなかったのだといわれる。

二十世紀前半の女性の代表的な職業のひとつだった。映画などでも取り上げられることもあり、一九二五年には Das Fräulein vom Amt という題名のウーファ社の映画があったし、戦後の一九五四年にも Fräulein vom Amt という映画がブルク映画社で作られている。戦後の映画では、ウィーンのオペラやオペレッタで活躍し、オーストリア宮廷歌手の称号も得ることになる歌手レナーテ・ホルムが主演している。

電話のダイヤル自動化によって、電話局の交換手は戦後は急激に数が減っていった。オーストリアで最後に残っていた電話局の交換手は、チェコとの国境に近いカールシュタイン・アン・デア・ターヤという人口千数百人の村の交換手だったが、それも一九七二年十二月十四日に役割を終えている。純粋な意味での電話交換手はいなくなった。

それでも番号案内といったオペレータなどとしての仕事はあるわけで、たまたま、ウィーンの電話局で夜九時から朝七時まで十時間の夜勤をしていたオペレータの話を見つけたことがある。面白かったので、現代の Fräulein vom Amt の話として、少しばかり紹介してみようと思う。

彼女は、「お客様は王様なのですが」とも言いつつ、自分が経験した次のような会話とその電話の様子を語っている。

「Teif'l（悪魔）の電話番号を教えてくれる？」

「何とおっしゃいましたか？」

「悪魔（Teufel）だよ、悪魔……。地獄のだよ……」

（電話の向こうからパーティーのような笑い声が聞こえてきました）

「ご冗談ですか？」

「ひどいことになっちゃってさ、それで……」

「きっと、もう地獄においでなのではないですか。この通話は一分あたり一ユーロ以上かかっているんですから」

（すると電話の主は、あわてて電話を切ったんです）

電話ボックス

日本では携帯電話を誰でも持つようになり、町中の公衆電話や電話ボックスが減っている。新たなデザインの電話ボックスはここのところ出ていないようだが、オーストリアでは、二〇〇二年にマルチメディア・ステーションと呼ばれる新しい電話ボックスが登場して目を惹いた。

マルチメディア・ステーションでは、電話はもちろんかけられるが、その他にもインターネット、メール、写真付きメールも送れる。ただ、電話ボックスといっても、ドアが付いていない。なぜ、今までのようなドアがないのかというと、車椅子などでも利用しやすくするためなのだということだ。ガラス張りで開放感と清潔感がある。

マルチメディア・ステーション以前の電話ボックスは、一九七六年から採用されているデザインで、正面と左右にそれぞれ三つのガラスがはめ込まれた、少し丸みを帯びたもので、電話局ではFZ2型と呼ばれていたものだった。それ以前はもっと角ばったかたちの、単なる四角のボックスだったが、ドアのところに「壊さないでください。この電話は命を救うかもしれません」と書かれていたのを見て、びっくりしたものだった。電話ボックスがゴミ箱のようになったり、電話機自体もよく壊されているものもあったのはたしかだった。

初めてウィーンに公衆電話が設置されたのは、一九〇三年というから、公衆電話にはもう百年以上の歴史がある。ウィーン南駅に八月十七日に置かれたのが最初だった。続いて北駅、西駅、フランツ・ヨーゼフ駅に設置されていった。

さらにプラーターのハウプトアレーやカフェ・ツェントラルに設置され、一九〇七年にはウィーン全体で四十二台、一九一〇年には百四十三台、一九一四年には四百八台、一九一八年には六百台というように数が増えていった。

公共の場に設置された電話機は、当時のお金で二十ヘラーを入れ、電話局の交換嬢を呼び出すというものだった。電話機の硬貨が投入されたということを交換嬢が知るのは、音によっていた。二十ヘラーのお金を入れると、コインが電話機内部の音叉《おんさ》に当たる。その音で交換嬢は電話をかけたい人がいるとわかり、通話口の客と話をし、通話先に電話をつなぐという仕組みだった。

こうした仕組みを発明したのは、当時ハプスブルク帝国の都市であったブレスラウ出身のロベルト・ブルーノ・イェンチだった。彼は一九〇〇年に特許を取り、一九〇三年郵便電報監督局から、公衆電話設置と営業に関する認可を受けた。

彼は、友人のシュテファン・ベルクマンとともに「自動電話有限会社」という名の会社を設立したが財政的には苦しかった。自動電話機の製作のための工場を持ち合わせていたわけではないので、製作を外注しなければならなかったし、金銭的支援をしてくれる人も少なかった。

さらに、「イェンチ電話」と呼ばれた彼の初期の電話機には問題があった。それは通話上の支障というのではなく、ヘラー硬貨の判別に関してだった。硬貨を入れる代わりに電話機を強くこぶしで叩くと音叉が鳴ってしまい、交換嬢は硬貨を入れたと勘違いしたのだ。この話が広まって、硬貨を投入せずに通話をすることが頻繁に行われるようになった。そこで、電話機は音叉を二つ鳴らす複雑な形に改良されなければならなかった。

電話機には現金硬貨がたまるので、それの回収のために雇われた人が電話機から硬貨を布袋に入れることになっていた。しかし電話機にある硬貨のうち、どれだけが回収用の布袋に入ったのか、あるいは回収する人のポケットに入ってしまったのか、誰もわからないという状態だった。これも後になって、投入硬貨が、そのまままるボックス型のものに変えられたということだ。

電話機の設置が進んだのは、一九〇七年、カフェに電話機が置かれるようになったのがきっかけだとされる。カフェでは、二十ヘラーではなく、十ヘラーで電話がかけられるようにされていた。電話をかけるだけでなく、カフェにいると電話がかかれば呼び出してもらうことができた。

カフェの経営者たちも、より多くの客が来るようになると期待して、一九〇七年に約二百のカフェが自動電話機を店に置いたのだという。カフェの電話は、ウィーンの公衆電話普及に大きく貢献した。公衆電話のこうした発展の仕方も、カフェが生活の一部のようなウィーンらしい。

しかしその一方で、公衆電話が建物内部でなく、中心部の目立った場所に設置されるまでには、かなり時間がかかっている。一九〇九年、市立公園のはずれに建てられたのが最初だとされるが、その他の場所で置かれたところといえば、ほとんどが陸橋の下や鉄道の高架下などに限られていた。

ウィーン市当局は、電話ボックスの設置は町の景観を損なうと考え、なかなか中心部への設置を認めなかった。こうしたものの設置を認めれば、電話ボックス以外の他のものが建てられるようになるかもしれず、収拾がつかなくなるし、もし電話をかけたければカフェに行けばいいではないかということだった。

ようやく一九二〇年代になってから、リング通り沿いなどに、その頃ウィーンでは「キオスク」と呼ばれた電話ボックスが次々と建てられる。この「キオスク」は当時の写真に残っているが、よく見ると、単純な四角形の箱型ではなく、角に少し切り込みがあり、八角の形をしていて、古き良き時代を感じさせるものだ。

鉄道馬車

鉄道馬車がウィーンで走ったのは一八六五年のことだった。しかし、初めての鉄道馬車路線の建設は、ウィーンではなく、リンツと現在のチェコのブジェヨヴィツェを結んだものだった。南ボヘミアの中心都市ブジェヨヴィツェは、ドイツ語名ではブートヴァイスと呼ばれていた。

リンツとブートヴァイス間の鉄道馬車路線の建設は、一八二五年に着手され、一八三二年八月一日に開通している。それに先立って皇帝フランツ一世とカロリーネ・アウグスタ皇妃は、七月二十一日、リンツからサンクト・マグダレーナまで、屋根のない車両に乗って完成を祝ったのだった。

リンツ近郊の、大きな菩提樹などの木々が茂る緑豊かなサンクト・マグダレーナは、見晴らしもよく、リンツの市民たちが好んで訪れていたところだが、そこにも鉄道馬車によって簡単に出かけられるようになった。

ほら町から鉄道がやってくる
鉄の車輪が回って近づいてくる
楽しげな人たちが降り立ち
菩提樹の陰の建物の中に入って行く

とオーストリアの詩人のカール・アダム・カルテンブルンナー（一八〇四－六七）は一八三三年に詩に歌ったが、カルテンブルンナーが鉄道と言っているのは、蒸気鉄道ではなく、リンツから走る鉄道馬車のことだった。

カルテンブルンナーは鉄道馬車に乗る楽しそうな人々の様子を描いているが、リンツとブートヴァイス間を結ぶ鉄道が計画されたのは、観光用のためというわけではなかった。まず第一に、ボヘミアとの間の物資輸送が目的とされていた。

古くから、オーストリアの塩の生産地からボヘミアに塩の運搬が盛んに行われていた。運送手段としては、川を使ったほうが大量輸送に適していたわけだが、ザルツカンマーグートやリンツ地方とボヘミアの間には、ボヘミアの森があり、運送に好都合な川もなかったので、荷はもっぱら馬などの背中に乗せて運ばれていた。

リンツからブートヴァイスに向かう鉄道馬車。手前が１等馬車。後に続くのが２等馬車。

そこでもっと効率的な輸送が行われるようにと、鉄道馬車が計画されたわけだ。リンツとブートヴァイスを結ぶ鉄道は、ヨーロッパ大陸で初めて本格的に建設された鉄道馬車だったことからしても、この区間の物資輸送の重要性がわかる。

リンツとブートヴァイス間に敷かれた鉄道は、総延長一二八キロで軌道のゲージは百十・六センチだった。荷物運搬用の車両は、一両あたり二・五トンから三・五トンあり、一樽約五十六キロの塩を四十樽積んでいた。

できるだけ重量を軽くしようという工夫もされた。車輪をすべて鋳鉄でつくるのではなく、鉄を使うのは軸の部分や線路との接面部に限り、それ以外は木でつくるといったことも行われた。

馬は、寒さにも暑さにも強いノリカー種が全部で約六百頭いたということだ。一時期、引く力がもっと強いのではないかということで、牛が試されたことがあったが、立ち止まったまま動かなくなったり、前を人が通ると驚いたり、乗客の持つ傘にまで興奮したりして、線路とは違った方に走り、脱線もよく起こったので牛の使用は続かなかった。

荷物運搬の鉄道馬車はブートヴァイスまで、十五時間かかった。時速は約四キロだったが、それでも多くの荷物が運べるという利点は今までになかったことだ。一八四三年の塩運搬の記録が残っているが、それによると年間約三十五万トンの塩が運ばれた。また乗客用の鉄道馬車は、時速十キロから十五キロで走った。

荷物運搬用の鉄道馬車よりは速かったものの、それでもリンツからブートヴァイスまでの旅行は、一日がかりだった。リンツ発が朝の五時で、ブートヴァイス着が夜の十九時だった。

一八四〇年頃の、ある旅行者の書いた文が残っているので少し引用する。

「出発前に済ませなければならない多くの手続きがあった。駅員は乗車券に、降車駅名、日付、時刻等といったことを記入しなければならなかった」。「出発は、正確に早朝五時だった。このような鉄路で旅行するのは何と快適であることか。ガタガタとしたり、ガクガク揺れることもなく、あたかも天空を行くかのごとく進んでいく」。「急な登りのところでは、もう一頭の馬が繋げられた」。

早朝五時にリンツを出て、サンクト・マルガレーテンには五時三十分、そしてボヘミアとの境に近いケルシュバウムに十二時に着く。ケルシュバウムでは一時間停まり、十三時発となっている。つまりケルシュバウムで昼食用の休憩があったのだ。一八三七年、作家フランツ・カール・ヴィートマンは、次のように書いている。
「ケルシュバウムは皆で昼食をとる所だった。既にナイフやフォークが並べられた大きなテーブルが食堂に用意されていた。四つの車両から降りて、ここに集まった人々は四十二人だった」。「食卓に供された料理は、スープ、二種類のソースのついた牛肉料理、焼肉料理、サラダだった。焼肉は鳥肉と野獣肉からなっていた」。

このケルシュバウムには、ブートヴァイスを、やはり早朝五時に出発したリンツ行の鉄道馬車も、昼十二時に到着した。作家ヴィートマンの書いた駅の食堂は、かなりきちんとしたレストラン風のものだったようだ。実はここケルシュバウムの駅のレストランは、ヨーロッパで最初の、駅構内食堂だったということだ。

ヨーロッパ最短の市電

リンツからグムンデンを直接に結ぶ鉄道馬車は、十九世紀前半には通っていたのだが、一八五四年から五六年にかけてブートヴァイス－リンツ－グムンデン間の鉄道馬車は、蒸気機関車に代えられている。さらにその後、ウィーンから西に延びる、エリーザベト皇妃鉄道(Kaiserin-Elisabeth-Bahn)という名が付けられた西部鉄道(Westbahn)が、一八五九年にウィーンからラムバッハまで開通した。

エリーザベト皇妃鉄道の敷設にともない、リンツ－グムンデン間のうちリンツ－ラムバッハの部分の鉄道馬車は廃止された。

エリーザベト皇妃鉄道は、一八六〇年にはザルツブルクまで開通している。また一八七七年には、南の方面に向かうルドルフ大公鉄道（Kronprinz-Rudolf-Bahn）が、リンツの西方のアットナング・プッフハイムからグムンデンやバート・イシュルを通りシュタイナッハ・イルディングを結び、ザルツカンマーグート地方を南に延びていった。

このようにリンツの西や南方面の鉄道網も徐々に広がっていくわけだが、ルドルフ大公鉄道が経由するトラウン湖畔から二キロほどのところには、当初はルドルフ駅（Rudolfs-bahnhof）と名付けられたグムンデン駅がつくられた。トラウン湖畔に行くには、かつての鉄道馬車の路線を利用するより、ルドルフ駅から行くほうが、ずっと便利になった。

そこで路面鉄道の計画が持ち上がったのだったが、グムンデンの住民たちは、蒸気機関車の煙や騒音に難色を示した。そこでちょうど照明のためにひかれることになっていた電気を利用する鉄道が考えられた。

一八九四年一月、リンツのフォルクスブラット新聞は次のように報じている。

「電気市街鉄道。わが保養地は、間もなく近代の成果においてより豊かになることが明らかとなった。ウィーンのシュテルン＆ハッフェルル社が、町と半時間の距離にある駅とを結ぶ電気市街鉄道を建設することとなった。出発地はホテル・クローネの前になる」。

そして同じ年の八月十三日に開通式を迎えた。その直前の様子をリンツのターゲスポスト新聞が、記事にしている。馬車から鉄道に変わっていく頃の様子を記していて面白い。「試運転走行の間、興味を引いたのは、何人かの人が馬に乗り、また数台の馬車が、線路に沿って配置されたことだった。これは、車両の運行について馬たちを慣れさせるためだった。しかし電車を気にする馬は、ほとんどいなかった」。

実際の開通式は、十三日午後一時三十分に行われた。最初の電車は、長さ七・六メートル、高さ三メートル、重さ六千五百キロだった。二十四人が座れる座席があり、天井には五つの電灯が付けられていた。

開業当時、グムンデン駅から市庁舎広場まで二・五キロ余りを十五分で結んでいた。最初の年には、約十一万人の乗客があったが、最も利用客の多いのは夏で、六月から八月にかけては、月あたり一万二千人から二万一千人が乗車した。

その一方、十一月から三月までは、月に四千人から五千六百人の利用しかないということからも、トラウン湖畔が、もともと避暑地としての性格を強く持っていたのがわかる。

そのため乗客数は、戦争や経済状況に左右されてきた。第一次世界大戦の頃には落ち込みがみられるが、一九一八年には年間約二十一万人になり、二八年には二十三万人を超えている。一九三〇年代の経済危機の時には利用者数が激減し、一九三四年には、開業時より少ない九万二千五百六十一人しか乗客がいなかった。

一九二八年と三四年については、犬の乗車数も残っているので示しておくと、二八年は八百七十一匹、三四年は五百四十一匹だった。乗車した犬の頭数まで正確に残っているのはおもしろい。第二次世界大戦後の一九四六年には乗車人数は七十三万人と急増し、現在も年間約三十五万人ほどが乗っている。

この路面電車の特徴のひとつは、路線の短さだ。グムンデン駅からフランツ・ヨーゼフ広場まで二千三百十五メートルしかない、ヨーロッパ最短の路面電車だ。現在、乗車時間は約十分しかかからない。

もうひとつ、百パーミルという急勾配の路面電車ということで、箱根登山鉄道でも八十パーミルだから、グムンデンの路面電車が、どんなに急な斜面につくられているか想像がつく。急な線路の区間を走ることもあって、電車には急ブレーキ用の砂を積んでいる。霧雨などが降ったり、線路に葉が落ちていて、滑りやすい時に利用されるのだそうで、各車両に約八十キロの砂が用意されている。

一両編成の電車に実際に乗ってみると、ちょうど中間地点の、テニス場という名の停留所あたりから急勾配になって電車は一気に下っていく。前にはトラウン湖が広がり、奥には、標高一六九一メートルのトラウンシュタイン山の岩肌が見えてくる。

片道約十分ほどなので、ふだんは二両だけが走り、予備車が一両あるだけだ。運転士も全体で五人しかいない。しかし通常用いられている三両以外に、一八九八年製と一九一一年製の二両のレトロな車両もあり、イヴェント用に特別運行されている。

グムンデン駅を降りると、駅前で待っている一両編成のかわいらしい路面電車は、トラウン湖への期待をふくらませてくれる。

オーストリアの作家トーマス・ベルンハルトも、グムンデンの路面電車をとても気に入っていたようで、地元の新聞に次のような文章を寄せている。

「まさにこの路面電車は、この町の最もすばらしいシンボルのひとつである。私は、きわめて大きな喜びをもって、いつもそれに乗っているのだ」。

世界最急勾配の路面電車

グムンデンの市電を調べている時、実は、グムンデンの路面電車のノスタルジー車両の中には、かつてリンツで用いられていたものがあるのだということを知り、どうしてリンツの電車がグムンデンに来ているのだろうかと興味を持った。

今でもイヴェントなどの時にグムンデンで運行されている車両は、一八九八年に製造された、側面が開け放たれた夏用車両といわれるもので、もともとリンツで走っていたものだ。

調べてみると、この路面電車は、リンツの町中の路面電車として使われていたのではなく、ドナウ河左岸のペストリングベルクへの登山電車として走っていたものだった。

ペストリングベルクは、リンツ市民にとって最も親しみのある山だが、この山にリンツの人々が登り始める歴史は、十八世紀初めにまでさかのぼる。当時、このドナウ河の北側の、標高五三七メートルの小高い山の上に、イグナツ・ヨープストが作った聖母像がまつられ、リンツ市民がよく訪れる場所となっていた。

最初は木造の礼拝堂だったが、一七四八年には立派な石造りのペストリングベルク教会が建てられ、リンツ市民にとっての巡礼の地になっていった。休みの日などにちょっと遠出をするには恰好の山だったのだ。

十八世紀には木々でおおわれていたが、十九世紀に入って、一八〇九年、そして一八三〇年代に、主として軍事的な理由からとされるが、木々の伐採が行われると、ドナウ河からリンツ市内への素晴らしい眺めが望めるようになり、十九世紀末には、山へ登る登山鉄道の計画が持ち上がった。

約二百七十メートルの高低差のある区間を走るには、当初には、アプト式といった歯車を用いた蒸気鉄道が、ヨーゼフ・ウルバンスキーという技師によって考えられたが、財政の問題が大きく、歯車式の蒸気鉄道は実現せず、代わりにウィーンのレンダー銀行、ベルリンユニオン電気会社などが出資した、リンツ電気施設設立連合による電気鉄道が計画されることになった。

ヨーゼフ・ウルバンスキーは、ペストリングベルクに登る路線の経路まで計画していたのだが、ほんのわずかな報酬しか手にすることはなく、彼の名前も、その後ほとんど忘れ去られてしまっている。

ペストリング電気鉄道の建設は一八九七年に始まった。それはほとんどが人力によって行われた。ただ、重い機材などは牛によって引かれた車で運び上げられたのだということだ。それでも全長約三キロほどの路線は、翌九八年五月に開業した。山頂駅は七つある堡《ほう》塁《るい》のひとつが使われ、ロマンティックな雰囲気が出されているし、出発点の駅も、二つの小さな塔がつけられ、煉瓦でできた趣のあるものだった。

以前、私が乗ってみた時は、この古い駅舎に止まっていた、かわいらしい電車に乗り込んだのだが、そこは今ではペストリングベルク鉄道博物館になっている。

ペストリングベルク鉄道は、開業後徐々に利用者数を増やし、第一次世界大戦前には、年間二十万人を超えている。戦争中は、乗客数が減少したのかと思うと、実はそうではなく、急激に増えているのが不思議だ。例えば一九一八年には六十八万八千人の利用があった。これは、戦争中や戦後の買い出しのために利用されたからだそうだ。一九四三年には百二十六万四千人にまでなったことがある。

ペストリングベルク鉄道のそもそもの特徴に話を戻すと、その急勾配をまず挙げなければならない。最大斜度百十六パーミルというのは、ふつうにはない、きわめて急勾配の電車だ。登山鉄道では、歯車をかみ合わせる方法がよくとられるのだが、ペストリングベルク鉄道は、そうした方法をとっていない。普通の鉄の線路を普通の車輪で登っていく。

こうした線路と車輪の摩擦を利用して走るものを、鉄道用語では粘着式鉄道（Adhäsionsbahn）というのだそうだが、世界最急勾配の粘着式鉄道として、一九八三年、ギネスブックにも載ったということだ。

しかし、歯車式鉄道でなく、通常の鉄道によって建設されることで、いくつかの解決しなければならない点が、当初からあった。

急勾配を登っていくために必要な動力のあるモーターを装備しなければならず、車体の台車を大きくしなければならなかった。そのため、軌道の幅を一メートルの大きさにした。また、急勾配のため、通常の車輪と線路の摩擦だけのブレーキでは止まらない可能性があるので、線路それ自体を、挟み込んで締め付けるブレーキが装備されている。そこで線路は、普通よく見るものと違っている。断面がI型をしたのではなく、Y型のような形をした特殊なレールが敷かれている。

ペストリングベルク鉄道は、開業百十一年の二〇〇九年、軌道幅を九十センチに変更し、リンツの中心部まで新型の低床車で、直通運転されるようになった。

そのような、鉄道好きの人だけが興味がありそうなことには関心のない人も、ペストリングベルク鉄道に乗ってのんびりと山に登ってリンツの眺めを楽しんでいる。

鉄道が開通した一八九八年、すぐに山上には、ホテル・レストランが開業している。山から下りる時には、グロッテンバーンという、竜の形をした、おとぎの国の電車に乗って、小人の人形などがいる洞窟を楽しそうに降りていくが、これも一九〇六年にできたものので、リンツの人々の楽しみにも年季が入っている。

あとがき

都市のもつ表情は、人間の顔のそれと似ている。着飾った装いに身を包み、よそ行きの顔を見せることがあるかと思うと、ふと視線をそらした時など、いわば普段着の表情が現れ、思わず隠された内面を見ることもある。しかし人間と同様、そのすべてを十分に知り尽くすことは難しい。

一九八〇年代の終わりに、ウィーン大学客員教授として赴任期間中の二年間、ウィーンに住んで考え続けたのは、あるひとつの都市であっても全体像をつかむのは至難のことだ、という思いだった。ウィーンという都市について、いろいろと浮かんでくる疑問について、現地の人に尋ねたりもしたし、ウィーン大学日本学科の同僚のオーストリア人の先生方からも、貴重な助言をもらいながら、興味を持って少しずつ調べていた。

そうした折、一九八九年、『月刊ウィーン』誌創刊にあたって原稿執筆の依頼を受けた。創刊号以来、毎号欠かさず書き続け、既に連載は四半世紀を大きく超えている。しかし、書き続けている中でも、ウィーンやオーストリアについての謎や疑問は増えていくばかりだ。まだまだ謎が謎を呼んでいるといった状態なので、次々と浮かんでくる疑問を温めながら、現在も書き続けている。

本書では、『月刊ウィーン』誌に、今まで書いてきた連載の中で、まだ本にまとめていない百五十一話以降の話から、百の話を選び出し、街、音楽、衣、食、住などといった項目に分類し、加筆・訂正を行って、『不思議なウィーン 街を読み解く一〇〇のこと』という書名で、あらためてご覧いただくこととした。『月刊ウィーン』誌では、「ウィーン知らなくてもいい話」というのが連載のタイトルなのでお分かりいただけると思うが、主として扱っているテーマは、ごく一般的な書物には書かれていなかったり、ほとんど取り上げられることはないが、それにもかかわらず興味深いウィーンなどについての話題が中心になっている。

しかしそれらは、ウィーンの人なら誰でも知っている話であったり、ウィーンの歴史や都市の性格や本質と切り離せないものであることも多い。素顔の飾らないウィーンの風景を観察することによって、ウィーンならではの市井の歴史や、ウィーン人のメンタリティーの一端も見えてくる。「音楽の都」として知られるウィーンについて、さらに深い興味や関心が呼び起こされるに違いないと思っている。

本書の刊行にあたっては、編集部の方々、とくに小出真由子さんに、企画の段階から、百の項目の選定を経て、図版選択、入念な校正作業に至るまで、すっかりお世話になり、たいへんありがたく感謝している。この場を借りて御礼申し上げたい。

二〇一六年八月　　河野純一

本書は、『月刊ウィーン』（二〇〇二年一月号〜二〇一六年四月号）に連載された「ウィーン知らなくてもいい話」に加筆修正を行ったものです。

河野純一（こうの・じゅんいち）
1947年横浜生まれ。横浜市立大学名誉教授。専門はドイツ語ドイツ文学。東京外国語大学大学院修了。ウィーン大学客員教授を経て、横浜市立大学にて教鞭を執る。著書・翻訳書に『ウィーン 知られざる世紀末』（京都書院）、『ウィーン 音楽の四季』『ウィーン 路地裏の風景』『横顔のウィーン』（音楽之友社）、『ウィーンのドイツ語』（八潮出版社）、『ウィーン遺聞』（同学社）、『ハプスブルク三都物語』（中公新書）、ヨーゼフ・マンシャル「レーオポルトとヴォルフガング」（『モーツァルト全集』所収、小学館）ほか。

不思議なウィーン
街を読み解く100のこと

2016年8月25日　初版第1刷発行

著者　河野純一

発行者　西田裕一

発行所　株式会社 平凡社
〒101-0051
東京都千代田区神田神保町3-29
電話 03-3230-6584（編集） 03-3230-6573（営業）
振替 00180-0-29639
ホームページ http://www.heibonsha.co.jp/

装幀　守先正

地図作成　尾黒ケンジ

印刷・製本　図書印刷株式会社

ISBN 978-4-582-83737-7
NDC分類番号293.09　四六判（18.8cm）　総ページ408